普通高等教育创新型人才培养规划教材

微小飞机设计与制作渐进教程

沈海军　孙延波　李汉东　著

北京航空航天大学出版社

内容简介

本书由易到难、由简到繁、循序渐进，从专业的角度为读者展示微小飞机的设计、制作方法。本书分为初级篇和高级篇两部分，其中，初级篇为微小飞机的设计与制作，内容包括3D打印微小飞机、微小飞机动力测定、升力与阻力的确定、微小飞机性能分析、微小飞机的设计与制作技巧、电磁舵机的选购与制作、超级电容自由飞飞机及卡通生肖电动平板机的设计与制作等；高级篇以某小型无人机为例，介绍了固定翼无人机的设计、制作与试飞等研发全过程。

本书既可作为高校航空专业学生设计微小飞机、无人机，开展微小飞机实践课程的教学用书，也可作为航模发烧友设计与制作航模的教材，还可作为相关无人机企业研发固定翼无人机的参考书。

图书在版编目(CIP)数据

微小飞机设计与制作渐进教程 / 沈海军，孙延波，李汉东著. -- 北京 ：北京航空航天大学出版社，2018.11

ISBN 978-7-5124-2842-3

Ⅰ. ①微… Ⅱ. ①沈… ②孙… ③李… Ⅲ. ①实体飞机模型(航空模型运动)－设计－高等学校－教材②实体飞机模型(航空模型运动)－制作－高等学校－教材 Ⅳ. ①G875.3

中国版本图书馆CIP数据核字(2018)第233571号

微小飞机设计与制作渐进教程

沈海军 孙延波 李汉东 著

责任编辑 孙兴芳

*

北京航空航天大学出版社出版发行

北京市海淀区学院路37号(邮编100191) http://www.buaapress.com.cn

发行部电话：(010)82317024 传真：(010)82328026

读者信箱：goodtextbook@126.com 邮购电话：(010)82316936

北京建宏印刷有限公司印装 各地书店经销

*

开本：710×1 000 1/16 印张：13.75 字数：293千字

2019年1月第1版 2025年4月第7次印刷 印数：6 501～7 000册

ISBN 978-7-5124-2842-3 定价：49.00元

前　言

为配合高等航空人才的培养，近年来，笔者在对同济大学航空专业学生的培养过程中实施了微小飞机实践的教学改革。本书就是基于微小飞机实践教学改革的成果而撰写的，目的是将微小飞机的设计、制作经验进行推广。

全书内容安排如下：首先介绍了微小飞机实践对航空人才培养的现实意义、实施方法，不同的飞机设计与制作实践的层次，以及微小飞机实践的目的；然后在“初级篇：微小飞机的设计与制作”中阐述了3D打印微小飞机、微小飞机动力测定、升力与阻力的确定、微小飞机性能分析、微小飞机的设计与制作技巧、电磁舵机的选购与制作、超级电容自由飞飞机及卡通生肖电动平板机的设计与制作等内容；最后在“高级篇：‘同舟’号无人机研制”中结合具体无人机型号，详细介绍了该固定翼无人机的设计、制作与试飞等研发全过程。

本书内容编写由简到繁，注重理论联系实际，通俗易懂；尽量减少飞机设计过程中的烦琐理论公式，突出制作等动手实践环节。

本书由沈海军执笔编写，孙延波和李汉东负责资料搜集和校对工作。

本书既可作为高校航空专业学生设计微小飞机、无人机，开展微小飞机实践课程的教学用书，也可作为航模发烧友设计制作航模的教材，还可作为相关无人机企业研发固定翼无人机的参考书。

由于笔者水平有限，在编写过程中难免存在不足之处，恳请广大读者批评指正。

作　者

2018年4月

目　录

高级篇:"同舟"号无人机研制

绪　论

1. 背　景

航空是一个综合性和实践性特别突出的专业。所谓综合性，是指航空专业的学生需要全面掌握飞机结构、原理、控制、制造工艺、发动机等多门学科的知识，并具备综合利用这些知识的能力；所谓实践性，就是要立足实际，强调“做出东西”，否则只是无“机”之谈。

长期以来，欧美等国家在航空专业人才培养上都十分重视实践环节[1]。在欧洲，英国航空模型协会每年都会举办一次英国国际大学生飞行器设计大赛，该飞行器设计大赛至今已有20余年的历史，旨在给工程类学生提供一个实践机会，提高大学生的飞机设计水平。在美国，美国航空航天协会（AIAA）每年都会与美国航空企业联合举办全美大学生飞机设计竞赛，吸引全美几十所大学航空相关专业的学生组队参加；在圣母大学，其飞机设计教学被分为两个阶段：第一阶段为理论教学；第二阶段是让学生分组设计、制作小飞机，或者仅做设计飞机，即做所谓的“Aircraft on paper”（纸面飞机设计）[2]。在澳大利亚，若干个有航空专业的院校轮流组织，每年都会举办至少一次以大学生为主的全澳航模大赛。

20世纪80年代以前，国内的几所老牌航空院校在航空专业人才培养方面也十分重视实践环节[3]。例如，西北工业大学，该校师生曾独立设计并制造农用机“延安一号”[4]；南京航空航天大学（原南京航空学院，简称“南航”），曾先后大规模组织师生自行研制了AD100、AD200、“长空一号”等型号的无人机或轻型飞机[5-6]；北京航空航天大学（原北京航空学院，简称“北航”），该校师生也曾自行设计和制造了我国第一架轻型旅客机“北京一号”，当时参加设计生产的北航师生及辅助人员达1 400多人，参与的学生超过了七成[7]。

20世纪80年代到21世纪初，我国航空业进入“萧条期”，赶上高校扩招，学生数量猛增，教育资源及经费短缺问题突显，导致国内航空院校航空专业学生培养的实践环节大大“缩水”。西北工业大学的许多航空专业小班课纷纷改成了大班课；南京航空航天大学、西北工业大学、北京航空航天大学的飞机设计专业，学生的下厂实习时间先后由原来的一个月缩减为两周。此间，在谈到飞机设计专业的学生培养时，南京航空航天大学原校长朱剑英教授曾叹道：“我们飞机专业学生的培养正沦为无‘机’之谈……”

进入21世纪，随着大飞机等一批国家重大工程的相继启动，我国航空业迎来了新的春天，国家层面及国内航空院校对航空专业人才培养的实践环节再次得到重视。其中，科研类全国航空航天模型锦标赛由国家体育总局、教育部和科技部联合主办，自2004年起已举办了10余届，其对象主要针对大学生群体；近几年，中航工业下属的几个企业也开始举办无人飞行器创新大奖赛和全国未来飞行器大赛，吸引了国内诸多高校参与。“十一五”期间，南京航空航天大学教务处专门划拨40余万元用于飞机设计专业的教学实践改革。10年间，在该校教师的指导下，飞机设计专业的本科生亲手制作了各类电动小飞机40余架，凭借这些小飞机的制作连年荣获江苏省本科优秀论文，并多次获得全国航模比赛大奖[8]；同时，飞行器设计专业学生的知识运用能力、综合素质和动手能力得到了显著提高，并受到用人单位的广泛好评。

航空专业是一个工程性很强的专业，涉及力学、机械设计与加工、电子、材料等诸多学科。要培养出优秀的飞机设计师、工程师，单一的理论传授是远远不够的，必须要与飞机工程实践紧密结合。目前，国内外许多高校每年都会组织学生制作各种小飞机/航模参加各种航模比赛，但总体来说，这种航模制作活动大多局限于各高校的航模队/航模协会等学生社团，小飞机实践教学均未被很好地纳入航空专业学生的培养体系，甚至在国内几所老牌航空院校的飞机设计专业中都远谈不上“普及”。

全国知名高校如浙沪一带的同济、复旦、上交大、浙大，北方的清华、西交大等新兴的航空专业普遍起步较晚，教学实践环节的软硬件条件普遍相对薄弱。因此，若要迎头赶上国内外老牌的航空院校，培养出优秀的飞机设计师、工程师，就要在教学实践上不断创新，在人才培养模式和体系上下功夫。

2. 小飞机教学实践

结合航空专业本科生培养计划，根据不同年级的课程安排与学生的认知水平，近年来作者在航空专业学生的“航空概论”“小飞机设计与制作”“飞机结构设计”“小飞机制作与实验”“CAD/CAM”和本科毕业设计等专业课程或教学环节中分别应用和推广了多层次递进式学生小飞机实践活动，组织学生参加飞机主题学科竞赛与创新训练项目，让学生所学的理论知识及时应用于相应的飞机实践中，从实践中感悟新知；将理论与实践相结合，探索航空专业人才培养新机制，从而全面提高学生的航空专业知识水平、飞机实践能力以及团队协作精神。具体做法如下：

在航空专业大一的“航空概论”课中，鼓励学生发散思维，开展新概念飞机设计。学生先通过AutoCAD绘制飞机的布局方案，然后给出报告，介绍所设计飞机的性能、特点及优势等，同时，用轻木（也称作“巴沙木”，一种密度很低的木材，常用于制作航模）制作成小的飞机静态模型，或用3D打印机将3D飞机模型打印出来。

大二的小飞机实践环节主要安排在为期两周的“小飞机设计与制作”课程中。4人一组，分别负责飞机CAD建模、动力测试、控制系统搭建以及简易气动分析，一起制作一架微小飞机，并撰写技术报告。该课程的目的是让每个学生都亲身经历一轮简化微缩版的飞机设计、制造、试飞全过程。

大三的“CAD/CAM”课程的一项重要内容就是让学生在计算机上进行未来飞行器设计，即基于CATIA软件，在计算机上设计出一款新概念飞机。在大三的“飞机结构设计”课程中，以“小飞机设计、制作与强度分析”代替试卷，在考核方式上进行改革。

大四的飞机实践环节主要是小飞机团队毕业设计模式，是由老师带学生组队，然后围绕特定小飞机(无人机)研制开展团队毕业设计。通过团体研制无人机环节，学生的动手制作能力、科学实验能力及设备使用能力得到了锻炼，同时学生综合应用知识的能力、团队协作精神以及创新思维也得到了培养。

此外，为了提高学生的实践能力、竞争意识，培养团队协作精神，作者每年还会组织学生以业余小飞机团队的形式参加全国航模锦标赛、全国未来飞行器设计大赛、全国大学生创新论坛等学科竞赛，申报各级大学生创新训练项目。

经过多年的努力和摸索，目前已经形成了“多层次、多方位小飞机实践与学生能力渐进培养相结合”的全新机制[9-12]。实践显示，“多层次、多方位小飞机实践与学生能力渐进培养相结合”的全新机制，将学生小飞机实践全方位地融入了航空专业学生的教学与培养体系，可使学生所学的理论知识及时地应用于相应的飞机实践中，从实践中感悟新知；学生的动手实践能力、专业技能、综合能力和团队精神等得到了培养和提高；同时，也有效地改变了当前航空专业中普遍存在的纸上谈“机”和“理论与实践脱节”的教学现状。

3. 飞机设计与制作实践的层次

在所接触的航空相关人员中，有对航空感兴趣的中小学生，有业余的航模发烧友/爱好者，有航模操纵手/运动员，有航空专业的大学生，有航模公司的从业者，有职业的飞行员，也有航空企业的工程师，还有航空专业的专家、教授等。对于飞机的设计、制作/制造，按水平可将其分为如下 6 个层次：

第一层，科普级。了解航空常识，能够动手制作飞机模型，特别是静态模型或手抛简易飞机模型，适合于中小学生。由于高考升学压力大，中学阶段航空知识的普及相对薄弱，故适用对象可扩展至大学低年级学生。

第二层，业余级。经常访问相关论坛，依据经验，下载图纸，做航模，能飞就行。经验丰富者可以做出性能极佳的航模来，其动手实践能力甚至超过绝大多数航空专业的大学生、教授，以及航空企业、飞机设计所的绝大多数人的动手实践能力。

第三层，专业初级。将专业的飞机设计思想大大简化，只保留最基本的飞机设计线条，适合于航空专业低年级学生，以及想扩充理论知识的资深模友(“航模发烧友”的简称)。具体做法参见本书第 2～12 章。该层次的飞机设计者无需太多的专业知识。

第四层，专业中级。尽量保留专业飞机的设计思想，简化了很多环节，但主要环节都在，较严格地遵循了飞机的设计线条和思路。具体做法见本书的“高级篇：‘同舟’号无人机研制”。在该层次的飞机设计环节中，引进了 CFD、CAD、推进系统分析、虚拟装配、性能分析等大量飞机设计的专业知识，加上飞机制作，对于学生最终走上实际航空岗位是一种很好的历练，尽管表面上仍可能是在做航模。该层次适合于航空专业高年级学生，不再适合于普通模友。注意：经过专业中级的学习后，航空“专业人士”与“业余人士”已彻底区分开来。

第五层，小团体级，或者说是小团体制作搭载一两个人的小飞机/小型通用飞机或实用型无人机。小团体级的第一种为学院派，如南航的AD100、北航的“小蜜蜂”。这种模式在20世纪80年代以前曾出现过很好的发展势头，但是，随着高校考评机制的变化，学院派的小飞机研制团队变得举步维艰。小团体级的第二种是小民营企业，具体人员由“若干专业人士”+“少量技术骨干”+“工人”组成，由于低空限制、资金等问题，风险较大，一旦飞机试飞出现重大伤亡事件，企业将面临倒闭。

第六层，“航母级”，即国有大中型企业制作所谓的大飞机。鉴于本书的对象，对于此层次，这里不进行描述。

4. 小飞机实践的目的

在“2.小飞机教学实践”中，简要介绍了笔者近年来培养航空专业学生的相关做法，希望达到以下目的。

(1) 培养学生综合应用知识的能力

小飞机实践的知识面非常广，涉及飞机总体、系统和结构设计，以及计算机辅助设计、工装学、材料学等多方面的知识。学生应将所学的知识尽可能地贯穿并综合应用到当前各自的微小飞机中去，以提高自己运用知识的综合能力。

(2) 培养学生的动手制作能力

小飞机/航模实践涉及大量的部件加工、制作与组装工序，在这些工序中，每一项任务、每一个细节都要学生自己去考虑、去实现、去完成，学生的动手制作能力必然会得到很好的培养和提高。

(3) 培养学生的科学实验能力

微小飞机实践涉及的科学实验主要有：①推进系统测试；②材料性能测试；③(虚拟)风洞实验。通过这些测试，不管是使用实验设备的能力，还是加工试件的能力，都将得到锻炼，同时分析实验结果的能力也必将提高。

(4) 培养学生使用科学软件的能力

在开展多层次小飞机实践的过程中，学生必须要学会一些专业的科学软件工具，如：①Autocad或CATIA CAD软件；②Tunnel简易气动软件、AVL涡格法气动软件；③Origin图形曲线绘制软件；④Matlab数学分析软件；⑤Nastran/Pastran或ANSYS有限元软件；⑥Betpat与MotorCalc螺旋桨与发动机性能分析软件；⑦Profili翼型分析软件。通过学习和使用这些软件，学生分析和解决问题的技能将大大增强，这必将为其日后的工作或后续学习打下良好的基础。

(5) 培养学生使用常用设备的能力

小飞机实践实施中涉及的加工设备或工具主要包括激光切割机、锡焊电烙铁、小车床、小钻床、石膏模具、锯弓、砂纸等。通过学习和实践，学生使用常用设备或工具的能力将得到培养与锻炼。

(6) 培养学生的团队协作精神与全局观念

在小飞机实践中，许多情况都是几个人做一个微小或小型飞机，即多人一起完成一个小小的“工程”项目。每个人通常会分担不同的任务，如飞机构型与推进系统设计、CAD 建模、气动与性能分析、结构与强度分析等，而飞机的制作与试飞等任务则由大家共同承担。因此，各个成员之间必须相互协作，相互体谅，相互支持，树立全局观念，不能我行我素。

最后，再通过以下事件来阐明为什么要组织学生开展小飞机实践。

2011 年 6 月 5 日，笔者在财新网博客上发表了《我们无人机的研发全过程（图）》博文。2011 年 12 月 26 日，湖北省黄冈市的一位网友留言：“建议开办儿童兴趣班哦？就这设计水平？大学的？”“你们也太小儿科啦，都设计的什么破机器啊？根本没什么值得夸你们的地方了！落后要挨打的啊！”

以下是笔者的博客回复留言：

我们组织学生使用气动软件 AVL、Fluent，飞机综合设计软件 AAA，CAD 软件 CATIA、Autocad，推进系统软件 MotorCalc，螺旋桨软件 Betpat，飞行模拟软件 Flightgear，绘图软件 Origin，数学软件 Matlab，有限元软件 ANSYS、Nastran/Pastran 等 20 余种飞机设计过程中的必备专业软件，严格按照真实飞机的设计制造流程，历时 3 个月（本科毕业设计），仅是为了造一个航模吗？显然不是……

苏联航空工业的开创者之一 Korolev 在其回忆录中有这样的描述，“我之所以有今天的成绩，很大程度上归因于我大学本科阶段的毕业设计——设计和制作一架小的航模……”。教育学中有一种经典做法称为小题“大”做，这是因为：①一架航模的设计思想和大飞机的设计思想其实没有本质的区别；②航模的气动性能分析方法与 F-35 战机的分析方法是一样的；③大飞机如 C919 的强度校核思路与航模相同；④现代飞机的性能参数与动力的选配分析大同小异……

总之，大飞机上的虚拟装配、多学科优化、稳定性裕度、操稳性分析等在航模（小飞机）上都同样可以演练……

因此，在培养学生成为未来合格的飞机设计师时，最直接、最有效、最廉价的做法就是从航模做起。正所谓，航模和小飞机同样蕴含“大道理”。

综上所述，小飞机实践的真实目的是要让学生学习各种航空专业软件、专业技能，了解、实践真实飞机的整个研发流程，并掌握真实飞机的设计理念和设计思想。

5. 关于微小飞机、室内飞机和小飞机的说明

“微小飞机”和“小飞机”两个词在航模圈内经常被使用，但目前并没有严格的定义或界定。微小飞机通常指巴掌大小至脸盆大小的飞机。由于绝大多数的微小飞机都适于室内飞行，故有时也称为“室内飞机”或“室内微小飞机”。小飞机则泛指个头小的飞机，譬如个头不大的航模、无人机等。本书中将微小飞机和小飞机统称为微小飞机。

本书依次涉及以下 5 种飞机：

① 第 1 章的 3D 打印微小飞机。一种迷你型“掌上”微小飞机，骨架使用 3D 打印机打印，电动遥控，适于室内飞行。

② 第 2～4 章的碳杆/薄膜微小飞机。碳纤维杆(简称为“碳杆”)做骨架、保鲜膜做蒙皮的微小飞机，“掌上”迷你型，电动遥控，适于室内飞行。

③ 第 7～9 章的超级电容自由飞飞机。用超级电容做动力的微小飞机，两个巴掌大小，适于室内飞行，无遥控，故称为“自由飞飞机”。

④ 第 10 和 11 章的卡通生肖电动平板机。泡沫板材质、十二生肖卡通形象的微小飞机，脸盆大小，电动遥控，适于室内飞行，也可户外飞行。

⑤ 第 12～26 章的“同舟”号无人机。小型固定翼无人机，翼展 3.5 m，由同济大学的学生设计制作，电动遥控，曾在上海 F1 赛车场成功首飞。

上述 5 种飞机由易到难、由简到繁，素材均来自笔者的小飞机教学实践。本书将紧密结合这些具体的飞机实例来介绍小飞机的设计与制作方法，希望读者能够从中受益。

初级篇：

微小飞机的设计与制作

本篇将结合笔者指导的若干大学生微小飞机设计项目，来介绍不同固定翼微小飞机的设计、制作与试飞技巧。第 1 章介绍的是一款 3D 打印室内电动遥控飞机的设计、制作全过程。第 2～5 章分别介绍了微小飞机动力的测定、升力与阻力的确定、微小飞机性能分析、微小飞机的设计与制作技巧等内容。第 6 章针对微小飞机中常用的一种所谓的“电磁舵机”，阐述了其选购与手工制作方法。第 7～9 章针对常规布局的微小型超级电容自由飞飞机，依次介绍了飞机的动力系统、外形尺寸的确定、飞机的制作等内容。第 10 和 11 章以卡通生肖电动平板机为例，介绍了电动遥控“板机”的设计与制作、CAD 建模、动力测试、性能分析以及制作与试飞等内容。

第1章 3D打印微小飞机

1.1 简　介

作为一项奇妙有趣的高新技术，3D打印近年来逐渐进入人们的视野。由于打印耗材种类有限、设备昂贵、打印材料强度偏弱等因素限制，仅有为数不多的航空公司或个人在飞机或航模的零件制造方面进行了尝试，或者打印出一些不能飞的小飞机静态模型用作摆设。尽管如此，随着3D打印技术水平的不断提高，媒体上关于3D打印航模或微小飞机成功试飞的消息不断出现，显示了3D打印技术在微小飞机设计与制造领域应用的可行性。

2013年7月，笔者首次开设了针对航空专业低年级学生的“小飞机设计与制作”课程。在历时两周的课程设计中，学生亲身经历了一轮微缩简化版的飞机设计、制作与试飞全过程，共设计、制作微小飞机10余架。作为其中的一项工作，2013年10月，同济大学微小飞机实验室成功试飞了一架基于3D打印技术制造的适于室内飞行的微小飞机。该3D打印微小飞机的设计与制作就是以上述常规微小飞机中的一架作为原型机展开的。本章将对该3D打印微小飞机的设计、制作过程进行介绍，希望对广大读者了解3D打印技术在微小飞机制作中的应用有所帮助。

1.2 3D打印微小飞机的原型机与设计方案

1. 碳杆/薄膜原型机

图1-1所示为本次3D打印微小飞机的原型机——一架碳纤维杆（简称“碳杆”）薄膜蒙皮的微小飞机。飞机的主机翼为矩形平直翼；翼展32 cm，弦长8 cm，翼型为相对弯度为1/10的平板翼，最大弯度位于机翼1/2弦长处；机翼包括3个轻木片做成的眉毛状翼肋，轻木片的厚度为1 mm，平尾无升降舵，为4 cm×8 cm的矩形，无翼型；垂尾安定面及方向舵均为1 mm厚的轻木板，其中，方向舵近似为直径为4 cm的半圆（见图1-2），其由两段直径为1 mm的热缩管及两根订书钉做铰链，连接于垂直安定面后方。

图 1-1　碳杆/薄膜原型机

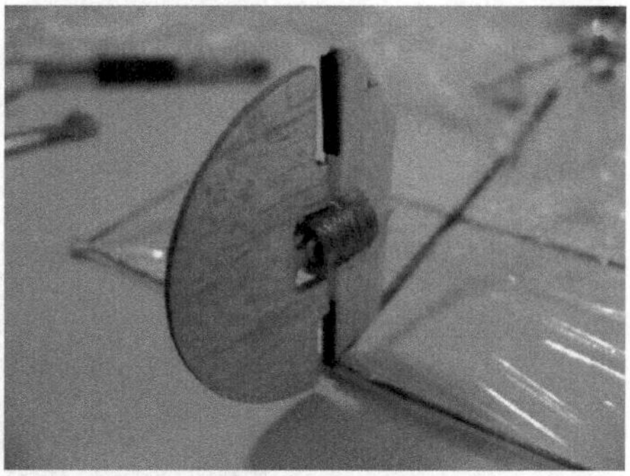

图 1-2　垂尾与电磁舵机

飞机总质量约为 17 g；动力为 6 mm 空心杯电机，下拉角为 3°；配合 9∶48 减速组，螺旋桨型号为 GWS4530，能源为容量 150 mA·h 的 1S 3.7 V 锂电池。主机翼和平尾骨架均采用直径 0.8 mm 的碳杆，其蒙皮采用厚 0.06 mm 的保鲜膜。电子装配采用二通道红外接收机，自制的电磁舵线圈内径为 6 mm，线圈漆包线直径为 0.06 mm，电磁舵内设置有一对直径 3 mm、厚 1 mm 的小磁铁。机身长 21 cm，采用一根直径 1.5 mm 的碳杆，主机翼通过两根直径 0.8 mm 的碳杆和机身主梁相连，机翼安装角约为 6°。主机翼翼稍前后缘分别通过两根细铜丝绷紧，上翘形成大约 17°的上反角。八字状起落架由两根直径 0.8 mm 的碳杆做成。

2. 3D 打印微小飞机的设计方案

作为一次尝试，要将图 1-1 所示的碳杆/薄膜原型机改造为 3D 打印，就需要对飞机设计方案进行调整。

首先需要考虑的问题是：飞机是要整体打印，还是分部件打印后再进行粘接？这两个方案主要考虑以下两点：

① 许多高校实验室现有的 3D 打印机都为 MakerBot Replicator 2（简称为 MakerBot 打印机），其打印幅度为 28 cm×15 cm×15 cm，显然，现有的飞机无论如何都不可能全尺寸打印。因此，最终将主机翼尺寸改为 28 cm×9 cm 的矩形。

② 若整机打印，飞机骨架中会出现大量"悬空纤细结构"，而打印"悬空纤细结构"时会出现材料"塌陷"的现象（见图 1-3），从而导致打印失败。值得注意的是，MakerBot 打印机提供了一种"支架打印"模式，可以防止材料"塌陷"。然而，若采用该"支架打印"模式打印整机，则支架会和飞机结构紧密连成一体。实践发现，支架的"拆卸"工作十分困难，结构受损率几乎为 100%。

因此，最终决定采用第 2 种方案，即部分打印后再进行粘接。

其次要考虑的问题是：主机翼和尾翼是整体打印还是镂空打印？与镂空打印相比，整体打印由于材料之间相互连续支撑，打印成品的成功率要高很多，建模也相对容易。然而，由于实验室 3D 打印机的原料为 PLA 聚乳酸塑料或 ABS 塑料，其密度

图 1-3 悬空翼肋中下方部分材料“塌陷”

约为 1.25 g/cm^3，为轻木的 7 倍，所以若翼面采用整体打印，则飞机将会严重超重，故最终方案中决定所有翼面（包括方向舵）均采用镂空打印。

最后要考虑的问题是：结构刚度与质量如何折中？对于慢飞微小飞机，强度问题并不突出（炸机情况除外），但刚度与质量之间的矛盾比较明显。与碳杆骨架相比，PLA 骨架的刚度和强度要逊色许多，因此，要获得同等的刚度，PLA 骨架横截面面积要比碳杆骨架设计得更大。为兼顾质量和刚度，最终机翼（包括翼肋）、尾翼、机身、起落架，以及机身/主机翼连接件的骨架的横截面均设计为 1.2 mm×1.2 mm 的矩形；机身主梁的横截面为 2 mm×2 mm 的矩形。主机翼的翼肋数量由原型机的 3 个增加为 5 个，沿翼展方向均布。

1.3 3D 打印微小飞机的制作过程

若要 3D 打印，首先要建立所打印物体的三维实体模型。为此，在 CAD 软件 CATIA 中对飞机的主要部件一一建模，并分别保存为 STL 文件格式。

购买 MakerBot Replicator 2 打印机时，随机带有前处理软件 MakeWare。首先，打开 MakeWare 软件，将飞机的各部件数字模型的 STL 文件逐一载入，见图 1-4。

然后，在 MakeWare 软件中对各部件模型的位置、姿态等进行平移、转动等调整，并设置打印模式。例如，设置为“标准打印”、“快速打印”还是“精细打印”，是否需要“带支架”打印，是否需要“带坐垫”打印等。接着，打开打印机电源，并按照打印机右下方小视屏（见图 1-5）上的提示对打印平台进行水平校准、对打印头预加热，直至打印头温度达到工作温度 230 ℃左右。

随后，在 MakeWare 界面上单击 Make－Make it，3D 打印机便可联机，在打印平台上逐层打印。图 1-6 所示是 3D 打印的飞机机翼、平尾、机翼/机身连接件骨架；图 1-7 所示是 3D 打印的机身主梁、垂尾安定面和方向舵；图 1-8 中显示了机身主梁最前端的一个细节：一个一边深一边浅的凹槽。该凹槽是用来粘接发电机连接碳

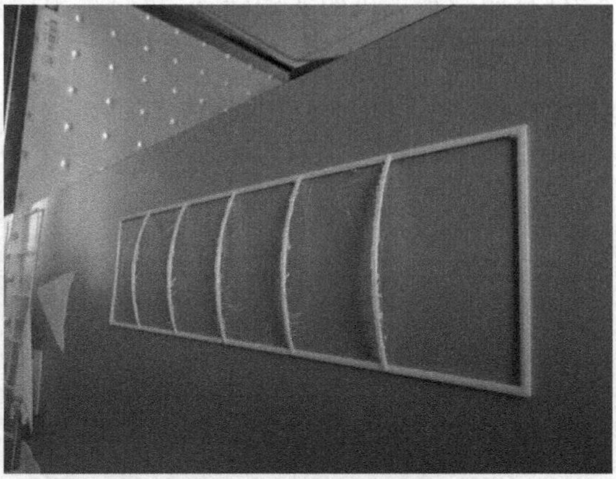

图 1-9 3D 打印的主机翼骨架

参照原型机的布局，将图 1-6～图 1-9 的这些部件用 AB 胶粘接在一起；主机翼左右翼稍之间用细铜丝绷紧，使外翼上翘，形成一个 17°左右的上反角；翼面骨架上贴上双面胶带，并铺上保鲜膜；安装好与原型机相同的电磁舵机、电子装备后，一架 3D 打印微小飞机就完成了。图 1-10 所示为 3D 打印微小飞机组装前后的情形。图 1-11 所示为尾翼组装的细节。

图 1-10 3D 打印微小飞机组装前后的情形

图 1-11 尾翼组装细节

最后，调节电池、接收机在机身主梁上的位置，使飞机重心处于离主机翼前缘大约 25%的弦线处；固定电池、接收机；检查飞机发动机下拉角、对称性后，便可着手飞机的试飞。

1.4 3D 打印技术在微小飞机设计与制作上的优势与不足

2013 年 10 月，本章介绍的 3D 打印微小飞机试飞成功[13]，图 1-12 所示为飞机试飞场景。通过本轮3D打印微小飞机的实践活动，我们对3D打印技术在微小飞机设计与制作上的优势与不足进行了总结。

图1-12　飞机试飞

优势：与手工制作的微小飞机相比，3D打印的飞机部件尺寸精确；部件之间一体连接，光滑牢固；一旦3D模型建成后，部件生产会很快且质量稳定；飞机组装完成后，性能稳定，便于微小飞机的商业化和批量化生产。

不足：3D打印机设备昂贵，前期投入大；微小飞机设计制作需要相对复杂的CAD三维建模过程，初学者不易上手；与碳杆飞机骨架相比，3D打印微小飞机的PLA塑料骨架重、刚度小，设计中需要对结构刚度和质量进行综合考虑；对于"纤细悬空"的框架式飞机骨架，其实并不适于3D整体打印。

想了解本章3D打印微小飞机的设计、试飞等更多的详细情况，请登录上海电视台新闻综合频道2013年10月22日9:30的"夜线约见"栏目——"飞机打印不是梦"，节目视频网址为http://tv.sohu.com/20131023/n388765172.shtml。

第2章 微小飞机动力测定

发动机是飞机的心脏，当着手设计一架飞机时，首先要解决的问题就是选定飞机的发动机，而不是"等飞机机体设计好以后，再去给飞机选配合适的发动机"。

在国内知名航模网站5imx论坛的"遥控室内机、遥控扑翼机等仿生机综合技术讨论区"中，仔细搜寻会发现一些有关微小飞机发动机的帖子，如目前微小飞机流行的6 mm、7 mm空心杯减速组（或某小电机）可配多大的桨叶，适合多大翼展的飞机，飞机的质量大致需要控制在多少克等信息。这些零散的信息有的是经验之谈，有的是模友之间口口相传，道听途说，但对于没有任何经验的新手来说，这些信息无疑已成为他们选择微小飞机动力的重要依据。然而，所选择的发动机是否能与未来的飞机很好地匹配，将来做成的飞机是否能够成功试飞，这些问题仍需要接受最终飞机试飞的残酷考验。

对于几十克质量级别的微小飞机，小空心杯电机或小无刷电机是最常见的动力装置。这些发动机是否动力强劲，拉力（或推力）是否足够强大，是航模爱好者最关心的事情。因为只有动力足够大，飞机才能克服空气阻力，获得一定的速度，从而产生升力。

本章将以市面上流行的微小飞机发动机——7 mm空心杯减速组/GWS4540桨动力系统为例，介绍此类小飞机动力组拉力（或推力）的理论分析与测试方法，然后对上述动力系统的拉力进行理论计算与实测，并将两个结果进行对比和讨论。本章内容将对广大的微小飞机爱好者如何测定自己发动机的静、动拉力（或静、动推力）具有重要的现实参考意义。

2.1 7 mm空心杯减速组/GWS4540桨动力系统

直径7 mm、长16 mm的716空心杯电机是近年来被模友广泛使用的一种小型有刷电机，通常被用作超轻型微小飞机的动力。市面上与它匹配的减速组最常见的为9:48，螺旋桨为GWS4540，减速组的质量为3.66 g，减速组和螺旋桨之间通过一个铜适配器和皮筋连接，见图2-1。这种动力组所使用的能源通常为1S 3.7 V可充电锂电池。这里说明一点，微小飞机因为重量、动力小，"牛(N)"作为重量或拉力的单位过大，故航模圈内更多人喜欢使用"克(g)"表征其重量或动力的大小，也就是说，本文的"g"实际上指的是"克力"，就像用"千克力"或直接用"千克"来作为力的单位一样。

图 2-1　GWS4540 螺旋桨、7 mm 空心杯减速组、铜适配器和连接皮筋(从左至右)

2.2　发动机静拉力(或静推力)的确定方法

1. 经验公式法

螺旋桨的静拉力(或静推力)可以通过近似计算式来估算。这里首先介绍的是著名的艾伯特公式[14]:

$$T = 6.8 \times 2^{-15} \times P \times D^3 \times n^2 \tag{2-1}$$

式中:T 为静拉力(或静推力),g;P 为螺旋桨的螺距,mm;D 为螺旋桨的直径,mm;n 为螺旋桨的转速,r/min。

在上述艾伯特公式中,螺距 P 和直径 D 的数值通常都是在螺旋桨上标注的。对于有 KV 值的小无刷电机,可根据接收机的额定电压乘以 KV 值大致估算出螺旋桨的转速 n;对于 KV 值不详的小无刷电机以及一些小的有刷电机(如空心杯电机),可按照常规电动航模相同的连接方法,将电机、接收机、电池连接起来(对于无刷电机,还需要连接相应的电调),然后通电,并用数字式激光转速仪测得满油门下发动机的转速。

注意:艾伯特公式只是经验公式,该公式在推导过程中大大简化了桨叶形状等因素,有时会与实测数据有很大的出入,尤其对于微型机的螺旋桨更甚。

除了艾伯特公式外,许多网友还将各种螺旋桨静拉力(或静推力)的经验公式开发成小软件,譬如 http://download.csdn.net/download/uo12510785/10449162 网站的某基于艾伯特公式的螺旋桨静拉力计算器。此类静拉力计算器运行后的界面大致如图 2-2 所示,用户只需要输入螺旋桨的直径、螺距、转速等数据,然后单击"计算拉力”，就可以得到该螺旋桨的静拉力以及扭矩、输出功率等数据。

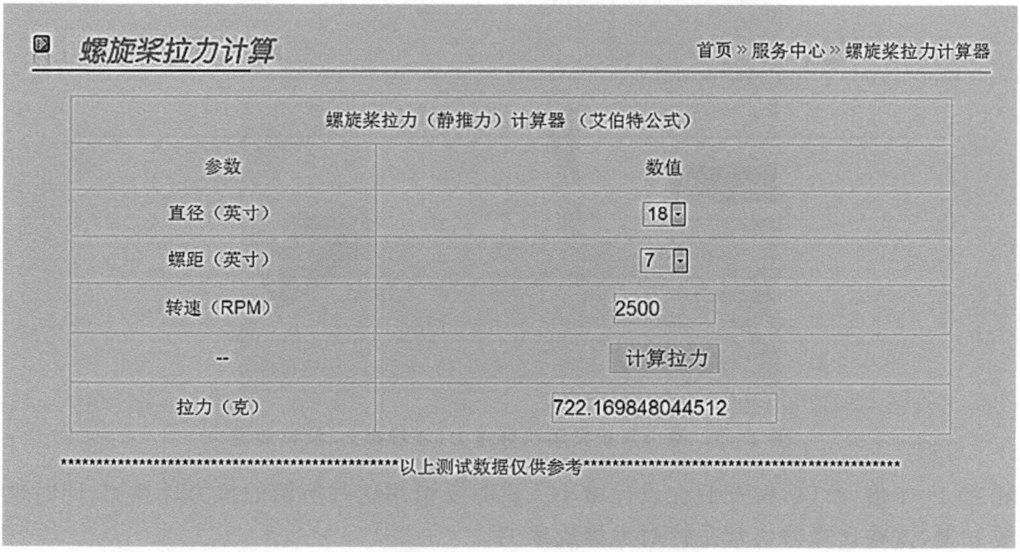

图 2－2　螺旋桨静拉力(或静推力)计算器界面

2．实验测试法

对于微小飞机静拉力的实验测试，目前普遍采用杠杆原理。图 2－3 所示是基于杠杆原理制作的一个简易的微小飞机发动机静拉力(或静推力)测试装置。在该装置的 AOB 摇臂中，O 点铰支在测试台底板上，A 点固接电机、减速组、螺旋桨(电机直驱时无减速组)，B 点下方放置一数字式电子台秤；力臂 AO 的长度约等于 OB；给 A 点的动力装置接上电池(这里用稳压电源代替；对于无刷电机，还需要接上相应的电调、接收机等)后，推满遥控油门，发动机就会产生向右的水平拉力。该拉力通过 AOB 摇臂，在 B 点处将压力传给电子秤，电子秤上可直接读出具体的发动机拉力的数值。

为了模拟飞行过程中螺旋桨的动拉力，实验时还可以通过电风扇对螺旋桨迎面吹风。不过，目前许多网友的发动机拉力测试装置都没有加装风扇。

表 2－1 所列为艾伯特公式(见式(2－1))、图 2－2 所示螺旋桨静拉力计算器计算的螺旋桨静拉力以及本次实验测试的静拉力。

表 2－1　螺旋桨静拉力结果

经验公式法		实验测试法
艾伯特公式	静拉力计算器	
91.6 g	120 g	28.1 g

由表 2－1 可知，艾伯特公式及现有螺旋桨静拉力计算器计算的结果与实测结果

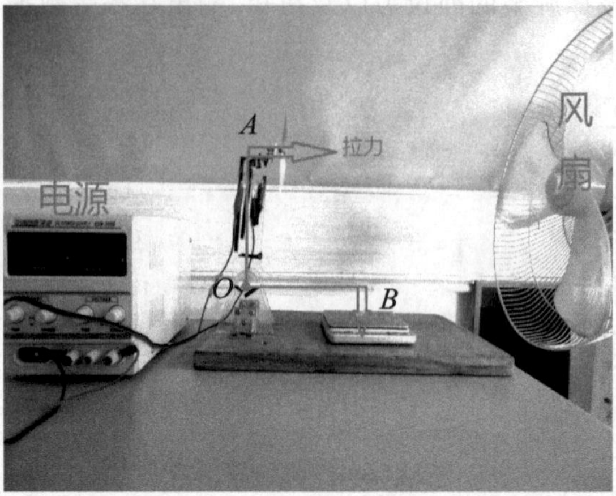

图 2－3　微小飞机发动机静拉力(或静推力)测试装置

相差 3～4 倍,所以,模友们在设计微小飞机时要慎用这些所谓的拉力计算器,同时也要知道,这些计算器通常是针对大螺旋桨的。

2.3　发动机动拉力的测试

2.2 节给出了微小飞机发动机静拉力(或静推力)的经验公式估算与实验测试法,按照这些方法可以获得飞机发动机的“静拉力”。但是,在实际飞行中,发动机是与飞机一起运动的,它们和气流之间存在一个相对运动速度。研究表明,飞机飞行时,发动机的效率会下降,拉力会减小,并且一般说来,飞行速度越快,拉力越小。为了与“静拉力”区别,可称飞机飞行时发动机的拉力为“动拉力”。

关于发动机动拉力(或动推力)的测试,仍采用图 2－3 所示的测试设备,只是进行发动机拉力测试时需打开电风扇吹风。实验中,发动机外部电压通过稳压器始终稳定在 3.7 V 左右。

经过测试,图 2－4 给出了 7 mm 空心杯减速组/GWS4540 桨动力系统在不同风速下的动拉力测试结果。这里需要说明两点:

① 图 2－4 中横坐标的风速是由图 2－5 中的数字式风速仪测得的。当测量风速时,测试者只需按住风速仪开关并将其置于气流中,风速仪显示屏上就可以直接显示出风速的大小。

② 图 2－4(a)中纵坐标的转速是通过图 2－6 中的数字式激光转速仪测得的。测量时,先在桨叶上贴上一小片转速仪随带的反光贴片,然后按住转速仪的 Test 按钮,让转速仪发出的激光束正对反光贴片;桨叶旋转后,转速仪会自动感应反光贴片的激光反射频率,并在其显示屏上显示出桨叶转速。

从图 2－4 中可以得到以下结果和推论:

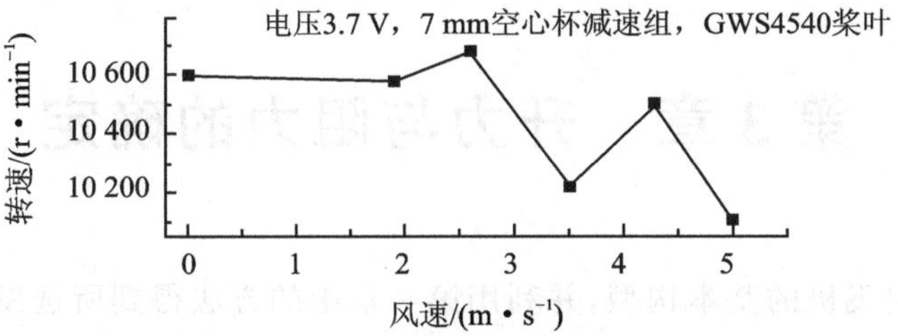

(a) 转速–风速曲线

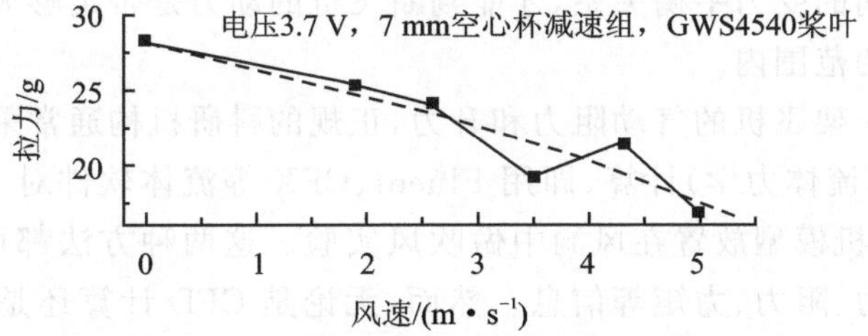

(b) 拉力–风速曲线

图 2-4　发动机动拉力测试结果

① 在风速 0～4.5 m/s 的吹拂下，螺旋桨的转速在 10 200～10 600 r/min 范围内波动。

② 在飞行过程中，螺旋桨的拉力会显著下降。本次实验的微小飞机动力装置静拉力为 28.1 g，但在 5 m/s 的飞行速度下，拉力却下降为 17 g。注：图 2-4(b)中的虚线是实验数据的二次拟合曲线；根据相对运动原理，图 2-4 中的风速也可以近似认为是实际飞机的飞行速度。

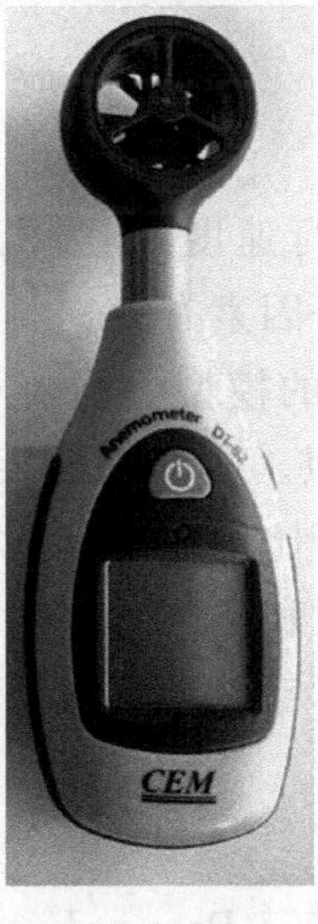

图 2-5　数字式风速仪

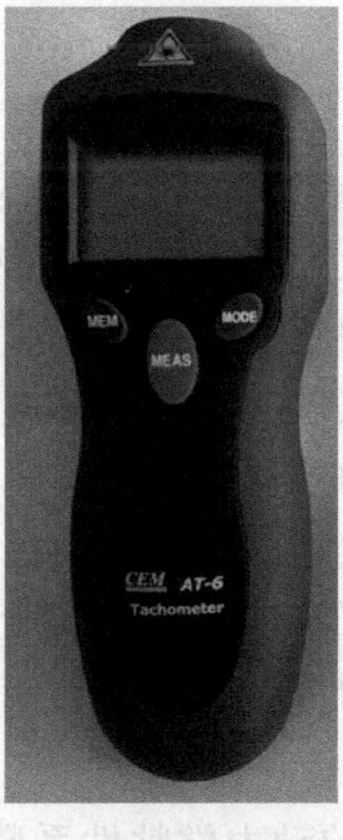

图 2-6　数字式激光转速仪

第3章　升力与阻力的确定

当初步确定飞机的基本构型，并利用第2章中的方法得到所选发动机的拉力后，就需要设法得到该飞机的升力和阻力。因为只有利用发动机的拉力，飞行阻力、升力与飞机重量之间的受力平衡关系，才能判断飞机的动力是否足够大，以及飞机重量需要控制在多大的范围内。

若想获得一架飞机的气动阻力和升力，正规的科研机构通常采用两种途径：一是通过CFD(计算流体力学)计算，即用Fluent、CFX等流体软件对飞机做空气动力学模拟；二是将飞机模型放置在风洞中做吹风实验。这两种方法都可以获得飞机在不同姿态下的升力、阻力、力矩等信息。然而，无论是CFD计算还是风洞实验，对于普通航模爱好者来说，代价都太大且过程太复杂，难以接受。

本章首先简述一些与飞机升阻特性相关的基本概念；然后介绍一个易于被普通模友接受的简易翼面气动性能分析软件Tunnel，作为铺垫；最后结合具体的微小薄膜飞机来展示其升力和阻力的计算过程。

3.1　飞机升阻特性的几个基本概念

在飞机设计过程中，飞机或机翼的升力 L 和阻力 D 通常用以下表达式描述：

$$L=\frac{1}{2}\rho C_L S v^2 \tag{3-1}$$

$$D=\frac{1}{2}\rho C_D S v^2 \tag{3-2}$$

式中：ρ 为空气密度，取1.205 kg/m^3；v 为飞机的飞行速度；S 为机翼面积；C_L、C_D 分别为升力系数和阻力系数，与飞机的翼型、迎角 α 等因素有关。

在对飞机的升阻特性进行风洞实验测试时，飞机的模型必须要与实际的飞机满足3方面的相似性，即几何相似、运动相似和动力相似。所谓几何相似，就是实验飞机模型各部件的外形尺寸与实际飞机的外形尺寸成等比例缩放；运动相似，就是风洞中气流与模型之间的相对运动关系要与实际飞机速度和空气之间的相互运动关系保持一致；动力相似，就是风洞实验模型的雷诺数 Re 要与实际飞机飞行的雷诺数相等或相近。这里的雷诺数[15]为

$$Re=\rho v L_1/\mu \tag{3-3}$$

式中：μ 为空气的动力学粘性系数，室温下取 1.79×10^{-5} Pa·s；L_1 为飞机的特征尺寸，如翼展等。

从物理意义上讲，雷诺数是用来表明空气摩擦阻力在模型或真实飞行器的总阻力中所占比例大小的一个系数。雷诺数越大，表明摩擦阻力所占比例越小；反之，则越大。

总之，风洞实验模型只有与真实飞机之间满足上述3方面的相似性，风洞实验得到的 $C_L-\alpha$ 曲线、$C_D-\alpha$ 曲线才能直接用于真实飞机升力与阻力的计算中，才能“通用”。

最后，介绍飞机或机翼升阻比的概念。升阻比又称“举阻比”“空气动力效率”，指的是飞机飞行过程中，在同一迎角下的升力与阻力的比值，即 L/D 或 C_L/C_D。对于低速飞行的飞机，C_L/C_D 主要取决于飞机机翼的迎角。

3.2 NASA的Tunnel简易气动软件

1. Tunnel简易气动软件简介

Tunnel是NASA(美国国家航空航天局)官网上的一个简易的机翼气动性能虚拟测试软件，它的全称为“莱特1901年风洞模拟器”。该气动软件与110年前的飞机发明人莱特兄弟有着历史悠久的渊源。

1901年，莱特兄弟在自己的自行车生产车间里建造了一座风洞，用来测试飞机机翼模型的升力和阻力。如图3-1所示，莱特兄弟的风洞长6 ft(约1.8 m，1 ft=0.304 8 m)，横截面为1.5 in×1.5 in(约0.46 m×0.46 m，1 in=0.025 4 m)的正方形，风洞的前端安装有风扇，后方敞开。这座风洞共配备两套天平，即图3-2所示的升力天平和图3-3所示的阻力天平，分别用来测量飞机机翼模型在不同迎角下的升力和阻力。

图3-1 莱特兄弟的风洞

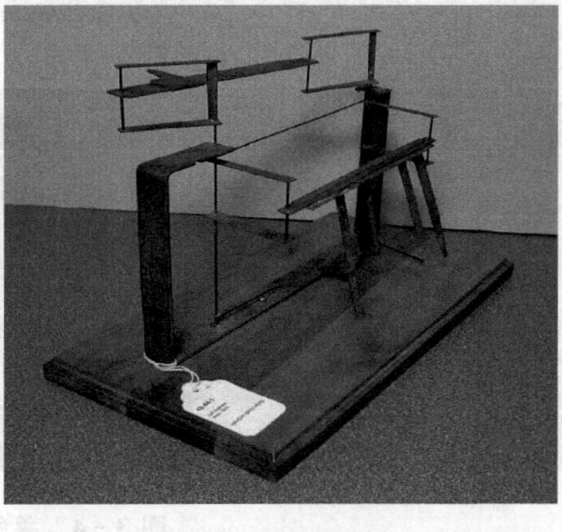

图3-2 莱特兄弟风洞的升力天平

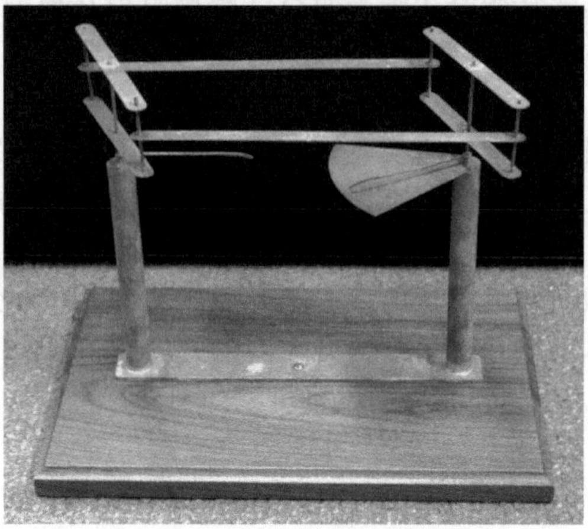

图 3-3　莱特兄弟风洞的阻力天平

用 Tunnel 软件给出的莱特兄弟测过的机翼数据如图 3-4 所示。

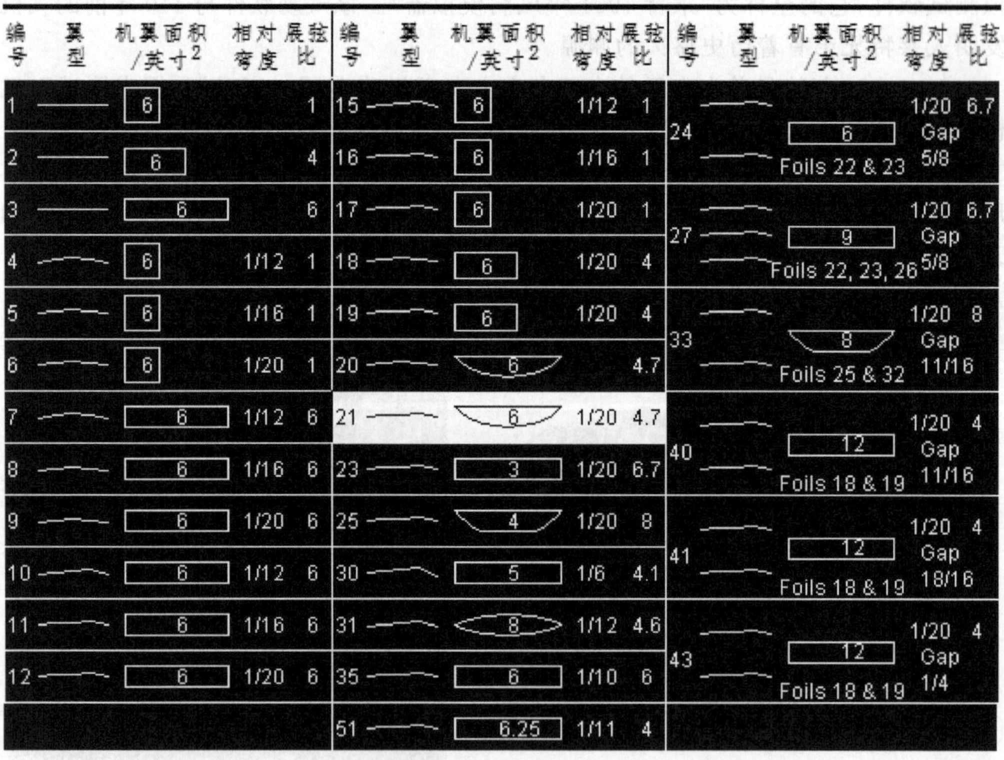

编号	翼型	机翼面积/英寸²	相对弯度	展弦比
1		6		1
2		6		4
3		6		6
4		6	1/12	1
5		6	1/16	1
6		6	1/20	1
7		6	1/12	6
8		6	1/16	6
9		6	1/20	6
10		6	1/12	6
11		6	1/16	6
12		6	1/20	6

编号	翼型	机翼面积/英寸²	相对弯度	展弦比
15		6	1/12	1
16		6	1/16	1
17		6	1/20	1
18		6	1/20	4
19		6	1/20	4
20		6		4.7
21		6	1/20	4.7
23		3	1/20	6.7
25		4	1/20	8
30		5	1/6	4.1
31		8	1/12	4.6
35		6	1/10	6
51		6.25	1/11	4

编号	翼型	机翼面积/英寸²	相对弯度	展弦比
24		6 Foils 22 & 23	1/20 Gap 5/8	6.7
27		9 Foils 22, 23, 26	1/20 Gap 5/8	6.7
33		8 Foils 25 & 32	1/20 Gap 11/16	8
40		12 Foils 18 & 19	1/20 Gap 11/16	4
41		12 Foils 18 & 19	1/20 Gap 18/16	4
43		12 Foils 18 & 19	1/20 Gap 1/4	4

图 3-4　莱特兄弟测过的部分机翼

从图 3-4 中可以看出：

① 这些机翼的翼型都很薄，一些翼型之间的差异甚微，“相对弯度”不超过 1/6，种类较为丰富。

② 部分机翼数据遗失，譬如 13、14 号机翼，故出现了个别空格。

③ “翼型”和“机翼面积/英寸^2”两列分别给出了机翼的外轮廓和机翼的面积。

④ 机翼绝大多数为单翼，但 24、33、40、41、43 号为双翼，27 号为三翼。

⑤ 双翼或三翼“翼型”和“机翼面积/英寸^2”两列不仅给出了机翼的形状、机翼面积，而且还给出了上、下翼（或上、中、下翼）的翼型（翼型编号）。此外，“相对弯度”一列除给出了相应弯度数值外，还给出了上、下翼（或上、中、下翼）之间的间距大小（单位：in）。譬如，24 号机翼的上翼为 22 号翼型，下翼为 23 号翼型，其标识为“Foils 22 & 23”；上下翼之间的间距为 5/8 in，标识为“Gap 5/8”。

⑥ 所有的机翼尺寸都不大，机翼弦长为数厘米，翼展不超过 20 cm，和目前许多微小飞机相当。此外，莱特兄弟风洞实验的风速在 3～6 m/s 范围内，也与普通微小飞机的速度范围较为吻合。因此，可以认为，莱特兄弟风洞实验的机翼在动力相似方面和当前的微小飞机较为一致，其实验数据适合当下微小飞机的设计。

110 年前莱特兄弟测试这些机翼的风洞实验数据现在已经被做成数据库，集成在 Tunnel 软件中，即莱特 1901 年风洞模拟器中，软件使用者在模拟自己的飞机机翼升力、阻力时可以通过该软件的用户图形界面直接调用莱特兄弟的数据。

2. Tunnel 气动软件的使用方法

Tunnel 气动软件是一个基于 Java 技术的开放性网络在线运行程序，只要计算机联网，且安装了 Java 的运行环境（JRE），登录 NASA 的官网 http://wright.nasa.gov/airplane/tunnl2int.html，就可以直接进入该软件的交互界面。

图 3-5 所示为该软件的主界面。界面中两个分别标有 Lift Balance（升力天平）和 Drag Balance（阻力天平）字样的黑色按钮，分别用于选择升力测试和阻力测试。若测试机翼升力，则单击 Lift Balance 按钮；若测试机翼的 $C_L/C_D-\alpha$（升阻比-迎角）曲线，则单击 Drag Balance 按钮。这里需要补充说明两点：

① 当用 Tunnel 软件测试阻力时，其界面上直接给出的是 $C_D/C_L-\alpha$ 曲线，即所谓的“阻升比-迎角”曲线。由于阻升比 C_D/C_L 和升阻比 C_L/C_D 互为倒数，故机翼的 $C_L/C_D-\alpha$ 曲线很容易由 $C_D/C_L-\alpha$ 曲线得到。

② 一旦有了机翼的 $C_L-\alpha$ 曲线和 $C_L/C_D-\alpha$ 曲线，机翼的 $C_D-\alpha$ 曲线也可容易地推导出来。

以下是 Tunnel 气动软件计算某一机翼（翼型）$C_L-\alpha$ 曲线的具体步骤：

步骤 1：在 Tunnel 气动软件界面中单击“Step 1：Select Model”按钮，选择机翼模型，界面右方会显示出各种翼型，见图 3-6；然后单击需要的机翼模型，界面左上方便会显示出升力天平、机翼和“手”的图样，见图 3-7。

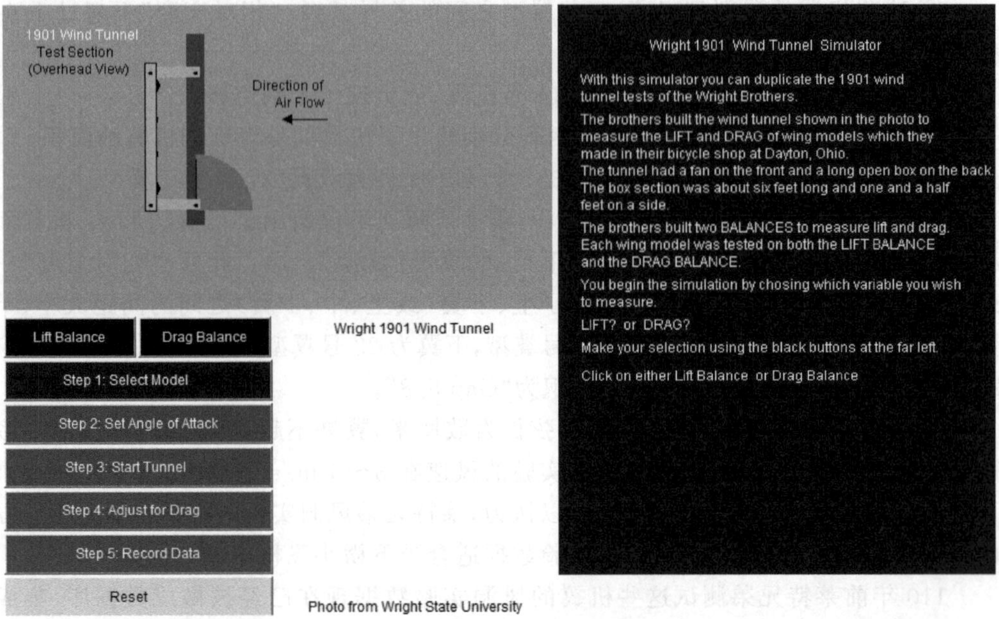

图 3-5　Tunnel 气动软件的主界面

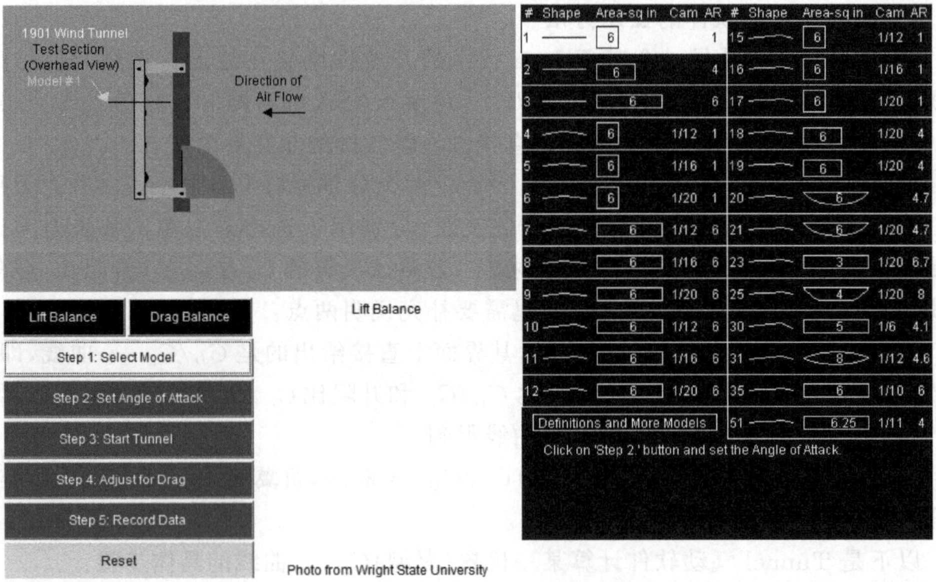

图 3-6　步骤 1:选择机翼模型

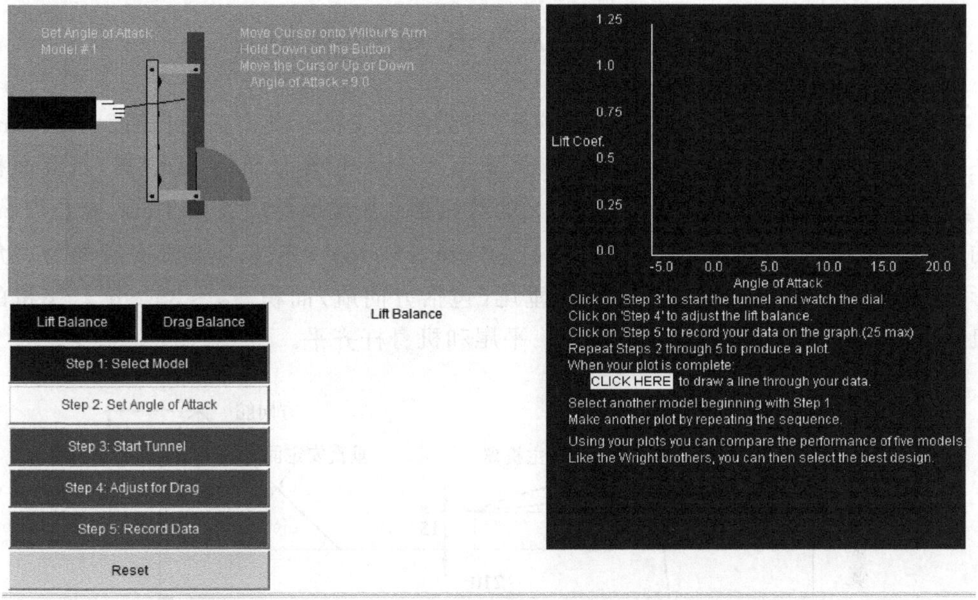

图 3－7　步骤 2:设置机翼迎角 α

步骤 2:单击“Step 2: Set Angle of Attack”按钮,设置机翼迎角。单击“手”的图样并移动,可调整机翼的迎角 α。

步骤 3:单击“ Step 3: Start Tunnel”按钮,开始“吹风实验”。

步骤 4:单击“Step 4: Adjust for Drag”按钮。

注:该步骤可直接跳过,软件该处疑似存在 bug。

步骤 5:单击“ Step 5: Record Data”按钮,在图 3－7 所示界面右上方的升力系数-迎角坐标系(即 Lift Coef－Angle of Attack 坐标系或 $C_L-\alpha$ 坐标系)中会记录下当前迎角 α 下机翼的升力系数 C_L 的数据。

重复步骤 2～步骤 5,便可在图 3－7 所示界面中的升力系数-迎角坐标系中得到机翼的整条 $C_L-\alpha$ 曲线。

Tunnel 气动软件是不能直接计算机翼阻力的,但单击其界面上的 Drag Balance 按钮,按照升力采用类似的计算步骤,却可得到机翼的 $C_D/C_L-\alpha$(阻升比-迎角)曲线。

有了机翼(或平尾)的 $C_L-\alpha$ 曲线和 $C_D/C_L-\alpha$ 曲线,根据升阻比 C_D/C_L 的定义,就可以得到机翼(或平尾)的 $C_D-\alpha$ 曲线。

注意:当利用 Tunnel 气动软件计算机翼的升力、阻力时,界面的右下方会随时出现一些英文提示,提示下一步该怎么做。

3.3 某微小飞机的初步构型

图 3-8 所示是初步设计的一架碳杆/薄膜蒙皮飞机。其中，飞机长度为 21 cm；主机翼被设计成翼展 $L_{翼展}$=32 cm、弦长 $d_{机翼}$=7 cm 的矩形机翼，无副翼，机翼面积 $S_{翼}$=224 cm^2；翼型为相对弯度为 1/12 的薄机翼。平尾设计成展长 8 cm、弦长 5 cm 的矩形平板翼，无升降舵，平尾面积 $S_{平}$=8 cm×5 cm=40 cm^2；垂直安定面为三角形平板，高约 5 cm，方向舵为半弧形，垂尾(包括方向航)面积 $S_{垂}$≈35 cm^2。飞机的机身为一根碳杆，主机翼安装角为 6°。平尾和机身杆齐平。

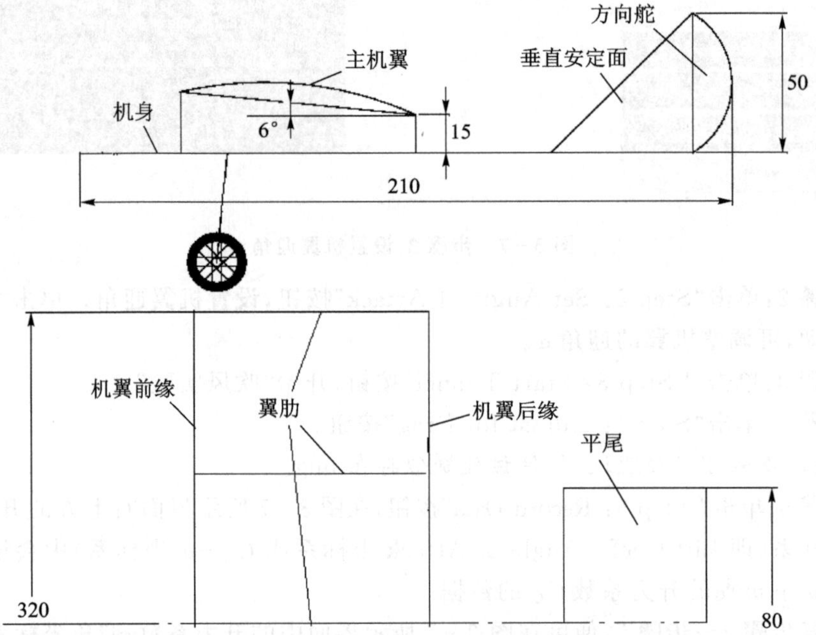

图 3-8 某微小飞机的初步构型(图中尺寸单位:mm)

按照惯例，初步设定飞机的重心在离主机翼前缘 1/4 弦长处(可通过后期加装电池、接收机并前后移动其位置进行微调)。飞机重心到尾翼翼根 1/4 弦长处的距离，即平尾力臂 $l_{平}$ 和垂尾力臂 $l_{垂}$，为 $l_{平} \approx l_{垂} \approx 16$ cm。

3.4 微小飞机升力和阻力的确定

下面将介绍使用 Tunnel 气动软件计算图 3-8 所示飞机的升力与阻力的过程。

1. 飞机的升力系数曲线

进入 Tunnel 主界面，依次单击 Lift Balance 和“Step 1:Select Model”按钮，并在

图 3－6 所示界面中的右方选择与本算例主机翼相近的 51＃机翼。然后重复 3.2 节中“2. Tunnel 气动软件的使用方法”中的升力计算的步骤 2～步骤 5，即可得到图 3－9(a)所示飞机主机翼的 $C_{L翼}-\alpha_{翼}$（主机翼升力系数-主机翼迎角）曲线；按照类似的方法，在图 3－6 所示界面中的右方选择与本算例平尾相近的 2＃矩形平板翼型，重复上述步骤 2～步骤 5，可得到图 3－9(b)所示平尾的 $C_{L平}-\alpha_{翼}$（平尾升力系数-主机翼迎角）曲线。注意：$C_{L平}-\alpha_{翼}$ 曲线的横坐标已经转换成主机翼迎角 $\alpha_{翼}$；$\alpha_{翼}$ 与平尾迎角 $\alpha_{平}$ 相差一个 6°的主机翼安装角，即 $\alpha_{翼}=\alpha_{平}+6°$。

由于飞机的升力主要来自主机翼和平尾，根据飞机整机的升力系数公式：

$$C_{L整机}=C_{L翼}+C_{L平}\cdot S_{平}/S_{翼} \tag{3-4}$$

以及图 3－9(a)所示主机翼的 $C_{L翼}-\alpha_{翼}$ 曲线、图 3－9(b)所示平尾的 $C_{L平}-\alpha_{翼}$ 曲线，可计算出图 3－9(c)所示的飞机整机的 $C_{L整机}-\alpha_{翼}$（飞机升力系数-主机翼迎角）曲线。

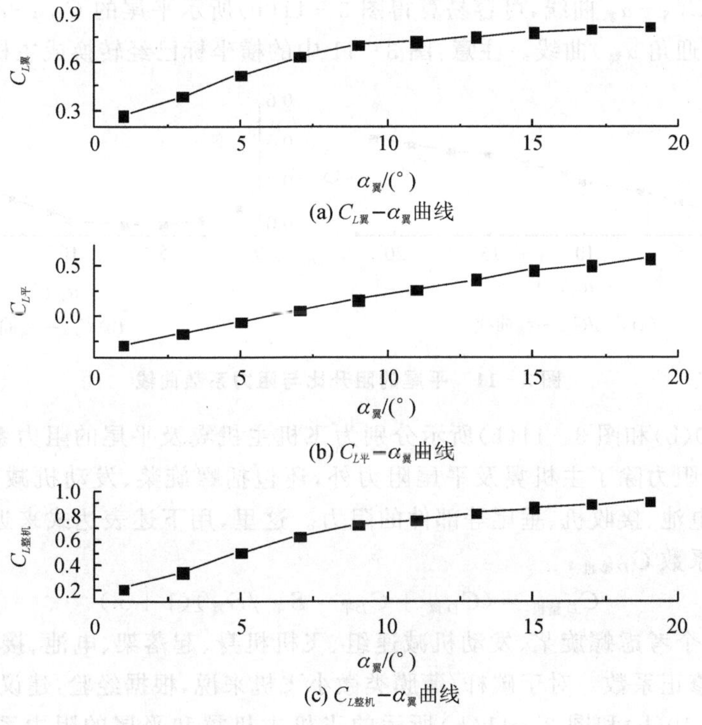

(a) $C_{L翼}-\alpha_{翼}$ 曲线

(b) $C_{L平}-\alpha_{翼}$ 曲线

(c) $C_{L整机}-\alpha_{翼}$ 曲线

图 3－9　飞机的升力系数曲线

2. 飞机的阻力系数曲线

在 Tunnel 界面中依次单击 Drag Balance、“Step 1: Select Model”按钮，并在图 3－6 所示界面中的右方选择与本算例主机翼相近的 51＃机翼模型。然后重复 3.2 节中“2. Tunnel 气动软件的使用方法”中的升力计算的步骤 2～步骤 5，即可得到图 3－10(a)所示主机翼的 $C_{D翼}/C_{L翼}-\alpha_{翼}$（主机翼阻升比-主机翼迎角 $\alpha_{翼}$）曲线；根据该曲线以及图 3-9(a)所示主机翼的 $C_{L翼}-\alpha_{翼}$ 曲线，可容易算得图 3-10(b)所示主机翼的 $C_{D翼}-\alpha_{翼}$（主机翼阻力系数-主机翼迎角 $\alpha_{翼}$）曲线。

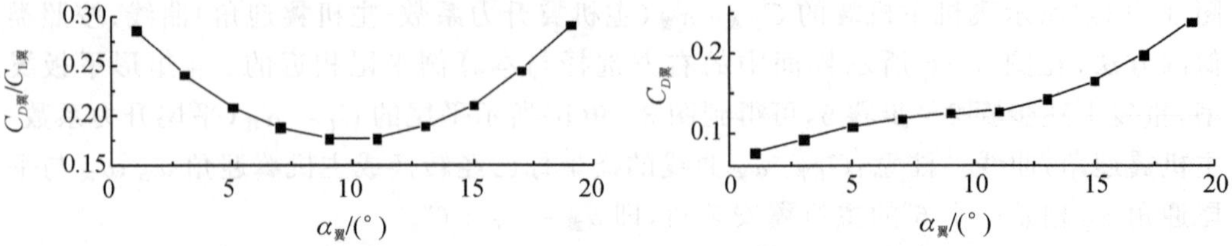

(a) $C_{D翼}/C_{L翼}-\alpha_{翼}$曲线　　(b) $C_{D翼}-\alpha_{翼}$曲线

图 3-10　主机翼的阻升比与阻力系数曲线

按照同样的方法，在图 3-6 所示界面中的右方选择与本算例平尾相近的 2＃矩形平板翼型，按照上述步骤 2～步骤 5，可得到图 3-11(a)所示平尾的 $C_{D平}/C_{L平}-\alpha_{翼}$（平尾阻升比-主机翼迎角 $\alpha_{翼}$）曲线；根据平尾的 $C_{D平}/C_{L平}-\alpha_{翼}$ 曲线以及图 3-9(b)所示平尾的 $C_{L平}-\alpha_{翼}$ 曲线，可容易算得图 3-11(b)所示平尾的 $C_{D平}-\alpha_{翼}$（平尾阻力系数-主机翼迎角 $\alpha_{翼}$）曲线。注意：图 3-11 中的横坐标已经转换成主机翼迎角 $\alpha_{翼}$。

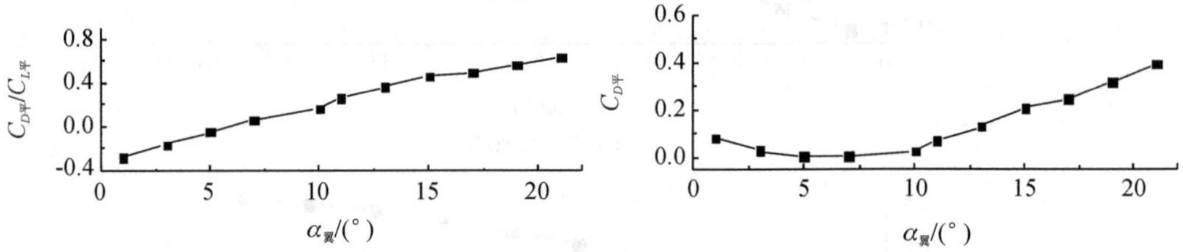

(a) $C_{D平}/C_{L平}-\alpha_{翼}$曲线　　(b) $C_{D平}-\alpha_{翼}$曲线

图 3-11　平尾的阻升比与阻力系数曲线

图 3-10(b)和图 3-11(b)所示分别为飞机主机翼及平尾的阻力系数曲线。实际上，飞机的阻力除了主机翼及平尾阻力外，还包括螺旋桨、发动机减速组、飞机机身、起落架、电池、接收机、垂尾等部件的阻力。这里，用下述表达式来近似估算飞机整机的阻力系数 $C_{D整机}$：

$$C_{D整机}=(C_{D翼}+C_{D平}\cdot S_{平}/S_{翼})(1+x) \tag{3-5}$$

式中：x 是一个考虑螺旋桨、发动机减速组、飞机机身、起落架、电池、接收机、垂尾等部件阻力的修正系数。对于碳杆/薄膜类微小飞机来说，根据经验，建议 x 取 2。

由图 3-10(b)和图 3-11(b)所示的飞机主机翼和平尾的阻力系数数据以及式(3-5)，可以计算出飞机整机的 $C_{D整机}-\alpha_{翼}$ 曲线，如图 3-12 所示。

3. 飞机的升力和阻力

经过计算，图 3-9(c)及图 3-12 分别给出了图 3-8 所示微小飞机的升力系数曲线和阻力系数曲线。事实上，根据式(3-1)和式(3-2)，只需将图 3-9(c)及图 3-12 中的纵坐标乘以 $\frac{1}{2}\rho S_{翼}v^2$，便可获得任意飞行速度 v 及飞行姿态（主机翼

迎角 $\alpha_{翼}$)下飞机的升力和阻力大小。

从图 3-9(c)及图 3-12 中可以看出:①在迎角为 1°～19°的范围内,飞机的升力系数 C_L 与阻力系数 C_D 都随着主机翼迎角 $\alpha_{翼}$ 的增加而增加;②Tunnel 软件给出的 $C_L - \alpha_{翼}$ 曲线似乎无法反映飞机失速的信息。

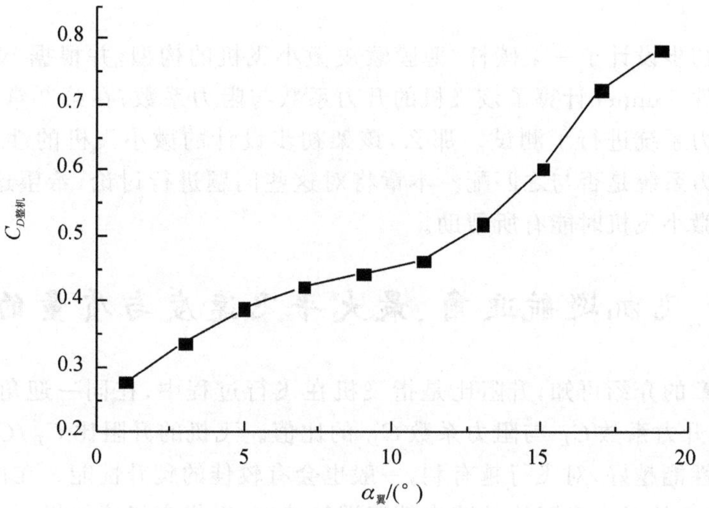

图 3-12　飞机整机的阻力系数曲线

第 4 章　微小飞机性能分析

第 3 章初步设计了一架碳杆/薄膜蒙皮微小飞机的构型，并根据 NASA 网站的简易气动软件 Tunnel 计算了该飞机的升力系数与阻力系数；在第 2 章中，对选定的微小飞机动力系统进行了测试。那么，该架初步设计的微小飞机的性能到底如何？第 2 章的动力系统是否与之匹配？本章将对这些问题进行讨论，希望这些讨论对广大读者设计微小飞机时能有所帮助。

4.1　飞机巡航迎角、最大平飞速度与质量的控制

由第 3 章的介绍可知，升阻比是指飞机在飞行过程中，在同一迎角下升力 L 与阻力 D 或者升力系数 C_L 与阻力系数 C_D 的比值。飞机的升阻比 C_L/C_D 越大，说明其空气动力性能越好，对飞行越有利，一般也会有较佳的爬升性能。在设计固定翼飞机时，通常都会让最大升阻比的速度等于巡航速度，以提高经济效果。

根据升阻比 C_L/C_D 的定义，以及图 3－9(c)所示飞机整机的升力系数与图 3－12 所示的阻力系数曲线，可以计算出图 3－8 所示飞机整机的升阻比曲线，如图 4－1 所示。从图 4－1 中可以看出，主机翼迎角 $\alpha_{翼}$ 在 9°附近时，该飞机整机的升阻比最大。因此，9°就是本架飞机的理想巡航迎角。

从图 3－9(c)和图 3－12 中可以查得，当巡航迎角为 9°时，飞机整机对应的升力系数 $C_{L整机}$ 和阻力系数 $C_{D整机}$ 分别为 0.712 和 0.45。然后根据飞机的升力 L、阻力 D 公式：

$$L=\frac{1}{2}\rho C_{L整机}S_{翼}v^2 \tag{4-1}$$

$$D=\frac{1}{2}\rho C_{D整机}S_{翼}v^2 \tag{4-2}$$

可绘制出巡航迎角为 9°时飞机的 $L-v$ 和 $D-v$ 曲线，如图 4－2 所示。其中，ρ 为空气密度，取 1.205 kg/m³，v 为飞机的飞行速度。

考虑到飞机平飞时，阻力 D 和发动机拉力将构成一对平衡力，故将图 2－4(b)所示的二次拟合发动机拉力-风度 v(飞机飞行速度)曲线也绘制在图 4－2 中。

注：为了便于分析，对图 4－2 中二次拟合后的发动机拉力-风速曲线进行了延长。

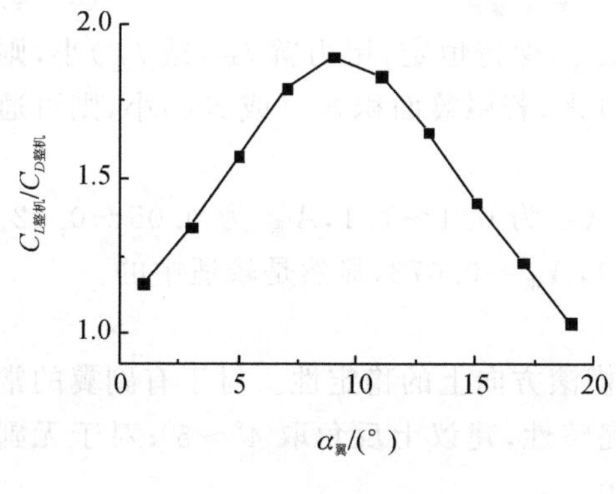

图 4-1　飞机整机的升阻比曲线

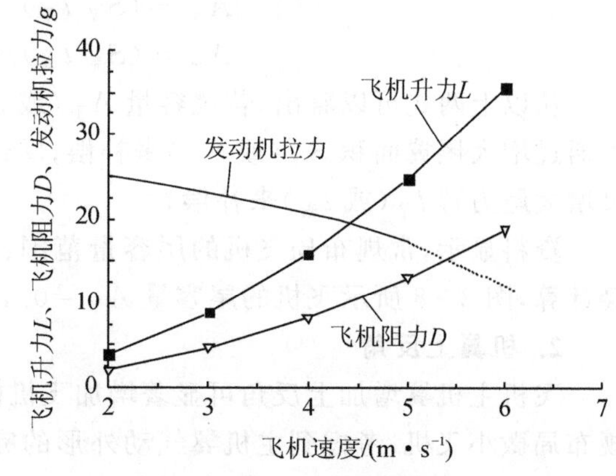

图 4-2　飞机升力、飞机阻力及发动机拉力随飞机飞行速度的变化

从图 4-2 中可观察到，随着飞机飞行速度 v 的增加，飞机阻力 D 快速增大，同时，发动机的可用拉力迅速下降；当 v 增大到 5.5 m/s 以后，发动机可用拉力将降至 15.2 g 以下，已经小于飞机飞行阻力 D，动力开始不足。因此，5.5 m/s 就是飞机 9° 巡航迎角下的最大平飞速度。值得注意的是，在图 4-2 中，最大平飞速度 5.5 m/s 对应的飞机升力约为 30.3 g，根据重力、升力平衡关系可知，飞机的质量必须小于 30.3 g，此时，飞机的推重比(发动机推力与飞机重量之比)将大于 2(约 30.3 g/15.2 g)。

以上分析表明，图 3-8 所示飞机的理想巡航迎角为 9°；在该巡航迎角下，飞机的最大平飞速度为 5.5 m/s；该飞机要搭配第 2 章的动力系统，总质量必须控制在 30.3 g 以下，才能在空中保持重力与升力、拉力与阻力的平衡。

这里需要说明的是，上述分析仅是基于飞机的一种理想飞行状态，在实际飞行中，飞机的迎角不可能长时间保持在 9°。也就是说，飞机的实际最大平飞速度将会偏离 5.5 m/s，飞机质量的控制上限也必然要小于 30.3 g。尽管如此，该质量数据仍可为模友初步设计微小飞机提供参考。

4.2　尾容量与机翼上反角

当做成一架微小飞机后，制作者通常会先进行多次无动力抛投、滑翔试验，并通过不断地移动电池、接收机位置来调整飞机的重心，其主要目的就是考察飞机的稳定性。关于飞机重心的位置，将在后续章节中介绍。事实上，飞机的尾翼、机翼对飞机的稳定性也起着十分关键的作用。

1. 尾容量

飞机的平尾、垂尾分别对飞机的俯仰稳定和航向稳定有着重要的贡献，通常用尾容量这一无量纲参数来表征。飞机平尾及垂尾的尾容量分别被定义为

$$A_{平} = (S_{平}\ l_{平})/(S_{翼}\ d_{机翼}) \tag{4-3}$$

$$A_{垂} = (S_{垂}\ l_{垂})/(S_{翼}\ L_{翼尾}) \tag{4-4}$$

从以上两式可以看出，若尾容量 $A_{平}$（或 $A_{垂}$）保持恒定，尾力臂 $l_{平}$（或 $l_{垂}$）小，则可通过增大尾翼面积 $S_{平}$（或 $S_{垂}$）来补偿；反过来，若尾翼面积 $S_{平}$（或 $S_{垂}$）小，则可通过增大尾力臂 $l_{平}$（或 $l_{垂}$）来补偿。

资料显示，常规布局飞机的尾容量范围：$A_{平}$ 为 0.4～1.1，$A_{垂}$ 为 0.05～0.12。经计算，图 3－8 所示飞机的尾容量 $A_{平}$＝0.41，$A_{垂}$＝0.078，显然是较适中的。

2. 机翼上反角

飞机主机翼增加上反角可显著增加飞机横滚方向上的稳定性。对于有副翼的常规布局微小飞机，考虑到主机翼气动外形的完整性，建议上反角取 4°～5°；对于无副翼的常规布局微小飞机，建议上反角取 8°～10°。

对于碳杆/薄膜蒙皮微小飞机，在制作整个主机翼时，可先不考虑上反角，而是待整个机翼碳杆骨架做好以后，再用张线（如细棉线或 0.06 mm 的细漆包线等）连接左右翼稍，使机翼整体形成上翘的“U”字形。

4.3 飞机的航时

若给微小飞机配备的是 110 mA · h 容量的 1S 3.7 V 锂电池作电源，则飞机能持续飞行多长时间呢？

通过稳压电源给当前微小飞机的 7 mm 空心杯/减速组 GWS4540 桨动力系统恒压加电，电压恒定在 3.7 V，并且用风扇给动力系统迎面吹 0～4.3 m/s 速度的风，发现电源供电电流在（915±35） mA 范围内变化。

根据电池容量和该供电电流，可以对飞机航时 t 进行粗略估算，如下：

$$t = (110 \times 60/915)\ \text{min} = 7\ \text{min}$$

第5章　微小飞机的设计与制作技巧

自从20世纪末微小飞机开始盛行至今，微小飞机已历经了近20多个年头。在这些年里，随着接收机、电机、电池等电子设备的不断小型化，各种各样的微小飞机相继推出。考虑到常规布局的微小飞机数量巨大，占据主流，故本章以常规布局的微小飞机为例介绍飞机设计和制作中的若干技巧及经验。

5.1　常规布局飞机中各部件几何尺寸的大致比例

一提起飞机，大多数人的脑海里就会浮现出常规布局飞机的样子：主机翼前置，“⊥”尾翼布局。当飞机的发明者莱特兄弟成功试飞“飞行者-1号”时，他们连做梦都不会想到，自己的鸭翼飞机构型日后会在航空发展史中成为非主流。实践表明，与其他布局形式的飞机相比，通常情况下常规布局飞机的操稳性更好，这也正是“常规布局飞机”之所以被称为“常规布局”的主要原因。

大家知道，世界上各种物体的主要特征尺寸都有自己的大致比例。如果比例超出正常范围就会显得不协调，就是大家常说的“难看”。那么，常规布局微小飞机各部分比例是多少才显得“好看”，才更容易试飞成功呢？下面将推荐一些常规布局微小飞机中各部件的主要几何尺寸的大致比例，供入门级模友参考。

主机翼翼展长和机身长度的比例为1:0.8～1:1，主机翼翼展长和水平尾翼翼展长的比例为1:0.4～1:0.5；主机翼翼展长和垂直尾翼高度的比列为1:0.25～1:0.35，主机翼翼展弦比约为5:1，主机翼前缘位于机身离机头1/5身位处；副翼面积占主机翼面积的1/5，平尾展弦比约为2.5:1，升降舵面积占平尾面积的1/5，垂尾高度和翼根弦长的比例约为1:1，方向舵面积约占垂尾面积的1/4。

5.2　微小飞机发动机的选择

微小飞机的翼展一般不超过800 mm，通常采用空心杯有刷电机或微小型无刷电机。使用有刷空心杯为动力的飞机翼展一般在250～380 mm为宜，使用无刷电机的微小飞机翼展一般在400～800 mm为宜。

发动机的选择与飞机的质量有关。质量较小的微小飞机的发动机可考虑选用

4 mm、6 mm、7 mm、8.5 mm 等直径的空心杯电机；对于同一直径的空心杯，电机长度越长，通常动力越好。最常用的空心杯电机型号有 412、614、716、720 和 815。这里，3 位数字中的第一位数表示电机的直径，后两位数表示电机的长度。譬如 614 型号，就表示该空心杯电机的直径为 6 mm，长度为 14 mm。

发动机和螺旋桨是否匹配直接影响发动机的效率，只有两者匹配得当，发动机才有望获得较大的拉力。实践表明，以下的空心杯电机直驱配桨方案较为适宜：412 电机配“小黄蜂”玩具直升机 30 mm 直径的尾桨，614、716 电机配 46 mm 直径的尾桨，720、815 电机配 60 mm 直径的尾桨。如果使用淘宝网上的彩虹微航模店、微航模 DIY 店里的成品减速组，桨的长度可以乘以 2.5 左右。

有测试数据显示，单发直驱 412 空心杯电机可产生约 2 g 的拉力，该拉力实在太小了，实际上在微小飞机中几乎无用武之地；614 空心杯电机直驱可产生约 7 g 的拉力；716、720 空心杯电机可产生 9～11 g 的拉力。如果是双发直驱的空心杯电机，拉力可以比原来增加约 80%，到不了 100%这是因为与电池放电能力、电池放电曲线、电调等诸多因素有关。如果用成品减速组，则单发的拉力甚至比双发直驱的拉力还高。通常情况下，4 mm 空心杯电机减速组的拉力约为 4 g，6 mm 空心杯电机减速组的拉力约为 15 g，7 mm 空心杯电机减速组的拉力可达到 30 g 左右。

一般微小飞机的起飞质量可以是拉力的 2 倍左右，也就是常说的飞机推重比约等于 2。譬如，使用 7 mm 直径的空心杯减速组，拉力为 30 g，那么飞机的总质量就要控制在 60 g 以下，因为质量小拉力足的飞机性能才更优越，更有利于飞行。在以空心杯电机为动力的微小飞机质量中，电池的大小很重要。如一块 3.7 V、60 mA·h 容量的锂电池重达 2.5 g，一块 3.7 V、150 mA·h 的锂电池重约 5.5 g，所以建议单发直驱微小飞机尽量使用 100 mA·h 以内容量的锂电池，减速组使用 200 mA·h 以下的锂电池为宜。

体积和质量较大的微小飞机，一般采用微小型无刷电机。目前市面上适用于微小飞机的无刷电机有 Ap03、Ap05、2204、2208 等。关于它们的拉力大小，经过模友的多年实践，给出了一个经验公式：当用 2S 7.4 V 锂电池供电时，拉力约等于电机质量的 15 倍，但若换成 1S 3.7 V 锂电池供电，则拉力减半。不过，一般用无刷电机的飞机都是由 2S 7.4 V 锂电池供电。表 5－1 所列为 4 种无刷电机的不同 KV 值下的性能参数、螺旋桨搭配情况以及对应的静拉力。表 5－1 中的数据均来自于淘宝网电机卖家网店的产品介绍，这里汇总在一起供模友参考选用。其中，RS 表示低速桨（转速小于 10 000 r/min）。对于采用 2208 电机的微小飞机，实际上已经具备了一定的室外抗风飞行能力。

表 5-1　微小飞机电机、配桨及拉力表

电　机	KV 值	质量/g	轴径/mm	电池/V	最大电流/A	配　桨	静拉力/g	适合的飞机
Ap03	4 000	3.1	1.5	7.4	2	3020	58	—
Ap05	3 000	5.5	1.5	7.4	3	4025	87	70 g 以下的 3D 飞机；120 g 以下的普通飞机
					2.8	5030	110	
	5 000	5.8	1.5	3.7	5	5030	90	—
2204	1 480	19.3	3	7.4	6.9	9047	390	—
	1 500	26	3	7.4	6.6	8040	340	—
					8.2	9050	410	—
	1 600	22	3	7.4	12	6030 或 7040	—	—
	1 700	19	3	7.4	10	8040	260	140 g 3D 飞机；150 g F3P 飞机；260 g Trainer 飞机
	1 800	19.6	3	7.4	9.4	8043	410	—
2208	1 100	36	3.17	11	10.8	9050	600	250～350 g 3D 飞机，3S 锂电池，10～12 C，容量 800～1 200 mA·h
				11	8.2	8043	618	300～500 g 普通固定翼，3S 锂电池，10～12 C，容量 800～1 500 mA·h
				7.5	9.6	1047RS	443	250 g KT 板，3D 配置，2S 锂电池，容量 800～1 200 mA·h
	1 400	36	3.17	7	9.1	9050	425	250 g 3D 飞机，2S 锂电池，容量 800～1 200 mA·h
				11	11.2	8040	610	—
				11	13.1	7060RS	—	400～700 g 普通固定翼，3S 锂电池，10～15 C，容量 1 200～2 000 mA·h
	1 800	36	3.17	11	11.4	7×3.2	650	3S 锂电池，10 C，容量 1 200～1 600 mA·h
				7	10.7	7060	400	2S 锂电池，10 C，容量 1 200～1 500 mA·h
	2 600	36	3.17	7	12.2	6×4	—	2S 锂电池，12～15 C，容量 1 200～1 500 mA·h
				11	15.2	5043	—	300～500 g 高速飞翼，3S 锂电池，12～15 C，容量 1 200～1 600 mA·h

5.3 微小飞机的选材

通常大家都喜欢用泡沫板做微小飞机，泡沫板的种类繁多，名称各异，最容易买到的是KT板。KT板大部分带两层皮，前、后各一层。它的优点是硬朗，无需碳杆加强；缺点是撞击后容易折，相对于EPP板来说质量比较大。EPP板与KT板正好相反，质量小、柔韧性非常好、撞击后有弹性，10多克的EPP小飞机基本是“百撞不坏”，是新手非常喜爱的材料；但它的优点也是缺点，因为柔软，所以机翼需要用碳杆加强。这里有一种方法可以用于判断机翼是否需要加强，那就是用2根手指顶住主机翼的翼尖部分，如果机身塌陷产生小于8°的上反角，就不要加强。还有一种新型泡沫叫作D板，密度比KT板小，韧性比KT板强，通常用来替代KT板，缺点是价格比较高。珍珠板可以理解为低密度的KT板，EPS(密度较小，刚性偏软)或EPO(密度较大，刚性较好)是常用的电器包装泡沫，这些泡沫也可用电热丝切片后做微小飞机。

轻木板，是微小飞机高手喜欢的材料，做出的飞机很漂亮，没有泡沫飞机那种粗糙的颗粒感。轻木板的原材料源于非洲的巴沙树，相对于其他木材，巴沙木更轻，但是比KT板要重，撞击后也容易折，折断后修复比较麻烦；制作方法一般是搭接。轻木飞机的机翼有时也会被镂空，然后覆盖保鲜膜或食品袋等薄塑料蒙皮。

另外，还有一种被模友称作“黑丝”的微小飞机，这类飞机的骨架一般是由直径为0.5～1.5 mm的碳杆搭接的，用保鲜膜或食品袋等材料作为蒙皮。由于碳杆是黑色的，且机翼常用碳杆圈成“性感”的圆弧状，所以大家起名叫“黑丝”。

5.4 常用胶水的使用

制作航模常用的胶水有502、101、泡沫胶、UHU胶等。EPP材料和轻木耐腐蚀，基本上所有的胶水都可以用；泡沫胶基本没有腐蚀性，故可用于所有的材料。如果是粘接泡沫，则推荐泡沫胶；如果是粘接轻木，则推荐101或502，101比502粘接强度好一点。微小飞机的蒙皮可以用泡沫胶粘贴，其实双面胶带也是粘贴蒙皮的绝佳材料。泡沫胶是淡黄色的，做出的飞机会有淡黄色胶水的痕迹，影响美观，故有人用透明的UHU胶来代替；但UHU胶有腐蚀性，普通泡沫并不适合。

注意：所有胶水都怕热，长时间不用要盖紧盖子放在阴凉处；胶水都有毒性，使用时要注意通风，特别要注意水性胶水不能溅到眼睛里。

5.5 发动机的下拉与右拉

发动机的下拉与右拉均指的是发动机的拉力线相对机身参考线的方向。发动机拉力线方向调整得好，飞机就稳定；调整得不好，飞机就不能顺利飞行。

发动机下拉的目的主要是减缓发动机转速快速改变时，由于速度改变所引起的纵向力的不平衡，即升力和重力之间的不平衡。所有的飞机发动机都要设置下拉角吗？答案是否定的。飞机发动机是否设置下拉角主要看拉力线和飞机重心的相对位置。一般情况下，拉力线要通过飞机重心略微偏上方的位置。

发动机是否右拉与螺旋桨有关。一般来说，正桨需要右拉，反桨则需要左拉，这里重点讨论右拉，因为绝大多数飞机使用的都是正桨。“正桨”是指沿飞机航向看去，顺时针旋转并获得拉力的螺旋桨；逆时针旋转获得拉力的螺旋桨为“反桨”。

大家知道，螺旋桨旋转时会产生反扭矩，一般螺旋桨（正桨）都是逆时针转动的（从机头前面看），它在飞行中产生的反扭矩会使飞机向左倾斜，从而使飞机向左转弯，而且发动机油门开得越大，产生的反扭矩越大，飞机左转的倾向就越明显；反之，如果油门开得很小，反扭矩就小，飞机就倾向于直线飞行。这样就产生了一个问题，即发动机在大油门时，飞机会自动左转。为了能平衡飞机左转的倾向，最简单的办法就是将发动机的拉力线向右偏转一个角度，也就是所谓的右拉。发动机右拉使螺旋桨的拉力产生一个向右的分力作为补偿，从而使飞机在大油门和小油门时都可以保持直线飞行。一般来说，发动机下拉角可取 1°～3°，右拉角可取 1°～2°。

5.6 机翼上反角

上反角的作用是增加飞行稳定性。观察鸽子等飞禽在下降滑翔时都会使其两翅膀形成一定角度的上反角，随风飘扬而自动修正左右的安定性。其原理如下：升力是对重力而言的，当机翼有一定的上反角，有不稳定的气流出现时，可能会造成飞机的横向不安定。从正面看，左机翼抬高，右机翼自然同等角度下降，则整个左机翼在水平面上的投影减小，升力减小；相反，由于上反角的存在，右侧在水平面上的投影增大，升力增大，这样就产生一个恢复水平的力矩，从而自动使飞机保持横滚方向的稳定。上反角大一点是有好处的，但上反角过大则会影响整个机翼的有效面积。所以，一般的微小飞机上反角都取 6°～8°。

单折机翼飞机的上反角通常取值较小，优点是不易失速，可作大坡度盘旋。双折机翼飞机的上反角相对取值较大，恢复稳定比较灵敏，但易失速，不宜作大坡度盘旋。

5.7 前拉、腰推、后推发动机安装要点

先来说一说最普遍的前拉。前拉发动机的安装只要遵循下拉、右拉安装原则就能正常飞行。

腰推发动机的安装相对复杂一点，因为牵涉到拉力线。拉力是发动机工作时产生的，拉力线就是发动机产生拉力时的一个方向。一台发动机一般只产生一个方向的拉力线，有多喷口的矢量涵道发动机除外。拉力线相对于飞机重心，通常会形成一个力臂。为了减小该力臂对飞行的影响，入门者可考虑让拉力线穿过飞机重心。腰推发动机一般安装在飞机重心的后上方位置，所以如果发动机拉力线与机翼平行，则其工作时就会产生低头力矩，不利于飞行。一般的做法是发动机采用下拉，拉力线和机身参考线成5°～10°，从略高于飞机重心的位置穿过。后推发动机的安装和前拉发动机的安装基本相同，是下推右推，因为飞机重心靠前，所以下推右推的角度应比下拉右拉时小一点。

F3P是国际航联(FAI)推出的一个室内花样航空模型比赛项目，参与F3P的飞机机翼为平板结构，没有翼型，因此发动机安装时并不需要做下拉右拉，可直接让拉力线穿过飞机重心。

5.8 重心位置与确定方法

物体的重心，是指物体重力的作用点。规则而均质物体的重心就是它的几何中心。需要注意的是，物体的重心不一定在物体上，例如呼啦圈。

在航空模型运动中，流传着一个不成文的谚语："重心在机翼前缘三分之一处。"实际上，飞机的重心在机翼前缘(气动弦长)三分之一偏前或偏后都是可行的，但偏离值太大就可能影响飞行的稳定性了。

不规则物体的重心可以用悬挂法来确定。把飞机想成一杆秤，在重心上拴一根绳子，用手提着，飞机就是平衡的。但是拴绳子比较麻烦，通常用两个手指来解决这个问题，具体做法为：用两个手指顶住左右机翼翼稍弦长的前三分之一处，如果飞机平衡了，重心就找到了；如果该重心不在理想的位置(离前三分之一太远)，则可以用机头配重的方法来实现，为了不增加飞行质量，微小飞机一般可以通过移动锂电池的位置来给飞机配重。

以上所指的重心实际上只是飞机的前后重心，飞机的上下重心也很重要，主要用在调整发动机拉力线方面，后续章节将会介绍。

5.9　飞机的试飞与调试

当完成一架飞机后，首先要手抛试飞，试飞须逆风。试飞时，准备一个小配重，如橡皮泥，可以随时粘在机头部位调整重心。重心调好后，橡皮泥的位置基本就是电子装备的重心位置。电子装备包括接收机、电机、螺旋桨、舵机、电调、电池等，现在也有集成接收机(集成了接收机、电调和舵机)。电子装备分布的重心位置要与橡皮泥的位置相仿。一般室外飞机的重心要前移一点，以手抛机头微微下沉为宜。

手抛完成后就是调整发动机拉力线了。如果有起落架，可以加油滑跑，起飞姿态正常则说明拉力线正常；起飞后迅速爬高，则说明下拉不够；只滑跑不飞，则说明下拉多了点。如果没有起落架，则通常用手指轻轻捏住一侧机翼翼尖，遥控推全油门，如果手指感到机翼有反扭，则说明拉力线不正常，需要调整拉力线的俯仰，调好了，就可以手抛推油门试飞了。

第 6 章　电磁舵机的选购与制作

舵机是飞机舵面的操纵机构，目前微小飞机舵机最常见的有直线舵机、电磁舵机和微型标准舵机 3 种。其中，电磁舵机具有如下特点：①与直线舵机、微型标准舵机相比，电磁舵机质量更小、体积更小；②直线舵机、微型标准舵机目前都是成品，不适宜手工制作，而电磁舵机制作简单、个人发挥空间大；③电磁舵机的制作原材料普通，成本低廉。鉴于以上特点，电磁舵机一直被众多微小飞机爱好者，特别是迷你飞机高手所青睐。

本章首先讲解电磁舵机原理，分析通电线圈的电磁场；接着阐述自制电磁舵机线圈与磁铁的选取技巧；然后介绍电磁舵机的选购与制作；并给出多种电磁舵机的构型，供模友自制电磁舵机时参考。

6.1　电磁舵机原理与通电线圈的电磁场

1. 电磁舵机原理

任何通有电流的导线都可以在其周围产生磁场现象，这种现象被称为电流的磁效应。如图 6 - 1 所示，当给一个金属线圈通电时，可以在线圈的内部及周围产生相应的磁场；线圈的一端构成 S 极，另一端构成 N 极。对于通电的金属线圈，其电磁场的强弱与分布取决于以下 3 个因素：

① 线圈内电流的大小。一般情况下，线圈中的电流越大，电磁性就越强。

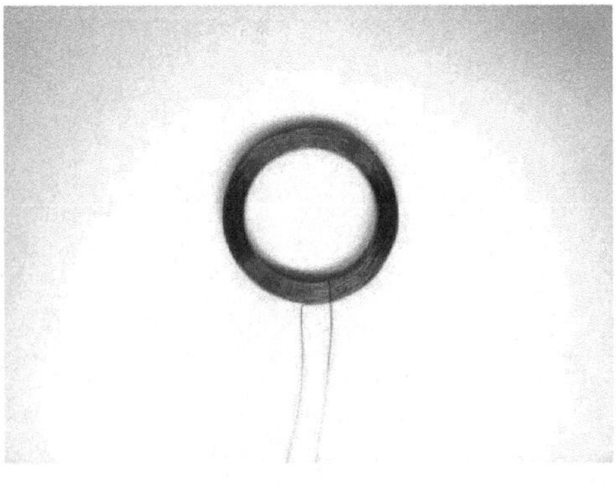

(a) 线　圈

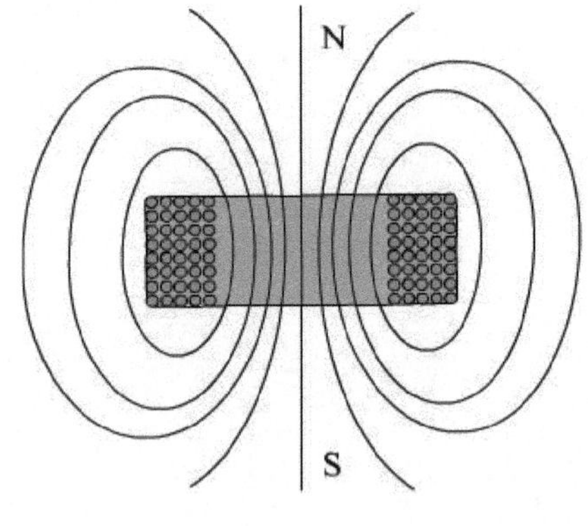

(b) 通电后产生的磁场

图 6 - 1　线圈及通电后产生的磁场

② 线圈匝数的多少。当通电导线中的电流一定时，匝数越多，电磁性就越强。

③ 通电线圈磁极的方向与电流方向有关，满足右手螺旋法则。

如图 6－2 所示，在线圈内部放一枚小的永久磁铁后，给线圈通电产生磁场，线圈内部的永久磁铁就会因电磁场而发生偏转，遵循同性相斥，异性相吸的规律；若将线圈固定，磁铁与飞机的某个舵面连为一体，就可以通过改变线圈内电流的方向和大小来控制舵面的偏转，进而实现飞机姿态的改变。

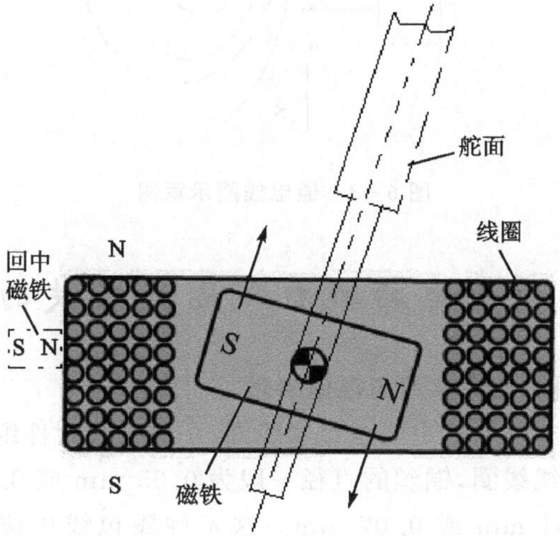

图 6－2　电磁舵机原理

2. 线圈的电磁场强度

如图 6－3 所示，对于总电阻为 R、内圈直径为 d_1、外圈直径为 d_2、匝数为 n 的空心线圈，当给线圈两端施加电压 U 时，由欧姆定理可知，线圈内的电流为

$$I=U/R \tag{6-1}$$

螺线内磁感应强度为

$$B=\mu_0 In \tag{6-2}$$

式中：$\mu_0=4\pi\times10^{-7}$ T·m/A，为真空磁导率。

将式(6－1)代入式(6－2)，可得螺线内磁感应强度为

$$B=U\mu_0 n/R \tag{6-3}$$

从式(6－3)中可以看出，B 主要取决于外加电压 U 和 n/R。外电压 U 及 n/R 越大，B 就越大。尽管如此，这里还需要注意两点：

①若外加电压恒定，则 B 主要取决于 n/R；

②随着线圈匝数 n 的增加，线圈的外径会不断增加，故 n 和 R 不成正比，即 n/R 不等于恒量。

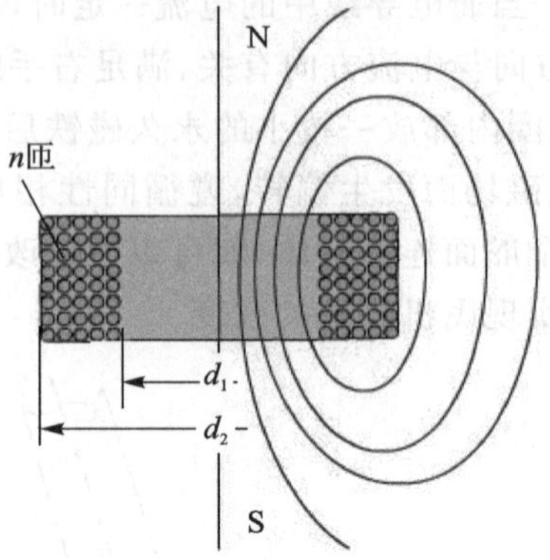

图 6-3　通电线圈示意图

6.2　自制电磁舵机线圈与磁铁的选取

1. 电磁舵机线圈的几何参数与电磁参数

如图 6-2 所示，电磁舵机主要由金属线圈、小磁铁和附件组成。目前，电磁舵机普遍采用的是铜漆包线线圈，铜丝的直径一般为 0.05 mm 或 0.06 mm，也有少数情况下铜线直径取 0.04 mm 或 0.07 mm。这 4 种漆包线单位长度的电阻率 ρ 见表 6-1。

表 6-1　4 种漆包线单位长度的电阻率

直径/mm	0.04	0.05	0.06	0.07
单位长度的电阻率 ρ /($\Omega \cdot mm^{-1}$)	0.013 92	0.008 949	0.006 198	0.004 556

表 6-2 所列为某航模淘宝网店销售的 9 种成品电磁舵机线圈。这几种线圈的内径 d_1、外径 d_2、高 H、电阻 R、铜线直径、线圈的总质量 G 等参数都是卖家在网店上公布的。在较小的微小飞机(如掌上飞机)上，其电磁舵机可配质量较小的线圈，如表 6-2 中的 1～5 号线圈，这些线圈的内径为 4 mm 或 4.5 mm；对于相对较大的微小飞机，电磁舵机可采用质量较大的 6～9 号线圈。

表 6-2　电磁舵机线圈的参数

编　号	内径 d_1/mm	外径 d_2/mm	高 H/mm	电阻 R/Ω	铜线直径/mm	线圈总质量 G/g	匝数 n/匝	3.7 V 电压下	
								空线圈内磁感应强度 $B\times10^5$/T	磁重比 $r\times10^5$/($T\cdot g^{-1}$)
1	4	5.5	3	100	0.004	0.12	540	2.50	20.8
2	4.5	5.5	3	80	0.005	0.17	630	3.68	21.6
3	4.5	6	3	100	0.005	0.2	790	3.68	18.4

续表 6-2

编　号	内径 d_1/mm	外径 d_2/mm	高 H/mm	电阻 R/Ω	铜线直径/mm	线圈总质量 G/g	匝数 n/匝	3.7 V 电压下	
								空线圈内磁感应强度 $B\times10^5$/T	磁重比 $r\times10^5$ /(T·g^{-1})
4	4.5	6.1	3	80	0.005	0.25	630	3.68	14.7
5	4.5	6.5	3	100	0.005	0.3	680	3.15	10.5
6	6	8	4	80	0.006	0.26	690	3.98	15.3
7	6	8	4	200	0.005	0.35	1 190	2.76	7.88
8	6	8.5	4	100	0.006	0.43	790	3.67	8.54
9	7	8.5	4	50	0.007	0.35	1 000	9.28	26.5

根据表 6-2 中所提供的线圈电阻 R，线圈内、外直径 d_1、d_2，以及表 6-1 中不同规格漆包线单位长度的电阻率 ρ，可近似获得各线圈的匝数为

$$n=2R/[\pi(d_1+d_2)\rho] \tag{6-4}$$

若给表 6-2 中各线圈两端施加 3.7 V 的电压，则由式(6-3)和式(6-4)可以计算出各线圈内的磁感应强度 B。为了便于讨论，这里将 3.7 V 电压下线圈内的磁感应强度 B 与线圈总质量 G 之比定义为线圈磁重比 r。显然，r 越大，说明该线圈的电磁效率越高，单位质量所得的磁力越大。

2. 线圈的选取与缠绕

如果要自己动手制作电磁舵机，首先面对的问题是：自己绕线圈，还是直接买成品。目前，成品的电磁舵机线圈并不贵，如表 6-2 中所列的几款线圈，淘宝网店上售价仅为 2 元左右，且线圈缠绕规整，美观耐用。因此，强烈推荐模友自制电磁舵机时优先考虑买成品线圈。

从表 6-2 所列各线圈的磁重比 r 来看，对于 4 mm 和 4.5 mm 内径的小线圈，1 号和 2 号线圈的 r 值较大，故推荐优先选购；对于 6 mm 和 7 mm 内径的大线圈，6 号和 9 号线圈的 r 值较大，也推荐优先选用。

若有些模友出于某种特殊的目的执意要自己绕线圈，则可参考以下几点经验：

① 在塑料吸管上直接缠绕线圈。为了防止线圈散掉，缠绕时可让铜丝过一下 502 胶。注意：塑料吸管的材质多为聚乙烯，与 502 胶不粘，但 502 胶属于快干胶，故用 502 胶固化定型后的线圈可以较方便、完整地从吸管上脱取。

② 对于热自粘漆包线，可直接在圆柱物上缠绕，然后加热定型，并脱取。这里，绕线圈的圆柱物可以是砂纸打磨的筷子，也可以是报废了的空心杯电机外壳。为了使热自粘漆加热后定型，加热工具建议采用市场上销售的调温热风机(普通家用的吹风机温度太低，不能使用)，烘烤温度设置在 200 ℃，烘烤 6 min 即可。

③ 考虑购置一台绕线机。绕线机的最大好处就是自带计数器。但是，目前最普通的绕线机的绕线柱直径为 15 mm 左右，不能直接缠绕内径仅为 4～7 mm 的电磁舵机线圈，故绕线柱的顶端需要改造。图 6-4 所示就是一台根据电磁舵机尺寸改造过的绕线机。

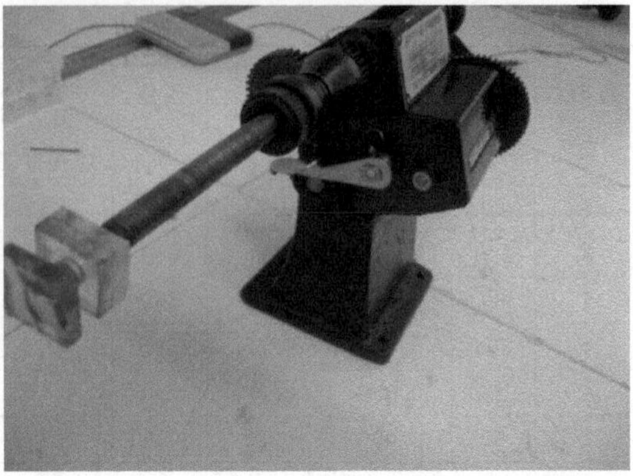

图 6-4 绕线柱顶端改造过的绕线机

3. 内置磁铁与回中磁铁的搭配

在电磁舵机中，线圈内置小磁铁大多都是圆柱状的高强钕磁铁。对于表 6-2 所列的电磁舵机的线圈，4 mm 内径的建议内置一个 2 mm×2 mm(高×直径，下文同，不再一一说明)或 3 mm×2 mm 的圆柱磁铁，或者一对 3 mm×1mm 的磁铁；4.5 mm 内径的建议内置一个 3 mm×2 mm、2 mm×3 mm、2.5 mm×3 mm 或 3 mm×3 mm 的圆柱磁铁，或者一对 3 mm×1mm 的圆柱磁铁；6 mm 内径的建议内置一个 3 mm×4 mm 或 3 mm×5 mm 的圆柱磁铁，或者一对 3 mm×2 mm 的磁铁；7 mm 内径的线圈建议内置 3 mm×5 mm 的磁铁。

值得注意的是，对于较小飞机的电磁舵机，不通电时，气流会帮助舵面(连同内置磁铁)自动回中。这里，依然建议给电磁舵机加装所谓的“回中磁铁”。回中磁铁的加装位置见图 6-2，它通过 502 胶等粘于线圈的外侧，当电磁舵机不通电时，可通过自身磁极与内置磁铁磁极之间的相互吸引力，使内置磁铁连同舵面一起回中。

对于线圈内径为 4 mm、4.5 mm 的电磁舵机，回中磁铁一般选配 1 mm×0.5 mm 规格的高强圆柱磁铁；对于线圈内径为 6 mm 的电磁舵机，回中磁铁一般选配 1 mm×0.5 mm 或者 1 mm×1 mm 规格的圆柱状磁铁；对于线圈内径为 7 mm 的电磁舵机，回中磁铁一般选配 2 mm×0.5 mm 规格的圆柱状磁铁。

6.3 电磁舵机的选取与制作

1. 成品电磁舵机的选取

目前已有多种规格的成品的电磁舵机，例如图 6-5 所示的成品电磁舵机，其质量为 0.22 g，配备表 6-2 中的 1 号线圈，质量很小，适用于 2 通道掌上微小飞机。淘宝网店中的产品介绍如下：

“内径 4.5 mm 的电磁舵机(适用于 3 通道接收器用到小舵机的场合)。

① 最大尺寸 11 mm ×12 mm(含摇臂长度)；

② 质量 0.28 g；

③ 阻值 80 Ω(适用于 3 通道接收器，舵机电流 50 mA 以上的场合)；

④ 漆包线直径 0.05 mm。

外部需加回中小磁铁才具有自动回中功能。自动回中磁铁为 1 mm×1 mm 的圆柱状磁铁。”

图 6－5　配备表 6－2 中 1 号线圈的电磁舵机

根据淘宝网上类似于上述的产品介绍，购买时再详细咨询卖家，一般都会买到自己心仪的电磁舵机。

值得一提的是，安装电磁舵机的飞机多为掌上迷你飞机，属于小众产品。笔者以“电磁舵机”为关键词，在淘宝网上进行搜索，发现出售成品电磁舵机的商家不超过 5 家，成品电磁舵机的型号不超过 9 种。这些电磁舵机按质量的大小可分为：0.18～0.25 g、0.3～0.45 g、0.5～0.86 g 三个级别。根据笔者的经验，对于一个巴掌大小的微小飞机，建议使用 0.18～0.25 g 级别的电磁舵机；对于两个巴掌大小的飞机，推荐使用0.3～0.45 g 级别的电磁舵机；对于 A4 纸大小的飞机，推荐使用 0.5～0.86 g 级别的电磁舵机。

2. 方向舵电磁舵机制作实例

步骤 1：按照图 6－6(a)所示尺寸绘制某微小飞机垂直安定面与方向舵 AutoCAD 图纸，并按照图纸用激光雕刻机切割 1 mm 轻木板成型。

步骤 2：如图 6－6(b)所示，将表 6－2 中的 6 号线圈用 502 胶粘接到垂直安定面后缘中部。

步骤 3：按照图 6－6(c)所示在方向舵相关部位用 502 胶粘接一对 3 mm×1 mm 的内置磁铁，以及两枚长 15 mm 的掰直了的订书钉；

步骤 4：在两段订书钉端部各套上直径为 0.5 mm、长为 15 mm 的热缩管，然后使用 502 胶将热缩管粘至垂直安定面后缘做成“铰链”，见图 6－6(d)。至此，方向舵自制电磁舵机就完成了。

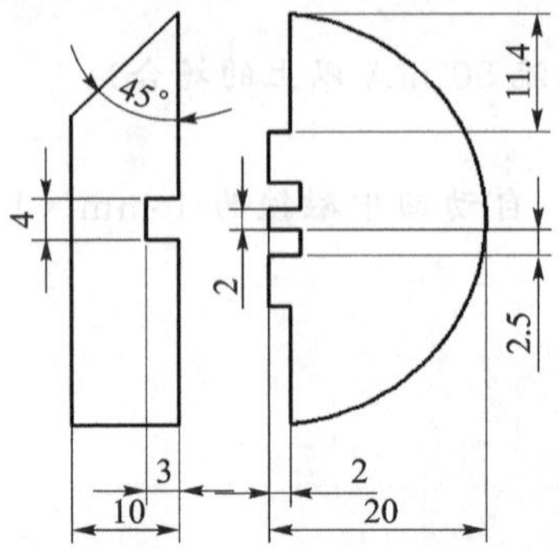

(a) 垂直安定面与方向舵AutoCAD图纸

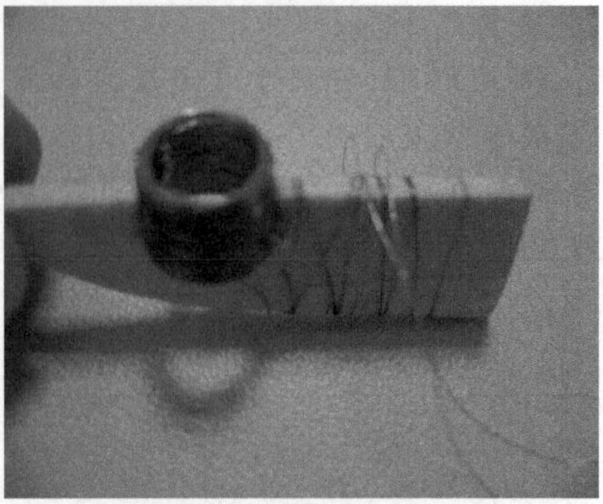

(b) 垂直安定面后缘粘接线圈

(c) 方向舵前缘粘上磁铁和订书针

(d) 垂尾电磁舵机制作完毕

图 6－6　某微小飞机垂尾电磁舵机的制作过程

3. 一些自制电磁舵机的构型

如果选购了线圈，或自己已经做好了线圈，购置了相应的小磁铁，那么制作电磁舵机将是一件比较容易的事。图 6－7 所示为一些广泛流传的电磁舵机的构型，仅供模友参考。

(a) 构型(1)

(b) 构型(2)

图 6－7　电磁舵机的各种构型

(c) 构型(3)

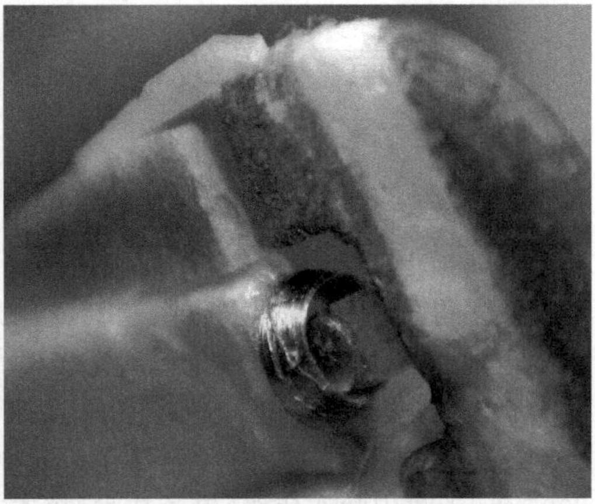

(d) 构型(4)

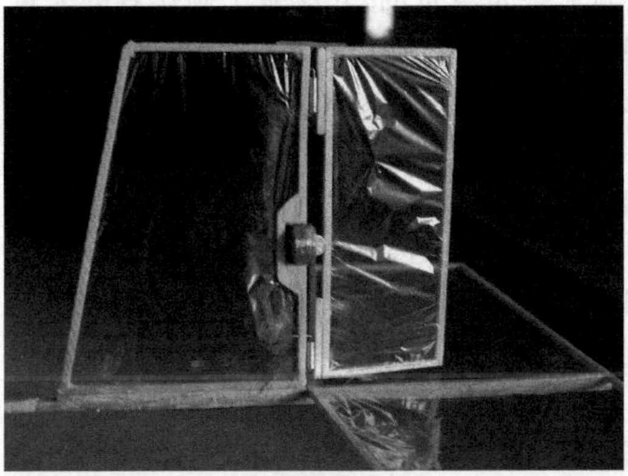

(e) 构型(5)

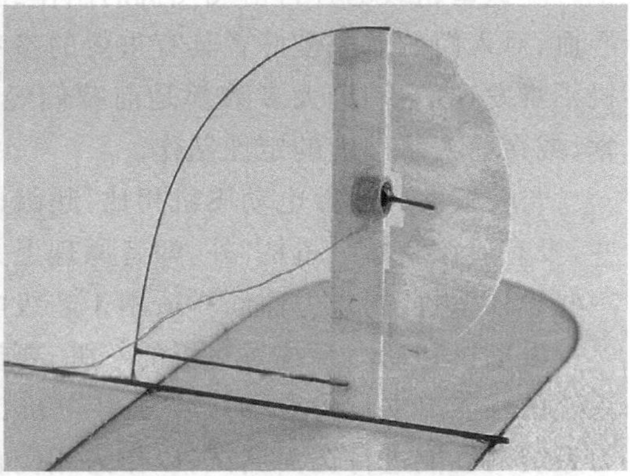

(f) 构型(6)

(g) 构型(7)

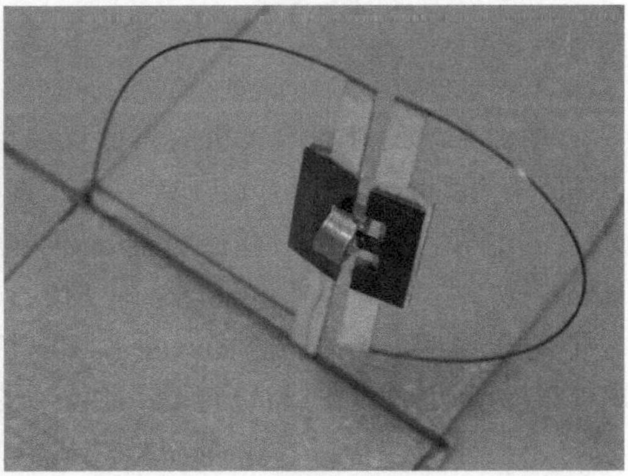

(h) 构型(8)

图 6－7　电磁舵机的各种构型(续)

第 7 章　超级电容自由飞飞机的动力系统

超级电容，又称“法拉电容”或“黄金电容”，是一种静电型能量存储器，用附着在两条金属箔上的活性炭膜作为正负电极。与传统电解电容器相比，超级电容存储的电能要多得多，一般高出 3 个数量级，加之充电速度快，因此已在数码相机、LED、太阳能电子产品、仪器仪表等领域广泛应用[16]。

用超级电容作为电源制作室内无控制自由飞飞机并不是一件稀奇的事。在 5imx 论坛中，已有多个网友分享了自己的关于超级电容自由飞飞机的制作经验；2005 年，天津中学八年级《电子技术》校本补充教材也将超级电容自由飞飞机纳入其中……这些超级电容自由飞飞机的制作经验无疑是宝贵的，它凝聚了制作者的大量心血，对入门的航模爱好者具有重要的参考价值。然而，纵观上述超级电容自由飞飞机不难发现，它们绝大多数都是前辈们经过大量实践尝试的结果，基本上属于凭感觉，或在前人基础上的定性制作。

与一般室内遥控电动飞机相比，超级电容自由飞飞机相对简单，除了“电源弱一些，没有遥控和操纵机构”外，两者原理上并无本质上的区别。因此，前面章节介绍的一些设计思想、制作方法同样适用于超级电容自由飞飞机。

发动机和动力系统是飞机的心脏，要设计一架飞机，必须要先清楚发动机和动力系统的性能。本章将对“614 空心杯电机、45 mm 螺旋桨、2.7 V - 5 F 超级电容”动力系统的性能进行全面测试，以作为相应自由飞飞机设计的依据。

7.1　超级电容自由飞动力系统简介

动力系统的选择与飞机的质量直接相关。对于质量较小的超级电容自由飞简易飞机，动力系统可选用 6 mm 或 7 mm 直径的空心杯直流电机。空心杯电机属于一类直流电机。对于同一直径的空心杯，电机长度越长，通常动力就越好。最常用的 6 mm 或 7 mm 空心杯电机型号有 612、614、716 和 720。

对于采用 6 mm 或 7 mm 空心杯电机的超级电容自由飞飞机，电容电源一般选用额定值为 2.7 V 的超级电容，具体有 2.7 V - 3 F、2.7 V - 3.3 F、2.7 V - 5 F、2.7 V - 7 F、2.7 V - 10 F 等型号。其中，3 F、3.3 F、5 F、7 F 和 10 F 代表电容的额定电容量或标定电容量。一般来说，电容额定电容量值越大，表明带电量能力越强，动力也就相对足一些，当然，电容的自身质量也会大一些。表 7 - 1 所例为上述 5 种 2.7 V 超级电容的容量、内阻、尺寸、最大电流、质量等参数，供读者设计超级电容自由飞飞机时参考。

表 7-1 几种常见 2.7 V 超级电容的参数

型 号	内阻/mmΩ	尺寸(直径×高)	最大电流 I_{max}/A	质量/g
2.7 V-3 F	110	8 mm×20 mm	3	1.4
2.7 V-3.3 F	100	8 mm×20 mm	3.19	1.4
2.7 V-5 F	70	8 mm×25 mm	5	2.1
2.7 V-7 F	40	10 mm×20 mm	7.4	2.3
2.7 V-10 F	34	10 mm×25 mm	10.1	3.0

图 7-1 所示是 614 空心杯直流电机和直径为 45 mm 的小螺旋桨，图中空心杯电机的正负极已经焊接了一对带 1.25 mm 针距的微型公插头连接线。图 7-2 所示为 2.7 V-5 F 圆柱状超级电容，也已经焊接上一对连接导线及一个1.25 mm 针距的双针微型母插头。其中，2.7 V-5 F 超级电容的参数参见表 7-1。图 7-2 所示的超级电容充满电后，将电容母插头与图 7-1 中的电机公插头对接，电容就会给电机提供电能，从而驱动螺旋桨旋转并产生拉力。

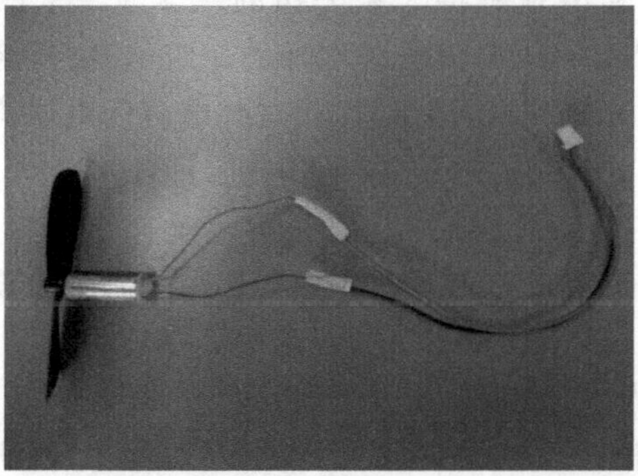

图 7-1 614 空心杯直流电机和 45 mm 的小螺旋桨

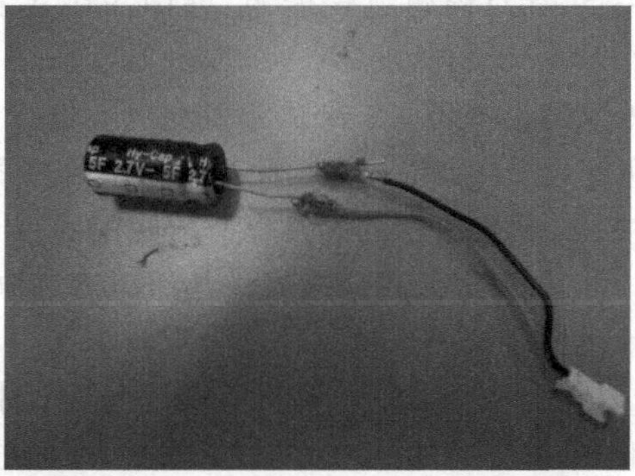

图 7-2 2.7 V-5 F 圆柱状超级电容

7.2 超级电容与空心杯电机额定电压的匹配

要使所设计的电动飞机具有良好的飞行性能，除了要做到飞机与动力系统相匹配、发动机和螺旋桨相匹配以外，电源和电机也需要互相匹配。

当制作直径为 6 mm、7 mm 的空心杯电机动力微小飞机时，绝大多数情况下使用的是 1S 3.7 V 的锂电池，因此，不妨认为 3.7 V 就是直径为 6 mm、7 mm 空心杯电机的额定工作电压 $U_{额}$。也就是说，在电压 $U_{额}$(=3.7 V)下，直径为 6 mm、7 mm 的空心杯电机通常会持久地表现出较出色的动力性能。

在 7.1 节中提到，对于 6 mm 或 7 mm 空心杯电机的超级电容自由飞飞机，可选用2.7 V-3 F、2.7 V-3.3 F、2.7 V-5 F、2.7 V-7 F、2.7 V-10 F 等型号的超级

电容。注意，这些电容的额定电压值均为2.7 V，于是就产生了问题，如下：

① 6 mm或7 mm空心杯电机的额定工作电压$U_{额}$为3.7 V，而上述超级电容的额定电压值却为2.7 V，从电压的角度来讲，两者能够匹配吗？

对于这个问题，可以从以下几个方面来解答：

其一，电机的额定电压实际上是一个持久供电电压的概念，而电容的额定电压指的是电容充电到自身标定电容量时对应的电压值。由于电容只是一个暂时的、非持久的供电电源，因此，准确地讲，这里所谓的匹配只是一个相对概念。

其二，目前市面上额定电压接近3.7 V的超级电容产品有2.7 V和5 V两类。其中，许多5 V超级电容都是由两个2.5 V的电容串联而成的，内阻大总量小，加之过充电后，电压可能高达十几伏特，导致电机面临被烧坏的危险，因此，2.7 V的超级电容理所当然地成为唯一的选择。

其三，随着技术工艺水平的不断提高，超级电容的击穿电压可达到额定电压的1.5～3倍。也就是说，2.7 V的超级电容的充电电压最高可至4.15～13.5 V之间，而不至于被烧坏，因此，2.7 V超级电容的充电电压至3.7 V是可行的。为了证实这一点，针对锦州凯美能源、韩国VINA科技和山东海特3家公司的2.7 V-3 F、2.7 V-3.3 F、2.7 V-5 F、2.7 V-7 F、2.7 V-10 F五种各型号的超级电容，笔者曾用输出电压为5 V的手机充电宝进行多次充电测试，结果发现，这些电容的电压均可充电至4.2 V以上，且安然无恙。总之，6 mm或7 mm空心杯电机与上述5种2.7 V的超级电容均是可以搭配使用的。

② 对于上述2.7 V的超级电容，其电容量有3 F、3.3 F、5 F、7 F、10 F五种，设计飞机时到底选择哪种型号呢？

关于这个问题，要从所设计飞机的体积大小、质量和滞空时间几个方面考虑。一般来讲，飞机的体积大，质量就大，选择电容时就要选择容量较大的型号；反之，飞机的体积越小，质量就越小，选择电容时就要选容量较小的型号。电容的容量越大，通常储电量就会越多，也就意味着所设计飞机的滞空时间可能会越长，高度越高。当然，滞空时间长、飞行高度高有时也并非是一件好事。由于没有舵面、油门控制，当自由飞飞机滞空时间过长、高度过高时，一旦遇到气流，就极有可能出现"飞丢"(飞出视野)或"上房顶"的现象。

7.3 超级电容充电性能测试

1. 充电设备连接

充电设备：黄色USB充电连接线一根(见图7-3)，一端为USB插头，另一端为1.25 mm针距公插头；普通手机充电宝一个，若没有充电宝，可用便携式笔记本电脑代替，其中，该充电宝及笔记本电脑USB接口的输出电压均为5 V。在给图7-2所示的超级电容充电时，可将其插头和USB充电连接线的公插头对接，然后将USB充电连接线另一端的 USB 插头插入充电宝的 USB 插口内。具体的充电连接方式如图 7－3 所示。

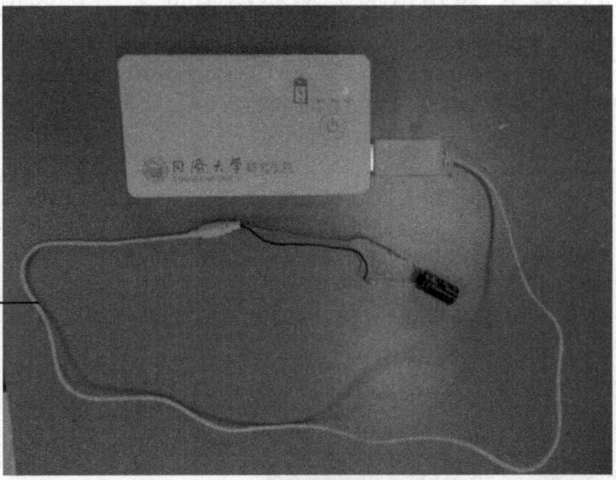

图 7－3　利用充电宝给超级电容充电

这里值得一提的是，超级电容有正负极之分。一般情况下，超级电容的正极会比负极长；另外，圆柱状超级电容侧面靠近负极处有灰色条带，且条带内有一排（4 个）“▢”标志，见图 7－4。注意：充电时，充电器的正极一定要接超级电容的正极，负极接负极。若不能确定 USB 充电连接线公插头的正负极，则一定要接上带母插头的连线，将电压引出，然后用万用表进行测量、甄别。

图 7－4　带有“▢”标志的灰色条带靠近超级电容的负极

2. 超级电容充电特性测量

按图 7－3 所示的连接方法，让充电宝给超级电容充电。同时，将数字万用表拨到“直流电压”档，将两个探针分别接触超级电容的正负极，见图 7－5；根据万用表的读数和电子表的时间，记录下超级电容的充电性能数据，即充电电压U随时间t的变化数据。图 7－6 所示为 2.7 V－5 F 圆柱状超级电容充电过程中的$U-t$实测曲线。从图 7－6 中可以看出，超级电容若要获得超过 3.7 V 的电机额定电压，就必须至少充电 120 s，而要获得 2 V 及 2.7 V 的电压，则分别需要约 40 s 和 60 s 的充电时间。

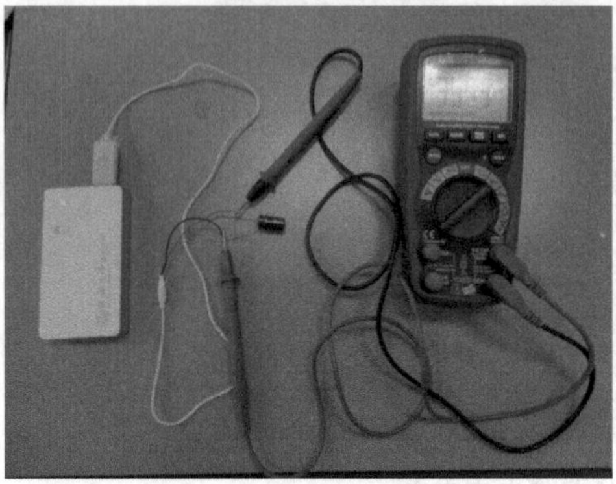

图 7－5　用万用表测量电容充电过程中的电压

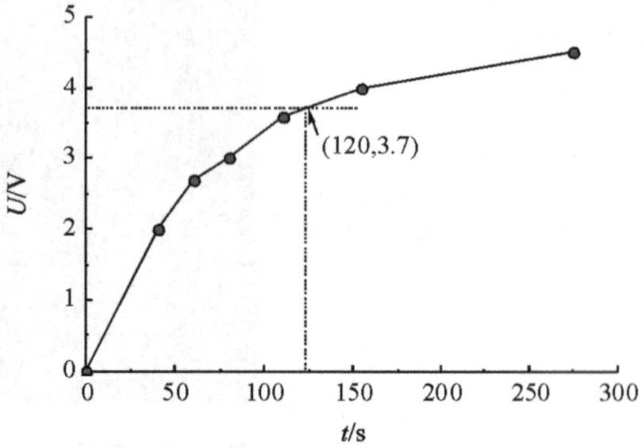

图 7－6　2.7 V－5 F 圆柱状超级电容充电过程中的$U-t$实测曲线

7.4　电机-螺旋桨性能测试

本节利用第 2 章中制作的微小飞机发动机静拉力（或静推力）测试装置对电机-螺旋桨的性能进行测试。如图 7－7 所示，在进行拉力测试时，将 614 电机－45 mm 螺旋桨安装在测试平台测力摇臂支架顶端，通过稳压器给 614 电机施加不同的电压U，让螺旋桨旋转并产生动力；然后，通过稳压器及电子秤便可得到不同电压U下电机-螺旋桨的电流I和拉力F。图 7－8 所示为电机-螺旋桨的$I-V$与$F-V$曲线。

从图 7－8 中可以看出：

① 电机的电流-电压曲线与拉力-电压曲线均近似为直线。计算两条直线的斜率可知，电机的电阻$R_{电机}=7.73\ \Omega$，电机每降低或增加 1 V 电压，拉力会相应降低或增加 2.01 g。为了便于讨论，这里定义电机拉力-电压曲线的斜率p（$=2.01$ g/V）为电机的“拉力-电压敏感度”。很显然，电机的拉力-电压敏感度p越大，表明电机两端电压U减小时，其拉力F下降得越显著。

② 在电机额定电压$U_{额}$（$=3.7$ V）下，动力系统可产生约 7.5 g 的拉力；而当电压降至 2.7 V 及 2 V 时，动力系统的拉力也分别随着降至 5.4 g 和 4.0 g。

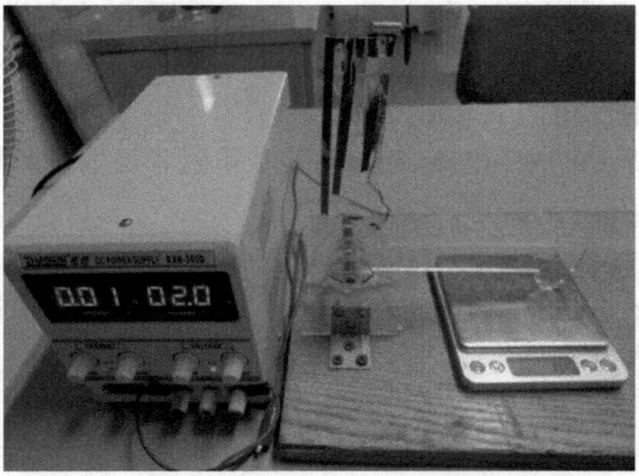

图 7-7　对电机-螺旋桨进行性能测试的装置

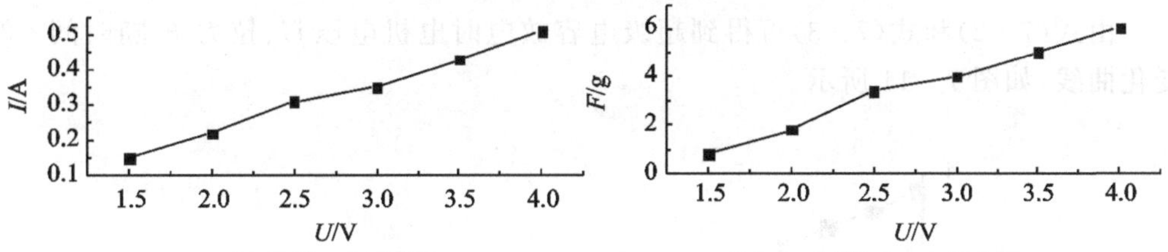

(a) 电流-电压曲线　(b) 拉力-电压曲线

图 7-8　电机-螺旋桨的电流-电压曲线与拉力-电压曲线

7.5　超级电容放电与动力系统性能

图 7-9 所示为超级电容-电机/螺旋桨动力系统，当超级电容放电（电机工作）时，用万用表测量电机两端的电压-时间变化曲线，从理论上讲是可行的。然而，笔者发现，实测时，由于超级电容的电压 U 下降得太快，所以难以及时读取。于是，可将图 7-9 所示的系统简化为图 7-10 所示的 RC 等效电路。

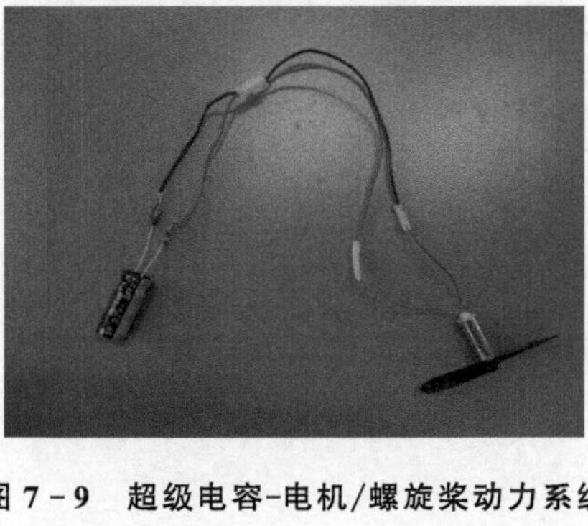

图 7-9　超级电容-电机/螺旋桨动力系统

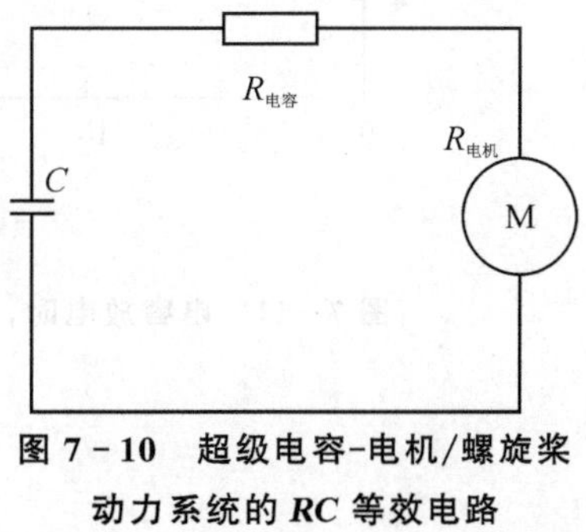

图 7-10　超级电容-电机/螺旋桨动力系统的 RC 等效电路

在图 7-10 中，C 为超级电容，这里 $C=5\ \mathrm{F}$；电阻 R 为电机的内阻 $R_{电机}$ 与超级电容的内阻 $R_{电容}$ 之和。由于超级电容的内阻 $R_{电容}$（$=70\ \mathrm{m\Omega}$）远小于电机的内阻 $R_{电机}$（$=7.73\ \Omega$），因此，电阻 $R \approx R_{电机}=7.73\ \Omega$。

对于图 7-10 所示的 RC 电路，超级电容放电过程中电机两端的电压 U 随时间 t 的衰减公式如下：

$$U(t)=U_0 \mathrm{e}^{-t/RC} \tag{7-1}$$

假设电容的初始电压 U_0 为电机额定电压 $U_{额}$（$=3.7\ \mathrm{V}$），则电机两端的电压 U 随时间 t 的衰减公式为

$$U(t)=3.7\mathrm{e}^{-t/38.65} \tag{7-2}$$

考虑到电机的拉力-电压敏感度 $p=2.07\ \mathrm{g/V}$，则由式(7-2)可得超级电容-电机/螺旋桨动力系统拉力 F 的衰减规律，如下：

$$F(t)=pU_{额}\ \mathrm{e}^{-t/RC}=7.66\mathrm{e}^{-t/38.65} \tag{7-3}$$

由式(7-2)和式(7-3)可得到超级电容放电时电机电压 U、拉力 F 随时间 t 的变化曲线，如图 7-11 所示。

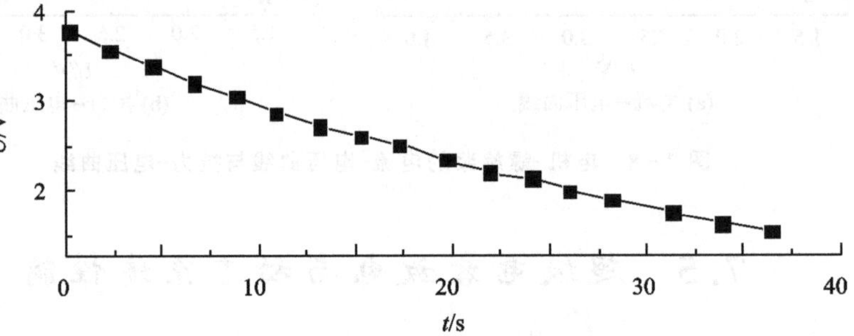

(a) 电压U随时间t的变化曲线

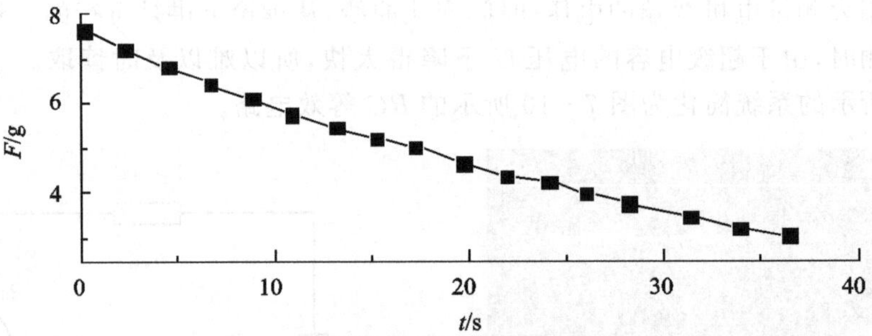

(b) 拉力F随时间t的变化曲线

图 7-11　电容放电时，电机电压 U、拉力 F 随时间 t 的变化曲线

7.6　超级电容的有效存储电量

超级电容的存储电量是决定飞机滞空时间的重要因素之一。以 2.7 V - 5 F 的超级电容为例，当给其充电至 3.7 V 时，其带电量为 $Q=C\times U=5\ \mathrm{F}\times 3.7\ \mathrm{V}=18.5\ \mathrm{C}=18.5\ \mathrm{A\cdot s}=5.14\ \mathrm{mA\cdot h}$，实际上这已经是一个不小的电量值了。一些模友在制作室内遥控微小飞机时使用了 3.7 V 18 mA・h 的小锂电池，5.14 mA・h 是该锂电池电量的 28%，对于较轻的自由飞飞机来说，这些电量足以使其“飞丢”或“上房”。这显示了超级电容在未来微小飞机设计、应用中的巨大潜力。

但是，从图 7 - 11 中可观察到，当电容从 3.7 V 放电至 2 V 时，电机的拉力 F 已经大打折扣，从最初的 7.4 g 降至 4.0 g，下降了 46%。若以电机实际产生有效拉力的工作电压 3.7～2 V 计，超级电容的实际有效容量仅为 $Q=[5\times(3.7-2.0)]\ \mathrm{C}=8.5\ \mathrm{C}=2.36\ \mathrm{mA\cdot h}$。

第 8 章　超级电容自由飞飞机外形尺寸的确定

第 7 章中对“614 空心杯电机、45 mm 螺旋桨、2.7 V－5 F 超级电容”动力系统的性能进行了全面测试，得到了该动力系统放电时的电压 U 和拉力 F 随时间 t 的变化曲线。本章将基于这一动力系统的性能数据，介绍如何设计与此动力系统相匹配的自由飞飞机。本章所讲述的方法可为广大航模爱好者在设计、研发其他超级电容自由飞飞机时提供参考。

8.1　飞机设计动力基准的确定

在图 7－11 所示的曲线中，假定超级电容的初始电压 U_0 为电机额定电压 $U_{额}=3.7$ V。从图 7－11 中可以看出，当超级电容初始电压为 $U_{额}$ 时，动力系统的拉力 $F_{额}=7.5$ g。然而，当超级电容放电给电机供电时，电机两端的电压 U 会随时间 t 快速下降，同时，发动机提供的拉力 F 也会随之下降。这一点显然与“电池持续恒压供电”的常规电动飞机不同。

现在的问题是，针对当前的超级电容－电机/螺旋桨动力系统，需要选定一个合适的设计基准电机电压 $U_{基准}$，以及该电压下电机的设计动力基准 $F_{基准}$（$F_{基准}=pU_{基准}$）。然后，依照 $F_{基准}$ 来建立飞机在假想“巡航状态”下的重力－升力以及推力－阻力平衡关系，进而设计出与当前动力系统相匹配的自由飞飞机。其中，p 为电机拉力－电压敏感系数，即电机两端电压每减小 1 V，螺旋桨拉力 F 的降低量，这里，$p=2.01$ g/V。

很显然，一旦依照 $F_{基准}$ 完成设计，并制作出飞机，那么在超级电容电压从初始值 $U_{额}$ 降至 $U_{基准}$ 这一放电过程中，电机动力 F 会相应地从 $F_{额}$ 降至 $F_{基准}$，但始终会大于 $F_{基准}$；此间，飞机会处于爬升状态。然而，当超级电容电压降至 $U_{基准}$ 以下时，电机的动力 F 会小于 $F_{基准}$，且不断变小，此时飞机就会下降。

由此可见，设计飞机时，$U_{基准}$ 或 $F_{基准}$ 不宜取得过高，也不能取得过低。若 $U_{基准}$ 或 $F_{基准}$ 取得过高，则所设计飞机的爬高时间 $t_{爬高}$，即超级电容电压从初始电压 $U_{额}$ 放电至 $U_{基准}$ 的时间就会太短，飞机飞起来时就会显得动力不足；若 $U_{基准}$ 或 $F_{基准}$ 取得过低，那么为了匹配过低的 $F_{基准}$，飞机设计的质量目标 $W_{目标}$ 就必须很低，这样又会给飞机的实际制作带来极大的困难。

对于本章的动力系统，经过权衡，建议 $F_{基准}$ 取 $0.6F_{额}$，即图 7－11 中 $0.6U_{额}$（$\approx 0.6\times3.7\text{ V}=2.22\text{ V}$）电压下的电机动力值 4.2 g（$=0.6pU_{额}=0.6\times2.01\times3.7$ (g)）。之所以选择 $0.6U_{额}$、$0.6F_{额}$ 作为飞机设计的 $U_{基准}$ 和 $F_{基准}$，理由如下：选择

该设计基准时，超级电容电压从 $U_{额}$ 放电至 $U_{基准}$ 的时间，即飞机的爬高时间 $t_{爬高}\approx$ 20 s，所设计飞机的质量目标 $W_{目标}\approx 8.4$ g($=F_{基准}/r=4.2$ g/0.5，其中，r 为飞机的推重比，姑且取为 0.5)，均较为适中。

8.2　飞机主要部件尺寸比例的确定

5.1 节给出了常规布局微小飞机中各部件的主要几何尺寸的大致比例，主机翼翼展($L_{翼展}$)和机身连杆($L_{机身}$)的比例为 1∶0.8～1∶1，主机翼翼展($L_{翼展}$)和水平尾翼(简称"平尾")翼展($L_{平尾}$)之比为 1∶0.4～1∶0.5，主机翼翼展($L_{翼展}$)和垂直尾翼(简称"垂尾")高度($H_{垂尾}$)之比为 1∶0.25～1∶0.35，主机翼翼展弦比($L_{翼展}/d_{机翼}$)约为 5∶1，主机翼前缘位于机身离机头 $\frac{1}{5}$ 身位处，平尾展弦比($L_{平尾}/d_{平尾}$)约为 2.5∶1，垂尾高度($H_{垂尾}$)和翼根弦长($L_{垂尾}$)比约为 1∶1……上述描述表明，只要飞机的翼展 $L_{翼展}$ 确定，一架常规布局飞机的其他主要尺寸也就基本确定了。

参考上述数据，我们初步确定了飞机各主要尺寸与主机翼翼展 $L_{翼展}$ 之间的比例关系，见表 8－1；图 8－1 所示为根据表 8－1 中的数据，按比例绘制的飞机草图。

表 8－1　飞机主要部件尺寸与理论计算质量

主要部件		与主机翼翼展 $L_{翼展}$ 的关系	部件尺寸/mm	理论计算质量/g
主机翼	翼展 $L_{翼展}$	$1L_{翼展}$	270	1.837
	弦长 $d_{机翼}$	$0.2L_{翼展}$	54	
机身连杆	长度 $L_{机身}$	$0.8L_{翼展}$	218	0.266
平尾	展长 $L_{平尾}$	$0.4L_{翼展}$	108	0.734
	弦长 $d_{平尾}$	$0.2L_{翼展}$	54	
垂尾	高度 $H_{垂尾}$	$0.2L_{翼展}$	54	0.367
	弦长 $d_{垂尾}$	$0.2L_{翼展}$	54	
主机翼前缘位于机身离机头 1/5 身位处 $d_{机头}$		$L_{机身}/5=0.16L_{翼展}$	43	—
机身	$L_{机身}\times H_{机身}$	$(d_{机翼}+L_{机身}/5)\times\frac{2}{3}d_{机翼}=$ $0.36L_{翼展}\times 0.13L_{翼展}$	97×35	0.413

这里需要说明以下几点：

① 如图 8－1 所示的飞机几何形状仍只是一个粗略的方案，机翼、尾翼均暂定为矩形，定样之前，图中的一些尺寸或形状还要修正。

② 平尾及垂尾翼根弦长 $d_{平尾}$ 和 $d_{垂尾}$ 均统一取为 $0.2L_{翼展}$。这主要是考虑将来"⊥"形尾翼组装后，平尾和垂尾翼根对齐，显得整齐。

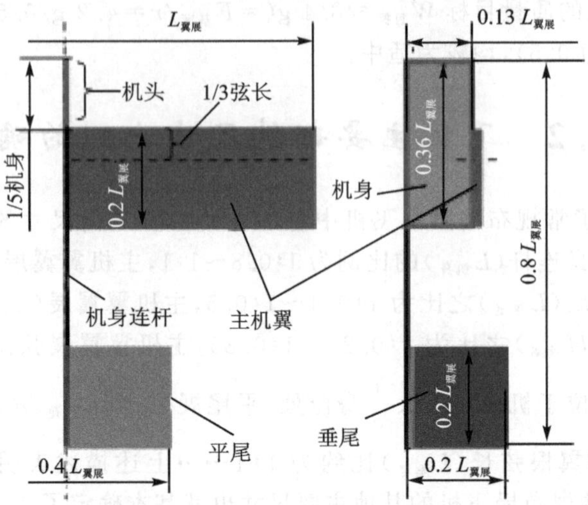

图 8-1　按比例绘制的飞机草图

③ 正常布局的飞机重心一般会预设到主机翼翼根弦线离主机翼前缘 1/3 弦长处，即遵循所谓的“1/3 弦线法则”。

④ 在机翼和机身连杆之间设置一个 $L_{机身} \times H_{机身}$ 的矩形机身，将机翼高置，这样飞机的重心会相对降低，增加飞机的稳定性。矩形机身的后缘与主机翼的后缘对齐，机身连杆 $L_{机身}=d_{机翼}+L_{机身}/5=0.36\ L_{翼展}$，高度 $H_{机身}$ 取 $\frac{2}{3}d_{机翼}$，即 $0.13\ L_{翼展}$。该机身切洞或缺口后还可用来安装、固定电容和电机。

8.3　飞机元件及原材料的质量特性

超级电容自由飞飞机的动力系统由超级电容、空心杯电机、桨叶和导线插头 4 部分组成，见图 8-2。这些元件一旦选定，其质量就基本确定了。对于本章的 2.7 V-5 F 超级电容、614 空心杯电机、45 mm 桨叶以及 1.25 mm 针距的公母插头（带 5 cm 细导线），通过高精度电子秤实测，可分别获得它们的质量 $W_{电容}$、$W_{电机}$、$W_{桨}$ 和 $W_{插头+导线}$，见表 8-2。动力系统的质量 $W_{动力系统}$ 约为 4.5 g。

表 8-2　飞机动力系统元件的质量（$W_{动力系统} \approx 4.5$ g）

材　料	规　格	质量/g	用　途
一对双针公母插头	1.25 mm 间距，各带 1 对 5 cm 细导线	0.4	对接电机与超级电容；超级电容充电接口

续表 8-2

材 料	规 格	质量/g	用 途
超级电容	2.7 V-5 F	2.1	飞机电源
	2.7 V-3.3 F	1.7	
空心杯电机	直径 6 mm,长 14 mm	1.8	发动机
桨叶	直径 45 mm	0.2	螺旋桨

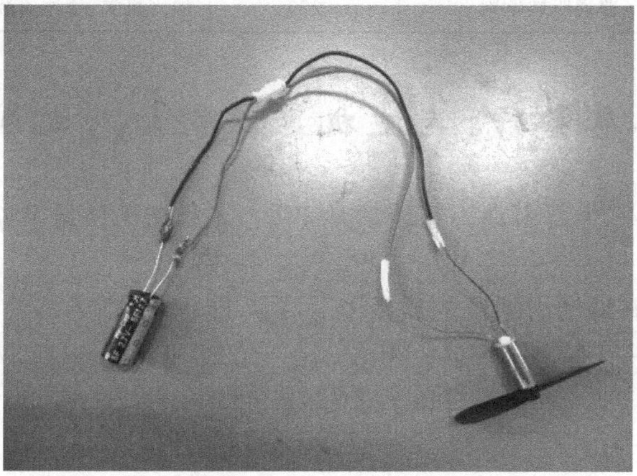

图 8-2 动力系统

自由飞飞机的结构主要由主机翼、垂尾、平尾、机身、机身连杆等组成。其中,主机翼、垂尾、平尾的制作材料为 1.5 mm 厚的吹塑纸,机身为 KT 板,机身连杆为 1 mm 直径的碳杆(也可用饮料吸管或 2 mm×4 mm 截面的轻木条代替)。吹塑纸、碳杆及 KT 板的面密度、线密度见表 8-3。

表 8-3 飞机结构原材料的质量特性

材 料	规 格	密 度	用 途
吹塑纸	厚约 1.5 mm	面密度 $\rho_{吹塑纸}=126\ g/m^2$	制作主机翼、尾翼
碳杆	直径 1.5 mm	线密度 $\rho_{碳杆}=2.5\ g/m$	做机身与尾翼连杆
	直径 1 mm	线密度 $\rho_{碳杆}=1.23\ g/m$	
KT 板	厚 5 mm 含两边亮光纸	面密度 $\rho_{KT板}=333\ g/m^2$	做机身
	厚 3 mm(去两边亮光纸,切削、细砂纸打磨)	面密度 $\rho_{KT板}=121\ g/m^2$	

除了上述材料外,还用到了一些辅助材料,如常见的透明胶带、双面胶带以及听装易拉罐铝片等。这些材料主要用于固定机翼、平尾,粘接机翼与机身、机身与连杆、尾翼与连杆,加固机翼、垂尾安装等。表 8-4 所列为这些辅助材料的密度。这些材

料的用量很难控制,故很难精确计算其质量。但值得庆幸的是,它们的用量并不是太多。

表 8-4 飞机制作辅助材料

材 料	规 格	密度/$(g \cdot m^{-2})$	用 途
透明胶带	文具用,厚度 0.1 mm	75	固定机翼、平尾
双面胶带	文具用,厚度 0.1 mm	90	粘接机翼与机身、机身与连杆、尾翼与连杆
听装易拉罐铝片	普通听装饮料	270	加固机翼、垂尾安装

8.4 飞机总质量 $W_{总}$ 与主机翼翼展 $L_{翼展}$ 之间的近似关系

飞机总质量 $W_{总}$ 主要由动力系统质量 $W_{动力系统}$ 和结构质量 $W_{结构}$ 组成,即

$$W_{总} = W_{动力系统} + W_{结构} \tag{8-1}$$

由表 8-2 可算得动力系统的质量 $W_{动力系统}$,即

$$W_{动力系统} = W_{电容} + W_{电机} + W_{桨} + W_{插头+导线} = (2.1 + 1.8 + 0.2 + 0.4)\ g = 4.5\ g \tag{8-2}$$

飞机结构质量为

$$W_{结构} = \mu \times (W_{主机翼} + W_{机身} + W_{机身碳杆} + W_{平尾} + W_{垂尾}) \tag{8-3a}$$

式中:$W_{机身}$ 为机身质量;$W_{机身碳杆}$ 为机身与尾翼连杆质量;$W_{主机翼}$ 为主机翼质量;$W_{平尾}$ 为平尾质量;$W_{垂尾}$ 为垂尾质量;μ 为考虑透明胶带、双面胶带等辅助材料的质量系数,取 1.1。

结合图 8-1 所示飞机的几何尺寸及表 8-3 所列相应部件原材料的密度,各部件的质量为

$$W_{主机翼} = L_{翼展} \times d_{机翼} \times \rho_{吹塑纸} = 0.2\ \rho_{吹塑纸}\ L_{翼展}^2 \tag{8-3b}$$

$$W_{机身} = L_{机身} \times H_{机身} \times \rho_{KT板} = 0.36\ L_{翼展} \times 0.13\ L_{翼展} \times \rho_{KT板} = 0.046\ 8\rho_{KT板}\ L_{翼展}^2 \tag{8-3c}$$

$$W_{机身碳杆} = 0.8\ L_{翼展}\ \rho_{碳杆} \tag{8-3d}$$

$$W_{平尾} = L_{平尾} \times d_{平尾} \times \rho_{吹塑纸} = 0.4\ L_{翼展} \times 0.2\ L_{翼展} \times \rho_{吹塑纸} = 0.08\rho_{吹塑纸}\ L_{翼展}^2 \tag{8-3e}$$

$$W_{垂尾} = H_{垂尾} \times d_{垂尾} \times \rho_{吹塑纸} = 0.2\ L_{翼展} \times 0.2\ L_{翼展} \times \rho_{吹塑纸} = 0.04\rho_{吹塑纸}\ L_{翼展}^2 \tag{8-3f}$$

将式(8-3b)~式(8-3f)代入式(8-3a),可得

$$W_{结构} = 1.1 \times L_{翼展}^2 (0.32\ \rho_{吹塑纸} + 0.046\ 8\rho_{KT板} + 0.8\ \rho_{碳杆}/L_{翼展}) \tag{8-4}$$

再将式(8-2)和式(8-4)代入式(8-1)可得

$$\begin{aligned} W_{总} &= W_{结构} + W_{动力系统} \\ &= 1.1(0.32\ \rho_{吹塑纸} \times L_{翼展}^2 + 0.046\ 8\rho_{KT板} \times L_{翼展}^2 + 0.8\ \rho_{碳杆} \times L_{翼展}) + 4.5\ g \end{aligned} \tag{8-5}$$

式中：$\rho_{吹塑纸}$、$\rho_{碳杆}$、$\rho_{KT板}$分别为吹塑纸的面密度、碳杆的线密度和KT板的面密度，具体值见表8-3。

式(8-5)就是经推导得到的飞机总质量$W_{总}$与主机翼翼展$L_{翼展}$之间的关系式，根据该式可绘出飞机总质量$W_{总}$与主机翼翼展$L_{翼展}$之间的关系曲线，如图8-3所示。

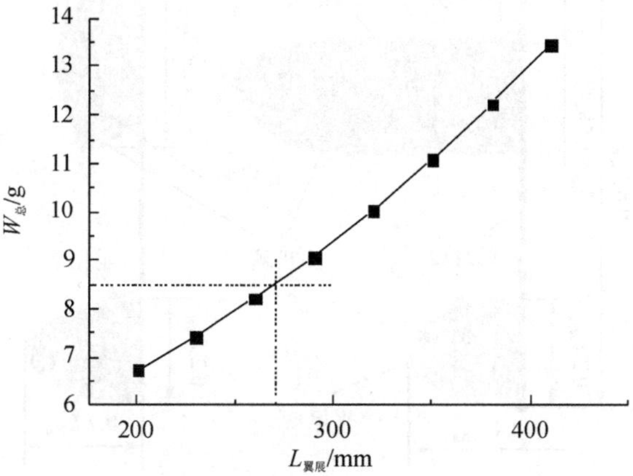

图8-3　飞机总质量$W_{总}$与主机翼翼展$L_{翼展}$之间的关系曲线

8.5　飞机主要尺寸的确定

针对614空心杯电机、45 mm螺旋桨、2.7 V-5 F超级电容动力系统，本章一开始就给出了飞机设计的动力基准$F_{基准}$，为4.2 g。本章的自由飞飞机为典型的滑翔机，实践表明，滑翔机推重比r的取值通常在0.4～0.6之间。为方便，这里r取0.5。根据上述动力基准$F_{基准}$以及r值，可以初步给出所设计飞机的质量目标$W_{目标}$，即$W_{目标}=F_{基准}/r=(4.2/0.5)\ g=8.4\ g$。

令式(8-5)中的飞机总质量$W_{总}=W_{目标}$，求解后，可得所设计飞机的翼展尺寸，即翼展为270 mm。

根据表8-1中飞机主要尺寸与主机翼翼展之间的比例关系，可计算出飞机各主要部件的尺寸。这样就得到了一架飞机的大致轮廓和主要尺寸。

8.6　飞机修形与优化

图8-1与表8-1分别给出了目前飞机的大致轮廓和主要尺寸，但从图8-1中可以看出，这样的飞机显得太"呆板"，飞行性能可能会欠佳。为此，需要在图8-1的基础上对飞机的外形稍作修改，如下：

① 为减少诱导阻力，主机翼和平尾翼尖都被改成光滑的近似半椭圆形，垂尾也

被修改成近似半椭圆形，见图 8－4。当然，根据个人喜好，主机翼和平尾翼也可改成带后掠角的梯形翼。

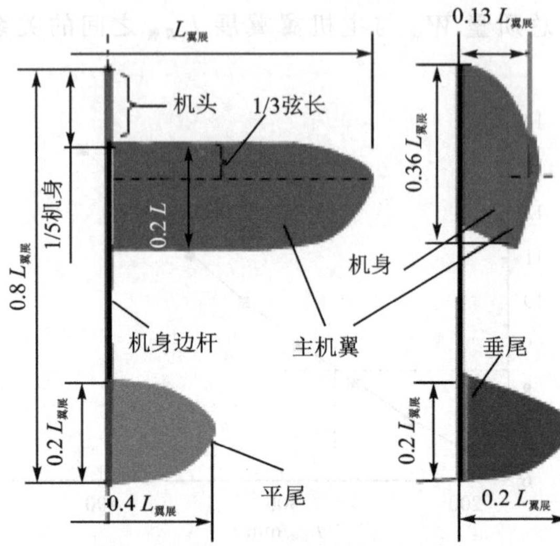

图 8－4　经过修形后的飞机

② 如图 8－4 所示，矩形机身被刻意修改成不规则四边形机身。其中，四边形的一边为 1/4 椭圆弧线，该弧线与其相邻的一条直线边在机身背部形成一个“∧”状突起。当主机翼翼根弦线 1/3 位置与“∧”状突起顶端重合，并贴紧搭接在“∧”状突起的机身背部上方时，就会自然形成一个“∧”状的翼型；同时，机翼也会构成一个 10°左右的安装角。与平板翼型相比，“∧”状翼型通常会得到加大的升力，且不易失速，而 10°的安装角则更有利于飞机的纵向稳定性。与修改前的飞机相比，修改后的飞机更具有“流线性”！

第 9 章　超级电容自由飞飞机的制作

本章将介绍超级电容自由飞飞机的制作方法，同时也介绍了一些飞机制作与试飞时的技巧。

9.1　制作材料的准备

飞机结构材料：尺寸约为 300 mm×150 mm 的吹塑纸一张，用来制作主机翼、平尾和垂尾；直径为 1.5 mm 的碳杆一根，长约 218 mm，用作机身连杆；厚 5 mm 的 50 mm×100 mm KT 板一小块，用作飞机机身。

辅助材料：宽 5 mm 的双面胶带、宽 1.5 cm 的透明胶带各一卷，用来粘接、固定机身与机翼、机身与机身连杆、机身连杆与尾翼，以及垂尾和平尾。

动力系统：如图 9－1 所示，614 空心杯电机、45 mm 螺旋桨及 2.7 V－5 F 超级电容各一个；公母插头(带 5 cm 细导线)一对，图中已分别焊接至电机和超级电容电极上，用来对接电机和超级电容；此外，还需要一根 USB 充电连接线，利用该连接线连接充电宝的 USB 接口和超级电容母插头后，可给超级电容充电，见图 9－2。

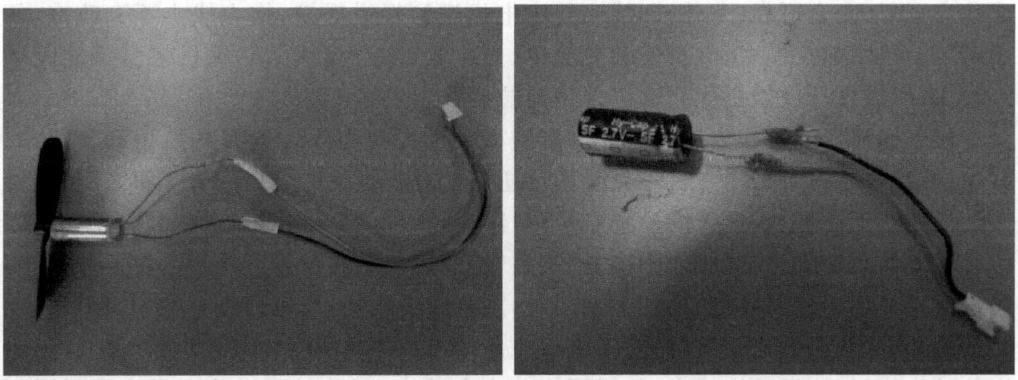

(a) 带公接头的614空心杯电机和45 mm螺旋桨　　(b) 带母接头的2.7 V–5 F圆柱状超级电容

图 9－1　超级电容自由飞飞机动力系统

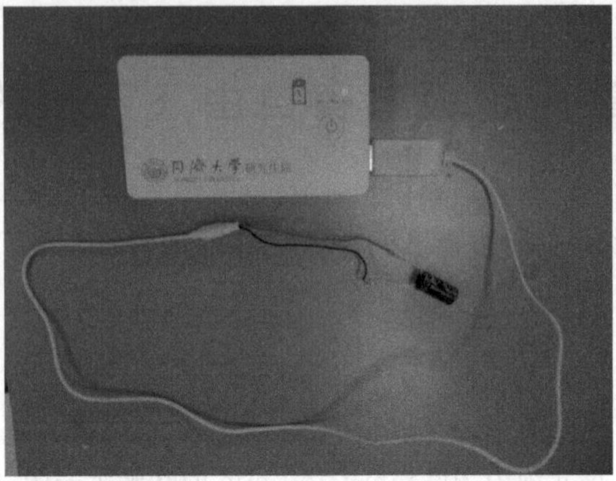

图 9-2 给超级电容充电

9.2 发动机的安装位置与拉力线

首先讨论电机的安装位置。常规布局超级电容自由飞飞机的电机安装方案主要有两种：一种如图 9-3(a)所示，“腰推方案”，电机和螺旋桨通常被置于机翼翼根后缘处，即机身后上方；另一种为“前拉方案”(见图 9-3(b))，电机位于机头的最前方。这两种方案在实际使用中各有优点：采用腰推模式可避免螺旋桨损坏，也不会对人造成伤害，更加安全可靠；此外，即使飞行中电机遭到轻微碰撞，推力线也不会改变，便于调节。采用前拉模式，电机安装更简单、更牢固，加上螺旋桨和主机翼气流之间干涉较少，所以飞行性能更优。这里采用前拉模式。

接着探讨发动机拉力线问题。许多航模的动力拉力线设置有右拉角和下拉角。其中，右拉角是为了抵消飞机螺旋桨的反扭矩。对于超级电容自由飞飞机，飞机螺旋桨的反扭矩无需抵消，也无需设置右拉角，因为超级电容自由飞飞机就是希望始终朝一个方向倾斜兜圈飞，这样才不容易“飞丢”。航模拉力线设置下拉角的主要原因是：飞机升力产生于机翼翼型，当加大油门时，飞机速度增加，飞机升力会突增，使飞机突然抬头上升，甚至失速坠机，而发动机下拉角可抵消多余的升力，使飞机平稳飞行；当突然减小油门时，发动机拉力，包括下拉分力会减小，而此时飞机速度尚未及时减下来，因此，有些航模飞机的飞行高度还会有瞬间不降反升的现象。

与常规航模相比，超级电容自由飞飞机的动力只减不增，飞行中速度无剧烈变化，因此，其电机拉力线无需设置下拉角。更有甚者，动力拉力线还可以考虑设置一个小于 5°的上拉角，让飞机拉力有一个垂直的分量，以克服部分飞机重量，延长飞机滞空时间。

(a) 腰推模式

(b) 前拉模式

图9－3　腰推模式与前拉模式

9.3　飞机的制作过程

飞机的制作步骤如下：

步骤1：图9－4所示为笔者设计的与动力系统匹配的飞机图纸，按照该图1∶1的比例打印或复印并裁剪出机翼、尾翼、机身的样板；或者根据图纸尺寸用硬纸片做出机翼、尾翼、机身的样板。裁剪一段21.8 cm长的碳杆作机身连杆。机翼、尾翼、机身的样板见图9－5(a)。

步骤2：用美工刀沿着样板在1 mm吹塑纸上整齐地切出机翼和尾翼的实际图样，再在5 mm KT板上切出机身。所得的机翼、尾翼、机身和机身连杆见图9－5(b)。

步骤3：按照图9－6所示的自由飞飞机的组装工艺，先分别用双面胶带粘接垂尾和平尾、平尾和机身连杆、主机翼与机身、机身与电机，以及机身、连杆与电容。然后，用透明胶带加固机翼与机身、机身连杆与平尾连接处，并固定电容和电机。

步骤4：整机装配完成后，顺着机身连杆，前后移动电容的安装位置来调节飞机

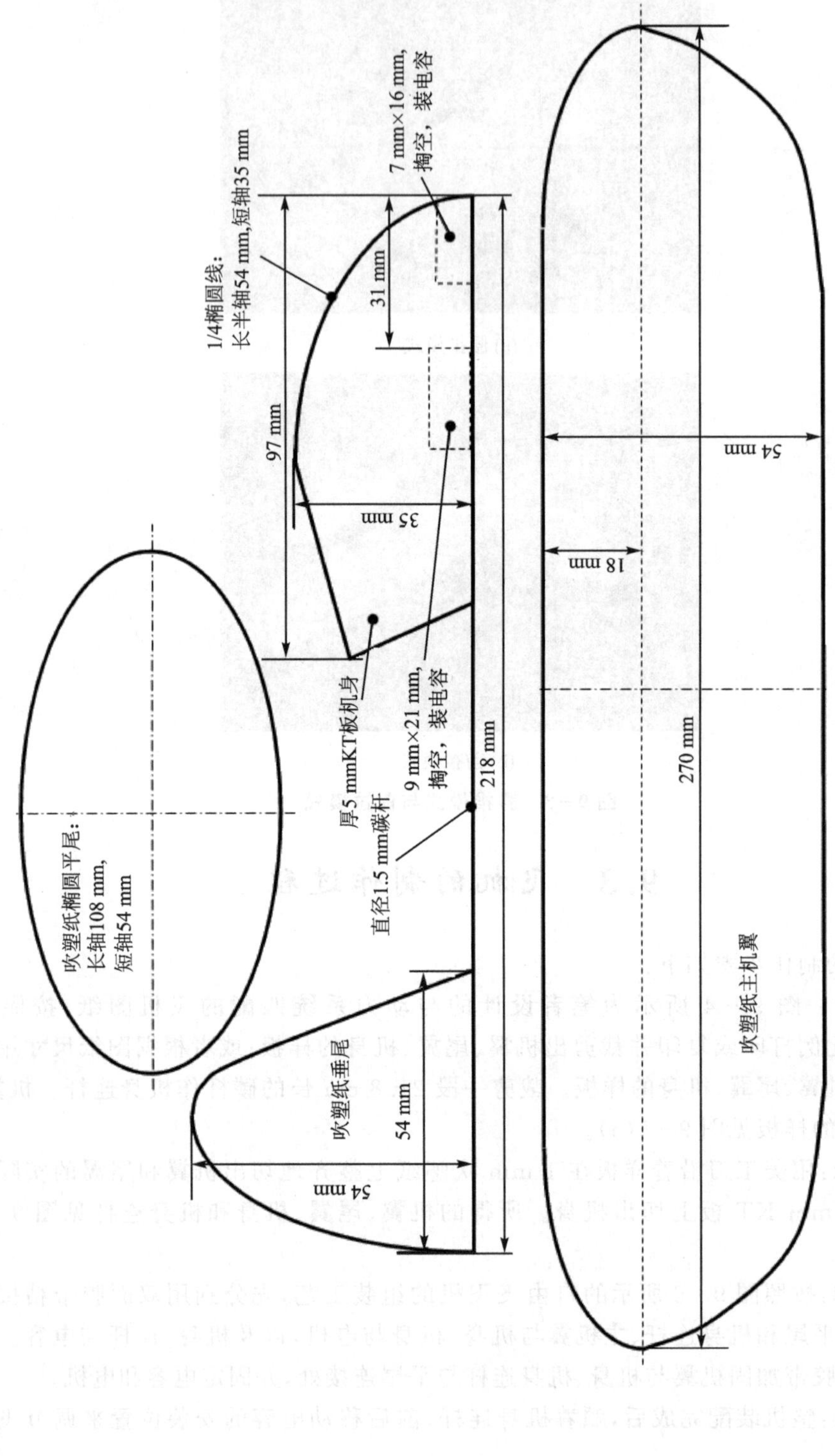

图9-4　“614空心杯电机、45 mm螺旋桨、2.7 V－5 F超级电容”动力系统自由飞飞机图纸（比例尺为1:1）

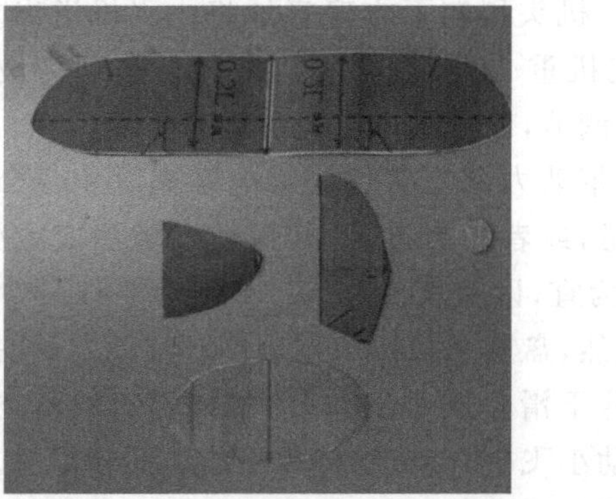

(a) 飞机结构部件样板

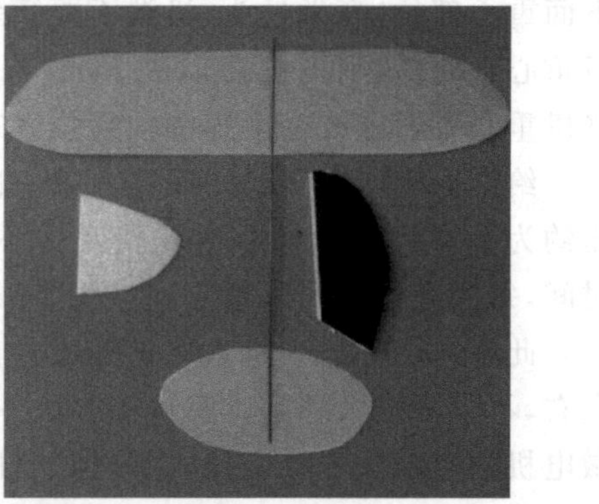

(b) 实际图样

图 9-5　飞机结构部件样板与实际图样

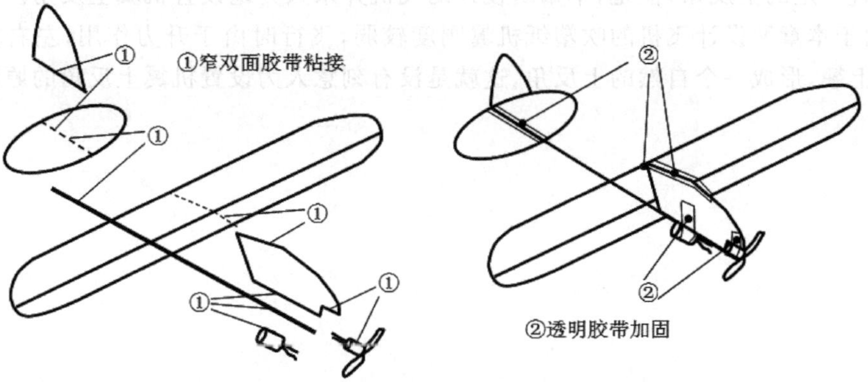

图 9-6　自由飞飞机的组装工艺

的重心。初始重心位置可预调到距离主机翼前缘弦长 1/3 处,即 18 mm 处。

这里需要注意两点:其一,制作过程中要从机头前向后、从模型上方向下以及从模型侧面 3 个方位认真、仔细地观察左右是否对称,角度是否正确;其二,在安装电极电容之前,需先给电机焊接一对微型公接头,给电容焊接一个(带导线的)母接头,如图 9-1 所示,以便两者对接放电以及给电容充电。

至此,一架超级电容自由飞飞机就制作完成了。图 9-3(a)所示是飞机最终调试完毕后的效果图,其中,电容已被镶嵌至 KT 板机身内,KT 板表面的塑胶皮也已剥去,以减小飞机质量。经称量后,飞机总质量为 8.2 g,与 8.4 g 的质量目标极为接近,符合设计要求。

9.4　试飞与调试

本章所设计的飞机适宜在宽敞的室内或室外无风、微风环境中飞行。试飞时,应先用手掷的方法无动力调整滑翔。由于飞机很轻,所以用拇指、食指、中指捏住机翼下面重心部位，高举过头，机翼不要倾斜，机头稍向下方轻轻地将小飞机送出。若飞机重心太靠前，则飞机会很快下沉；若飞机重心偏后，则飞机滑翔会呈现为波浪状。飞机重心可通过改变电容的前后位置来调节，以手抛出去机头微微下沉为宜。

给电容充电用多长时间呢？第一次带动力试飞时建议给电容充电 40 s(对应电压约为 2 V)，先尝试飞，若觉得动力不足，或者动力过足，则可适当增加或减少充电时间，每次充电时间以增加或减少 15 s 为宜，以免飞机“飞丢”或动力不够。

此外，试飞时，飞机右旋上升比较自然，盘旋半径要根据周围环境而定，维持 3 m 左右，不至于进入螺旋。盘旋半径大一些下滑角度小一些，能争取更长的留空时间。微电机的转动虽能维持几十秒，但能推动小飞机升空、维持平飞的时间却很短。经常出现的情况是，飞机着陆后螺旋桨仍在继续轻微转动，但拉力已经很微弱了。

最后，谈谈机翼上反角问题。为了增加横滚方向的稳定性，许多飞机的主机翼都会设置一定的上反角，但是，本章所设计的飞机并未人为地设置机翼上反角。实践表明，由于本章所设计飞机的吹塑纸机翼刚度较弱，飞行时由于升力作用，左右翼稍会略微上翘，形成一个自然的上反角，这就是没有刻意人为设置机翼上反角的原因。

第 10 章　卡通生肖电动平板机的设计与制作(上)

轻轻一甩,一架架脸盆大小的老虎、蛇等十二生肖卡通电动遥控飞机便即刻起飞,并在空中盘旋、翱翔……2014 年 7 月 31 日上午,笔者组织了“2014 年同济大学微型飞机大赛暨‘微型飞机设计、制作’课程作品展”[17]。参加本次大赛的是 59 位航空专业的大二学生,他们共分为 15 组,提交了鼠、牛等 12 架卡通电动遥控飞机。这些飞机或外形可掬,或个性彰显,格外引人注目,见图 10-1。

第 10 章和 11 章将以十二生肖中的卡通羊飞机为例,来展示这 12 架生肖飞机的设计与制作过程。由于此类飞机的机体均为“平板”(翼型),故也称作“平板飞机”或“平板机”。

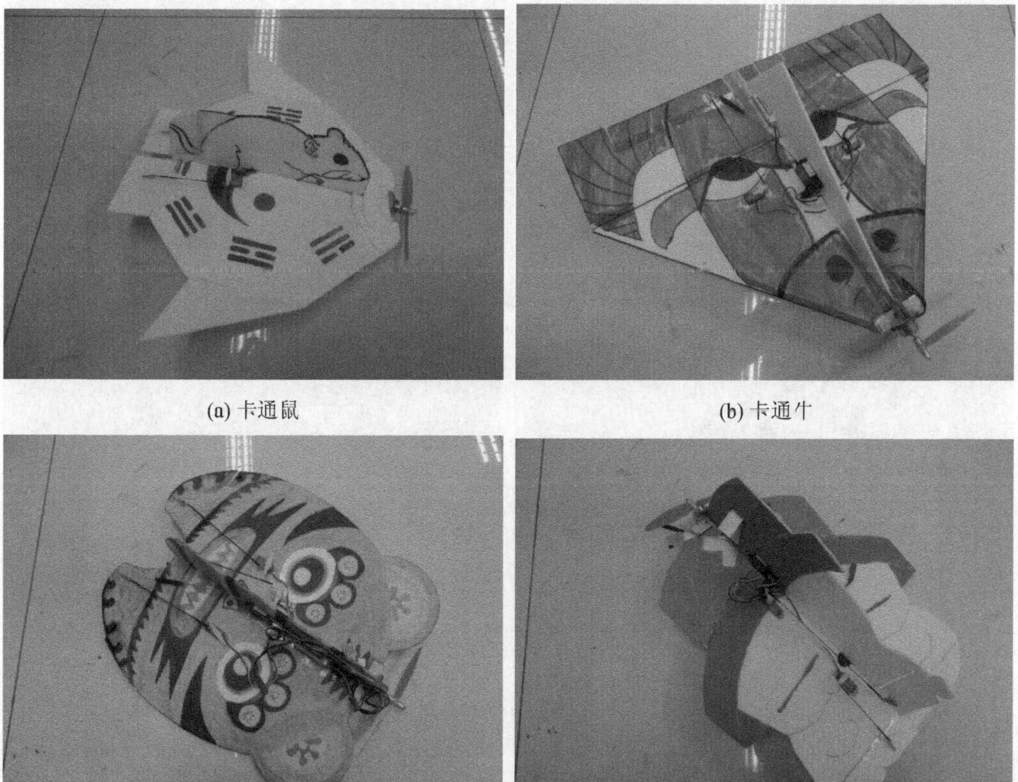

(a) 卡通鼠　(b) 卡通牛

(c) 卡通虎　(d) 卡通兔

图 10-1　十二生肖卡通平板机

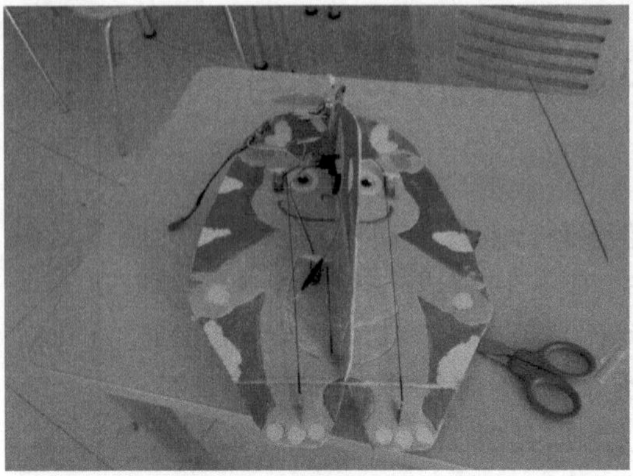

(e) 卡通龙

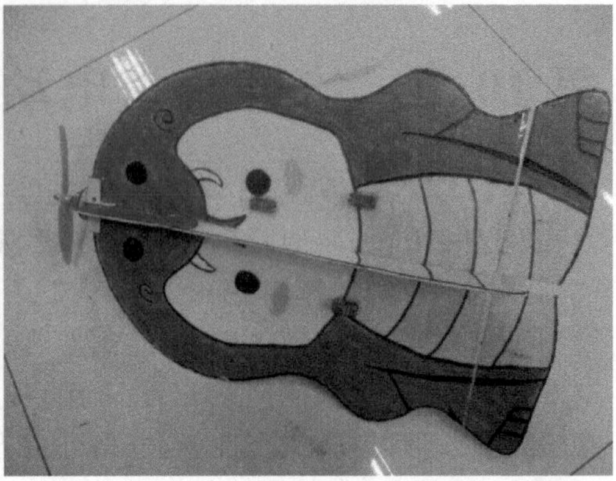

(f) 卡通蛇

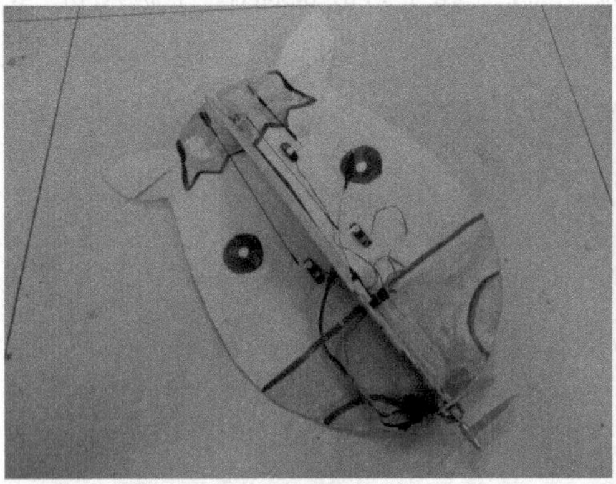

(g) 卡通马

(h) 卡通羊

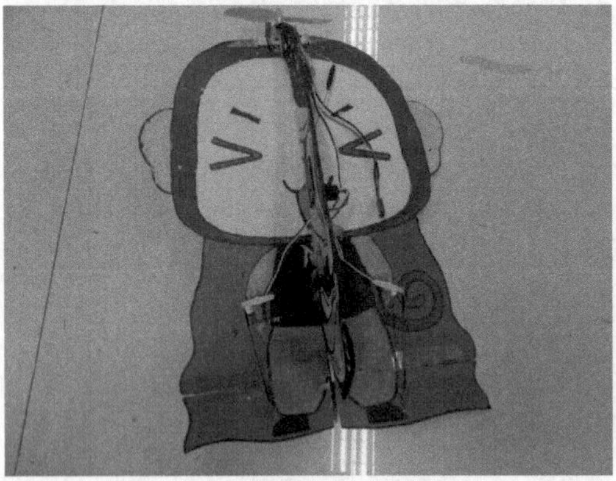

(i) 卡通猴

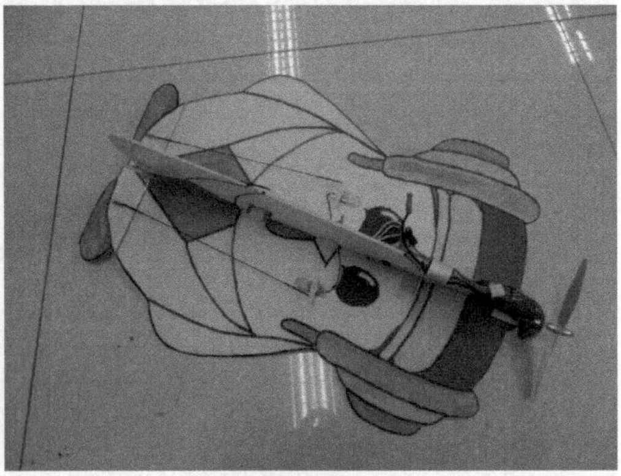

(j) 卡通鸡

图 10-1 十二生肖卡通平板机(续)

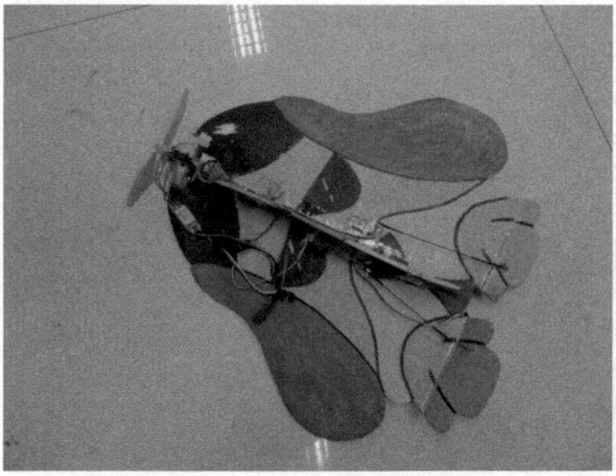

(k) 卡通狗

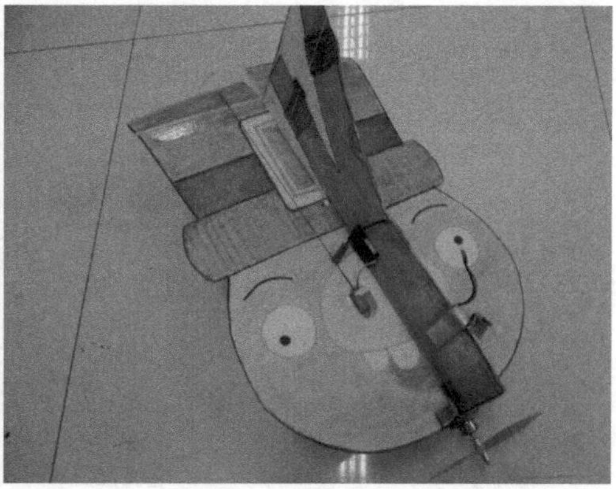

(l) 卡通猪

图 10-1　十二生肖卡通平板机(续)

10.1　卡通羊飞机 CAD 建模

CAD 建模是现代飞机设计、制作中的一项重要工作。对于本次卡通飞机的设计,在 CAD 建模时不仅要考虑飞机的造型,而且还要兼顾飞机的性能。因此,设计者最好具有一些 CAD 软件(譬如 AutoCAD)的基础。利用 AutoCAD 绘图时最常使用的功能是直线功能,但本次十二生肖卡通飞机的造型以曲线和圆为主,因此,对于航模爱好者来说,更深入地学习和使用 AutoCAD 也是一个小小的挑战。

要设计一架羊属相卡通飞机,即卡通羊飞机,首先要选择一个美观的羊的造型。卡通羊的形象很多,但符合飞机设计思想的并不多,如果盲目选取,则将直接影响卡通飞机的飞行性能。换句话说,选择卡通飞机的造型时务必要在美观和飞机性能之间进行权衡。比如,卡通形象不要头太大身子太小;要尽量保证左右对称,以防飞机失衡;将卡通合适的部位作为飞机尾翼,同时还要考虑用什么作为飞机的机身和垂尾等。在一些系列的要求下,经仔细斟酌,最终选择《喜羊羊与灰太狼》动画片中的"懒羊羊"作为卡通羊飞机的原型,机身和垂尾部分选择"灰太狼"的造型,如图 10-2 所示。

10.2　建模过程

图 10-2 所示的卡通羊飞机属于典型的平板机类型,主结构拟由厚 3 mm 的 D 板制作。其造型的总长初步定为 392 mm,总宽为 275 mm,大小约为 A3 纸。

考虑到懒羊羊的头部和犄角过于突出,容易受损,故选择相对平坦的羊屁股作为飞机机头。在羊屁股处安装发动机,动力采用前拉模式。

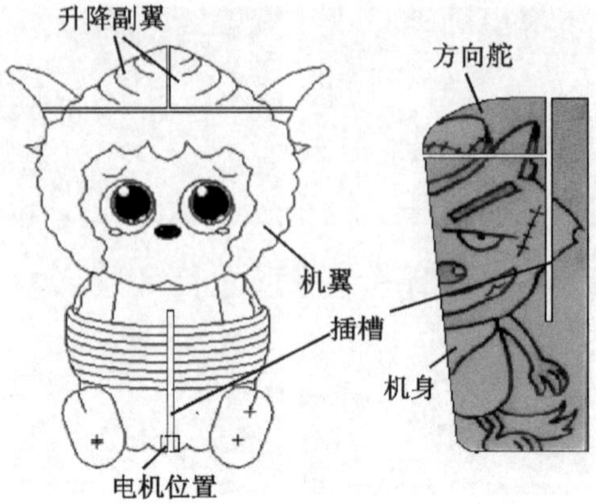

图 10-2　懒羊羊与灰太狼卡通门板机造型

懒羊羊的脸部和身子作为飞机机翼，弦长 $d \approx 31.7$ cm、展长（懒羊羊的两只耳朵之间的距离）$l \approx 25.3$ cm、翼面积 $S_{翼} \approx 806$ cm^2。

初步设定卡通羊飞机的重心在离机翼前缘 1/5 弦长处（可通过后期加装电池、接收机并移动其位置进行微调）；把懒羊羊的头顶和犄角从懒羊羊头上切开，左右两部分作为两个升降副翼，用来控制飞机的滚转和升降，升降副翼的最大弦长约 7 cm。两个升降副翼的面积均为 $S_{平} = 11$ cm^2。

飞机机身做成近似梯形，如图 10-2 的右半部分所示，拟绘制灰太狼形象。懒羊羊机翼和灰太狼机身各开有一个 3 mm 宽的插槽。组装时，两个插槽对插，飞机机身与机翼正交。在灰太狼机身后上方设置一个方向舵，方向舵面积为 $S_{垂} \approx 5$ cm^2，用于控制飞机的航向。为了使方向舵和升降副翼活动时不相互干涉，灰太狼机身的长度与懒羊羊机翼翼根弦长等长。

飞机重心到尾翼翼根 1/4 弦长处的距离，即升降舵力臂 $l_{升降}$ 和方向舵力臂 $l_{方向}$ 近似为 25 cm。

10.3　卡通羊飞机动力测试

发动机是飞机的心脏。对于几十克质量级别的微小飞机，小空心杯电机或小无刷电机是最常见的动力装置。这些发动机的动力是否强劲，拉力（或推力）是否强大需要进行测试。只有动力足够大，飞机才能克服空气阻力，获得一定的速度，从而产生所需的升力。

在本次的微型飞机设计与制作过程中，我们采用的是 KV 值为 2 300 的 A1504 微型无刷电机。电机尺寸为 Φ15 mm×13.5 mm（直径×高），质量为 9 g，最大工作电流为 7.5 A。螺旋桨为 GWS5030（五寸桨）。

飞机动力的测定方法采用的是实验测试法。图 10-3 所示为同济大学学生基于杠杆原理制作的一个简易的小飞机发动机拉力(或推力)测试装置原理图。对于该装置的 AOB 摇臂,O 点铰支在测试台底板上,A 点安装电机、减速组、螺旋桨(电机直驱时无减速组),B 点下方放置一个数字式电子台秤;力臂 AO 在长度上约等于 OB;给 A 点的电机通过稳压电源接上 7.4 V 的恒定电压后,推满遥控油门,发动机就会产生向右的水平拉力。该拉力通过 AOB 摇臂,在 B 点处将压力传给电子秤,在电子秤上可直接读出具体的发动机拉力的数值。

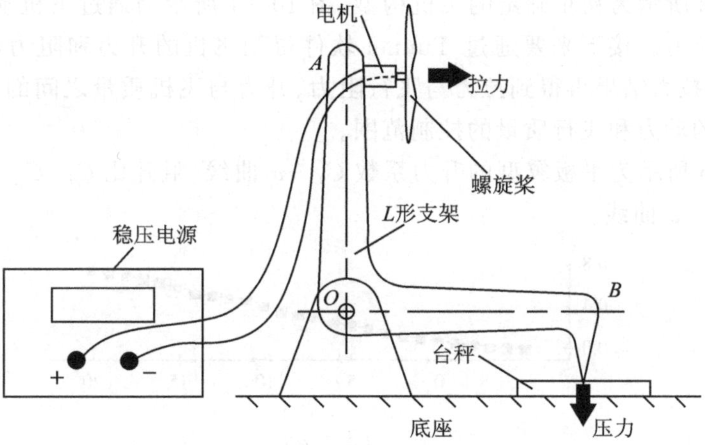

图 10-3　小飞机发动机拉力测试装置

为了模拟飞行过程中螺旋桨的动拉力,实验时可通过电风扇给螺旋桨迎面吹风,以测得螺旋桨的动拉力。其中,螺旋桨前方的风速由风速仪测得。

经过测试,可得 A1504 微型无刷电机/GWS5030 桨动力系统在 7.4 V 电压下,不同风速 v 时的动拉力 F 的测试结果,如图 10-4 所示。注意:根据相对运动原理,这里的风速 v 可近似认为是实际飞机的飞行速度。

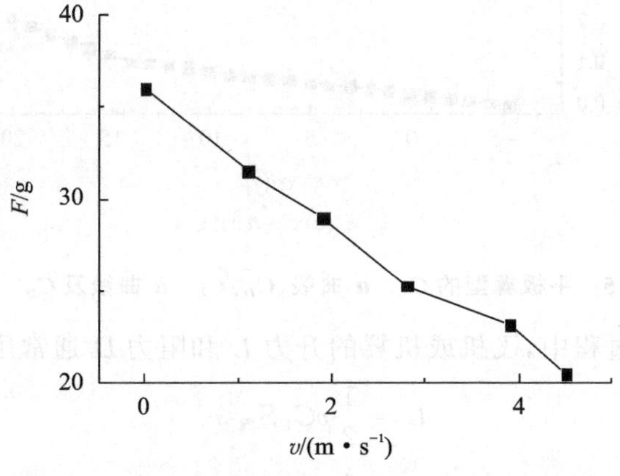

图 10-4　发动机动拉力 F 与风速的关系曲线示意图

从图 10－4 中可观察到，在 0～4.5 m/s 速度风的吹拂下，随着风速的增加，螺旋桨的拉力 F 会显著下降；本次实验的微小飞机动力装置静拉力 F（风速为零时）为 36 g，但在 4.5 m/s 的飞行速度下，拉力 F 却下降为 21 g。

10.4 卡通单飞机升力和阻力的确定

图 10－2 所示为初步确定的飞机构型，图 10－4 所示为通过飞机动力测试得到的发动机的拉力。接下来要通过 Tunnel 软件得到飞机的升力和阻力，然后通过升力、阻力以及拉力结果再得到拉力与飞行阻力、升力与飞机质量之间的平衡关系，进而判断飞机的动力和飞行质量的控制范围。

图 10－5 所示为平板翼型的升力系数 $C_L-\alpha$ 曲线、阻升比 $C_D/C_L-\alpha$ 曲线以及阻力系数 $C_D-\alpha$ 曲线。

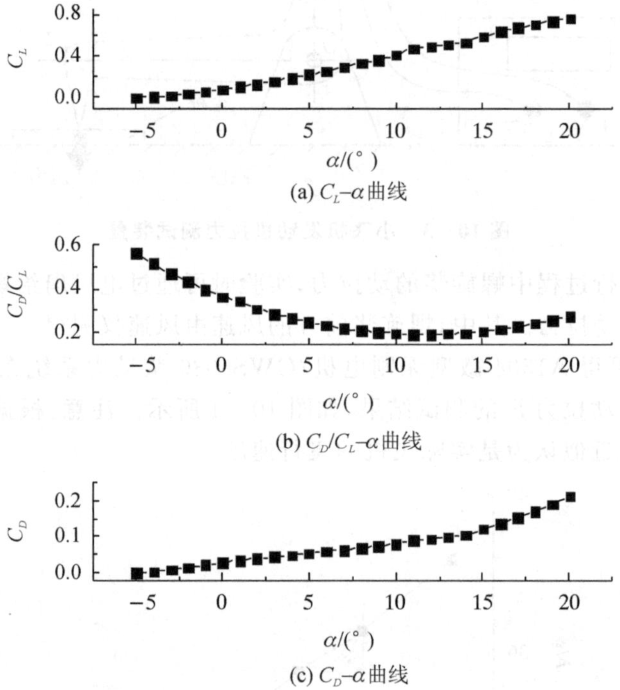

图 10－5 平板翼型的 $C_L-\alpha$ 曲线、$C_D/C_L-\alpha$ 曲线及 $C_D-\alpha$ 曲线

在飞机设计的过程中，飞机或机翼的升力 L 和阻力 D 通常用以下表达式描述：

$$L=\frac{1}{2}\rho C_L S_{翼}\ v^2 \tag{10-1}$$

$$D=\frac{1}{2}\rho C_D S_{翼}\ v^2 \tag{10-2}$$

式中：ρ 为空气密度，取 1.205 kg/m^3；v 为飞机的飞行速度。

对于本次卡通羊飞机所用的模型，假设 v 取 4 m/s，可得

$$\frac{1}{2}\rho S_{翼} v^2 = 0.777\ kg/m^2 \tag{10-3}$$

根据式(10-3)以及图 10-5 所示的升力系数曲线和阻力系数曲线，可得出卡通羊飞机机翼的 $L-\alpha$ 曲线和 $D-\alpha$ 曲线，见图 10-6。注意，假设卡通羊飞机机翼的 $D-\alpha$ 曲线近似等于整机阻力，则发动机、电与装备、机身、舵面等部件的阻力较机翼阻力要小得多，可以忽略。

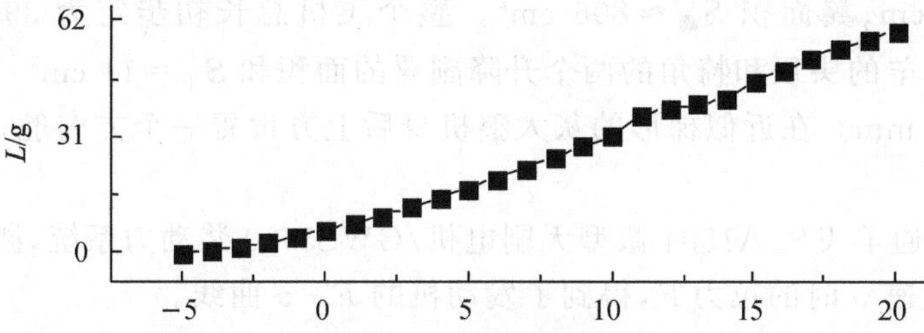

(a) L-α曲线

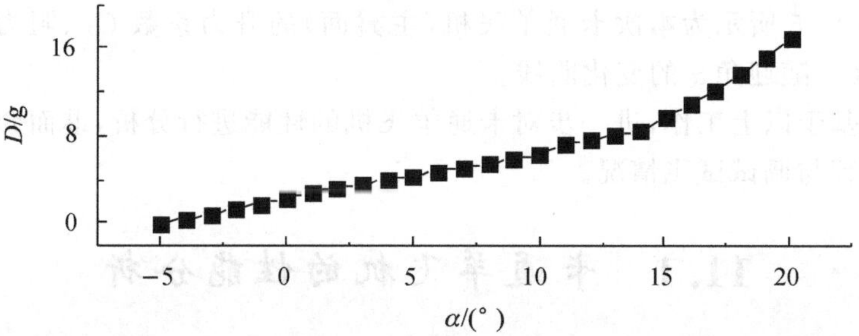

(b) D-α曲线

图 10-6　卡通羊飞机的 $L-\alpha$ 曲线与 $D-\alpha$ 曲线

从图 10-6 中可以看出：①在迎角 $-5°\sim20°$ 范围内，飞机的升力 L 与阻力 D 都随着主机翼迎角 α 的增加而增加；②Tunnel 软件给出的 $D-\alpha$ 曲线似乎无法反映飞机失速的信息。

第 11 章　卡通生肖电动平板机的设计与制作(下)

第 10 章针对卡通羊电动平板机主要开展了以下 3 项工作：

① 初步开展了卡通羊电动平板机的 CAD 建模工作，给出了卡通羊飞机的大致构型。懒羊羊的脸部和身子作为飞机机翼，翼根弦长 $d \approx 31.7$ cm、展长(羊的两耳间距离) $l \approx 25.3$ cm、翼面积 $S_{翼} \approx 806$ cm^2。整个飞机总长初步定为 392 mm，总宽 275 mm。懒羊羊的头顶和犄角的两个升降副翼的面积和 $S_{平}=11$ cm^2，升降副翼的最大弦长约 70 mm。在近似梯形的灰太狼机身后上方设置一个方向舵，方向舵面积 $S_{垂} \approx 5$ cm^2。

② 针对卡通羊飞机 A1504 微型无刷电机/GWS5030 桨动力系统，测试了 7.4 V 恒压下，不同风速 v 时的拉力 F，得到了发动机的 $F-v$ 曲线。

③ 开展气动分析，获得了平板翼型的升力系数 C_L、阻力系数 C_D 及阻升比 C_D/C_L 随迎角 α 的变化曲线，见图 10－5。由于本次卡通羊飞机(主翼面)为平板，故也可以认为，图 10－5 所示为本次卡通羊飞机(主翼面)的升力系数 C_L、阻力系数 C_D 及阻升比 C_D/C_L 随迎角 α 的变化曲线。

本章将基于以上工作，进一步对卡通羊飞机的性能进行分析，继而介绍卡通羊飞机的制作过程与调试试飞情况。

11.1　卡通羊飞机的性能分析

1. 巡航迎角 $\alpha_{巡}$

在空气动力学中，阻升比是指飞行器在同一迎角下阻力 D 与升力 L 或者阻力系数 C_D 与升力系数 C_L 的比值。飞行器的阻升比 C_D/C_L 越小，说明其空气动力性能越好，对飞行越有利，一般也会有越佳的爬升性能。在设计固定翼飞机时，通常都会让最小升阻比的速度等于巡航速度，以提高经济效益。

从图 10－5(b)中可以看出，迎角在 11.6°附近时该飞机的阻升比最小，因此，11.6°就是本架飞机的理想巡航迎角 $\alpha_{巡}$。此时，卡通羊飞机对应的 $C_L=0.493$，$C_D=0.098$。

2. 飞机最大平飞速度与质量限制

根据 11.6°巡航迎角下飞机的 $C_L=0.493$，$C_D=0.098$，以及升力 L 和阻力 D 的计算公式，可求得卡通羊飞机在 11.6°巡航迎角下的飞机升力 L、阻力 D 及拉力 F 随飞行速度 v 的变化曲线，见图 11－1。为了便于讨论，将图 10－4 所示的发动机动拉力-风速曲线也绘制于图 11－1 中，为便于分析，还对该曲线进行了外延。

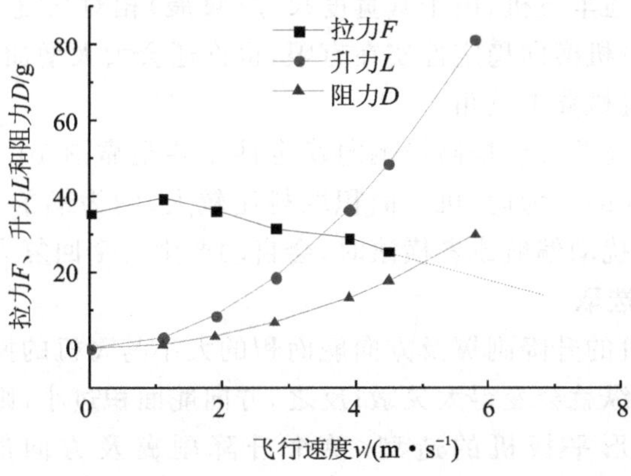

图 11-1 11.6°巡航迎角下飞机升力 L、阻力 D 及拉力 F 随飞行速度 v 的变化

从图 11-1 中可以观察到,巡航迎角下,随着飞机飞行速度 v 的增加,飞机阻力 D 快速增大,同时,发动机的可用拉力 F 迅速下降;当 v 增大到 5 m/s 以后,发动机可用拉力 F 将降至 22.6 g 以下,已经小于飞机的飞行阻力 D,动力开始不足。因此,5 m/s 就是飞机 11.6°巡航迎角下的最大平飞速度。值得注意的是,在图 11-1 中,最大平飞速度 5 m/s 对应的飞机升力 L 约为 61 g,根据重力、升力的平衡关系可知,飞机的质量必须小于 61 g,此时飞机的推重比将大于0.37(22.6 g/61 g)。

以上分析表明,本章的卡通羊飞机的理想巡航迎角为 11.6°,在该巡航迎角下,飞机的最大平飞速度为 5 m/s,飞机的质量必须控制在 61 g 以下,才能在空中保持重力 G 与升力 L、拉力 F 与阻力 D 的平衡。

这里需要说明的是,上述分析仅是飞机的一种理想飞行状态;在实际飞行中,飞机的迎角不可能长时间保持在 11.6°,也就是说,飞机的实际最大平飞速度将会偏离 5 m/s,飞机质量的控制上限也必须小于 61 g。

3. 稳定性问题

飞机的稳定性与飞机的飞行性能直接相关。若飞机的纵向、横向与航向稳定性不好,飞机就很难操纵,甚至无法正常飞行。飞机纵向的稳定性与飞机动力的拉力线、飞机的重心位置息息相关。纵观目前成功的平板机,电机前拉设计中拉力线上拉、平拉、下拉的情况均有,孰优孰劣,未有定论,故本章的卡通羊平板机的电机拉力线采用平拉模式。有资料显示,圆盘平板机的重心初步设定时可定于离机翼翼根前缘 1/4 弦长处,矩形平板机的重心为翼根前缘 1/6 弦长处。本次卡通羊飞机造型很不规则,介于圆盘和矩形之间,故初步将重心设定在离机翼翼根前缘 1/5 弦长处(可通过后期加装电池、接收机并移动其位置进行微调)。当然,在后期的试飞中重心还需要微调。

飞机的横向稳定和航向稳定通常会纠缠在一起,航空学中称其为“横侧向稳定”。在正常布局的飞机中,主机翼的上反角、机身、垂尾对飞机横侧向稳定均有贡献。然而，具体到本章的卡通羊飞机，由于其宽度尺寸(翼展)相对长度而言较小，通过设置机翼上反角来增加飞机横向稳定性实在有限，也许还会大大增加飞机的制作难度，故卡通羊飞机没有设置机翼上反角。

事实上，本次卡通羊飞机提高横侧向稳定性主要是靠图 10－2 中右半部分所示的灰太狼机身来实现的。为此，机身面积取得比较大，约为懒羊羊机翼面积的一半。这样，当飞机因受到扰动偏航或者横滚时，会自动产生一个回复力矩。

4. 舵面尺寸的选取

本章卡通羊飞机的升降副翼及方向舵面积的大小与飞机的操纵效率有关。方向舵面积过大，飞机操纵就会变得太灵敏；反之，方向舵面积过小，则无法调整飞机的姿态。参考网上某矩形平板机的造型，单个升降副翼及方向舵面积分别选取为 5.5 cm^2 和 5 cm^2。

5. 质量估算

在本节“2. 飞机最大平飞速度与质量限制”中得出“(卡通羊飞机)11.6°巡航迎角下，要达到最大平飞速度 5 m/s，质量必须控制在 61 g 以下”的结论。该质量估算值无疑是粗略的，但却对卡通羊飞机质量目标的制定具有现实的参考价值。

在制作之前，不妨先预估一下卡通羊飞机的质量。

电子装备：如图 11－2 所示，3 个舵机 5 g×3＝15 g；A1504 微型无刷电机 11 g；天地飞六通接收机 5.9 g，微型XP－7A 电调 6.3 g；GWS5030 桨叶 1.9 g；2S 220 mA·h 双天锂电池 16 g；自制发动机底座 2.8 g，合计 58.9 g。

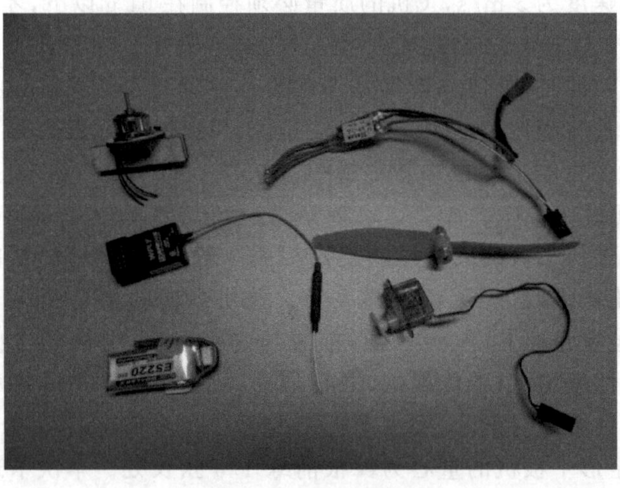

图 11－2 电子装备

根据 3 mm D 板面密度 80 g/m^2、懒羊羊机身机翼面积 806 cm^2、机身面积 415 cm^2、升降副翼 11 cm^2 和方向舵面积 5 cm^2，可大致估算出飞机的结构质量为 9.9 g。

上述电子装备质量和结构质量之和为 68 g。考虑到飞机实际制作中，胶粘剂、发动机底座等其他材料，总重中再额外增加 10%，即 7 g，飞机预计质量为 75 g，大于 61 g，说明本章设计的卡通羊飞机的质量超标了，制作中需设法减小其质量。事实上，最终通过严控，卡通羊飞机的实际质量仅为 60 g，基本达到了质量控制目标 61 g。

11.2　卡通羊飞机的制作

1. 飞机机体的制作

飞机机体制作的步骤如下：

① 按照图 11-3 所示的卡通羊飞机图纸，缩放打印或复印并裁剪出懒羊羊机翼、灰太狼机身、懒羊羊头顶升降副翼以及方向舵等结构样板。

② 用美工刀沿着样板边缘在 3 mm 厚的 D 板上整齐地切出机翼、机身、升降副翼以及方向舵。

③ 使用水彩笔在机翼、机身、升降副翼以及方向舵上分别绘制懒羊羊和灰太狼的形象。

④ 晾干后，机翼和机身沿两个 3 mm 宽的缝隙正交对插，对缝中涂上泡沫胶，等数分钟后晾干粘牢。

⑤ 分别将方向舵和机身、升降副翼和机翼后缘对齐，并用透明胶带骑缝粘贴，给飞机装上升降副翼和方向舵。图 11-4 所示为飞机机体组装的最终效果图。

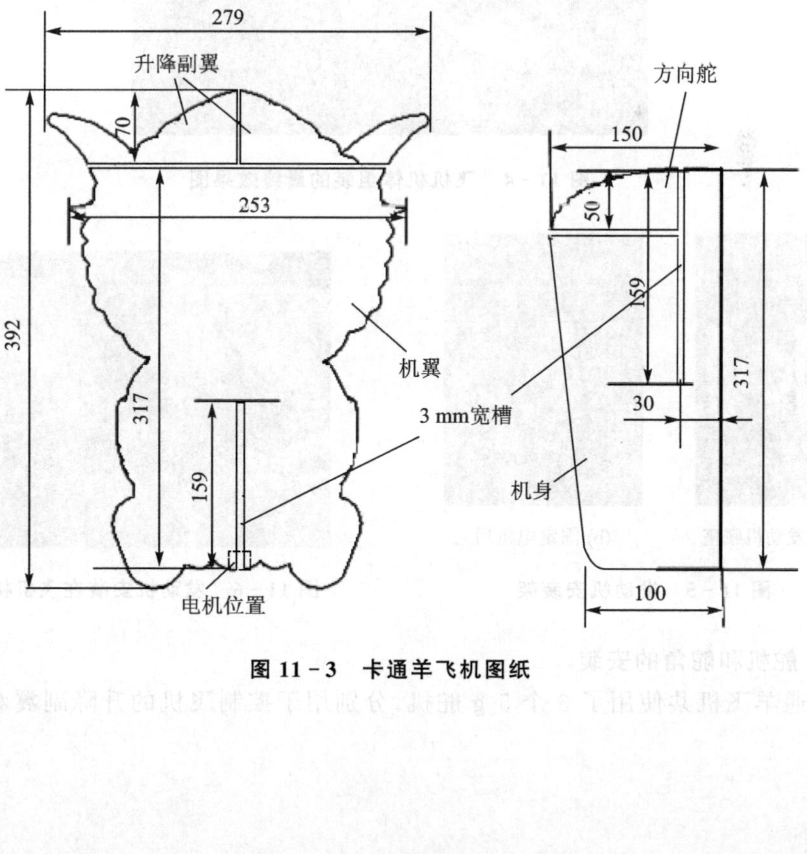

图 11-3　卡通羊飞机图纸

2. 力装置的安装

为了将 A1504 微型无刷电机/GWS5030 桨动力系统安装在卡通羊飞机机头上，开展了以下工作：

① 利用 AutoCAD 软件设计电机安装架。如图 11－5(a)所示，该发动机底座由 3 个小部件组成，所有部件均为厚 3 mm 的层板，由计算机控制激光雕刻而成；图中，圆形部件周边有 4 个 ϕ2 mm 圆孔，其中均布的 3 个孔为固定电机的螺丝孔，另一个为电机导线通过孔。

② 电机轴上通过适配器安装 GWS5030 螺旋桨。

③ 用 502 胶将 3 个层板小部件粘接组装在一起，构成发动机底座。再将电机(带螺旋桨)用螺钉固定在发动机底座上，见图 11－5(b)。

④ 将发动机底座卡在卡通羊飞机机头(羊屁股部分)正中间，如图 11－6 所示。安装之前，飞机机头上涂抹了泡沫胶。

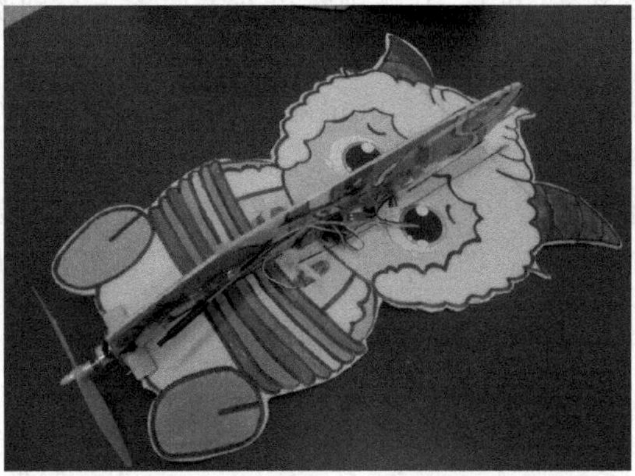

图 11－4　飞机机体组装的最终效果图

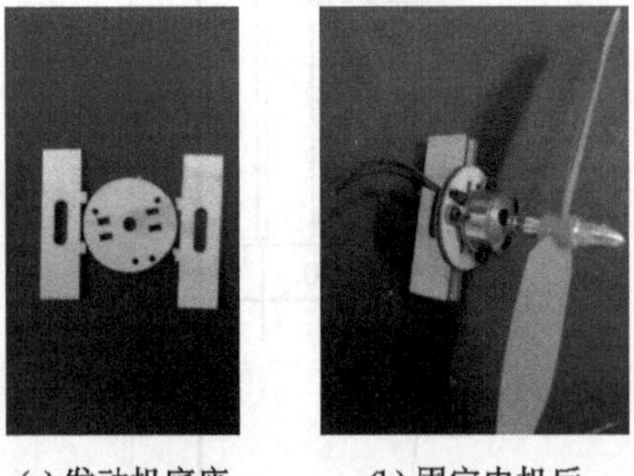

(a) 发动机底座　(b) 固定电机后

图 11－5　发动机安装架

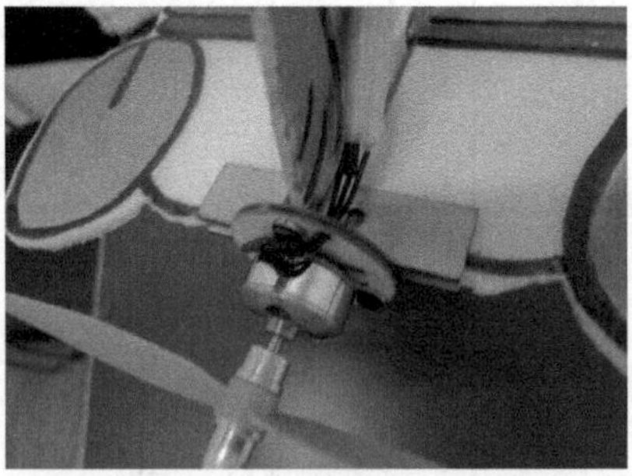

图 11－6　发动机安装在飞机机头上

3. 舵机和舵角的安装

卡通羊飞机共使用了 3 个 5 g 舵机，分别用于控制飞机的升降副翼和方向舵。

飞机舵面的微型舵角为报废的银行卡卡片,通过激光雕刻机雕刻制成,见图 11-7。如图 11-8 所示,舵机拉杆采用直径 1 mm 的碳杆;舵机与舵机拉杆、舵机拉杆与舵角之间通过订书钉搭接,搭接处外套热缩管热缩固定。

图 11-7　激光切割报废的银行卡卡片做成的舵角

3 个舵机被分别嵌在 D 板飞机机翼或机身上,见图 11-8(a);卡片做成的舵角被半镶嵌在舵面上,周边用热塑枪热塑固定,见图 11-8(b)。

(a) 舵机与舵机拉杆连接　　(b) 舵机拉杆与舵角连接

图 11-8　舵机与舵机拉杆连接以及舵机拉杆与舵角连接

4. 接收机、电调和电池的安装

卡通羊飞机的接收机采用 2.4 GHz 六通微型接收机,电调为微型 XP-7A 电调。如图 11-9 所示,接收机被嵌入机身用透明胶带固定,电调用透明胶带紧贴附在机身上。飞机所使用的是 2S 双天锂电池,质量为 16 g,约占整个飞机质量的 20%,用来调整飞机重心。具体做法如下:初步确定重心时,将电池放置在飞机翼根,前后移动,直至飞机重心至机翼翼根离机翼前缘 1/5 弦长处,再用透明胶带固定。最终重心位置完全确定后,电池会被嵌入相应的机身位置,再用透明胶带固定牢靠。

图 11－9　接收机被嵌入机身，电调用透明胶带紧贴附在机身上

11.3　卡通羊飞机的试飞与调试

完成卡通羊飞机的设计与制作后，在同济大学的操场上进行手抛无动力试飞和遥控试飞。试飞当天，现场风比较大，风力为 3～4 级。经过调试及重新充电等操作后，卡通羊成功起飞。由于重心略偏后以及当天风太大等，实际中操纵手并不好控制，飞机整体在螺旋桨升力的作用下多次出现“吊机”飞翔状态，并没有按照预想的持续滑翔飞行，尽管如此，飞机还是飞行了将近 1 min。后期，经过简单的调试，飞行性能有了较大的提高。

总之，试飞表明，本次卡通羊飞机的设计是基本成功的，但也发现了一些问题，譬如，飞机的尺寸，特别是机翼的面积设计偏小，相比之下动力太足，从而导致飞机飞起来的速度很快，不易操控；飞机重心略靠后，有时会出现“吊机”等现象。

高级篇：
“同舟”号无人机研制

本篇将结合笔者指导的大学生小飞机团队设计项目——“同舟”号无人机，来介绍固定翼无人机的设计、制作与试飞全过程。第12章阐述该飞机的研究背景，提出飞机设计构想并拟定设计要求，然后介绍整个设计过程，共分为概念设计阶段、初步设计阶段和详细设计阶段3个阶段。第13和14章为概念设计阶段，完成飞机构型方案的确定，绘制全机概念设计三维图，估算飞机的主要参数。第15和16章为初步设计阶段，完成推进系统的初步设计与分析，结构初步设计和结构总体强度初步分析，气动特性和飞行性能的初步分析，以及部件外形的初步设计等。第17～25章为详细设计阶段，主要内容为飞机机身、机翼、尾翼等零构件的详细设计与CAD建模，飞机质量估算与重心定位，气动性能计算分析，飞机飞行性能和稳定性计算分析，关键部位的强度校核等。第26章介绍了飞机的制作与试飞情况。

第 12 章　研究背景与设计性能指标

12.1　研究背景

无人驾驶飞机简称“无人机”，是利用无线电遥控设备和自备的程序控制装置操纵的不载人飞机。第二次世界大战结束后，随着航空技术的飞速发展，无人机也逐渐步入其鼎盛时期。时至今日，世界上研制生产的各类无人机已达近百种，并且还有一些新型号正在研制中。随着计算机技术、自动驾驶技术和遥控遥测技术的发展及其在无人机中的应用，以及对无人机战术的深入研究，无人机在军事方面的应用日益广泛，被誉为“空中多面手”“空中骄子”。

与载人飞机相比，无人机具有体积小、造价低、使用方便、对作战环境要求低、战场生存能力较强等优点，备受世界各国军队的青睐。在几场局部战争中，无人机以其准确、高效和灵便的侦察、干扰、欺骗、搜索、校射及在非正规条件下作战等多种作战能力，发挥着显著的作用，并引起诸多军事学术、装备技术等相关问题的研究。

12.2　设计性能指标

参照现有无人机的经验数据，根据自身所具备的条件与能力，制定以下设计性能指标：翼展为 3.5 m；最大航时为 3 h；巡航速度 v_{cru} 为 70 km/h（=19.44 m/s）；最大平飞速度 v_{max} 为 75 km/h（=21.25 m/s）；最小平飞速度 v_{min} 为 50 km/h（=13.89 m/s）；起飞质量 W_{to} 不超过 25 kg；起飞滑跑距离 $L_{TOR} \leqslant 25$ m；纵向静稳定性裕度为 10%～15%。

第13章　构型设计

13.1　气动布局

“同舟”号要求有较长的时间巡航，翼展相对较大，因此，应着重考虑其稳定性与可靠性。鉴于正常布局的飞机技术比较成熟，所积累的经验和资料丰富，设计容易成功，安全性、可靠性较高，故决定采用如图 13-1 所示的常规布局。

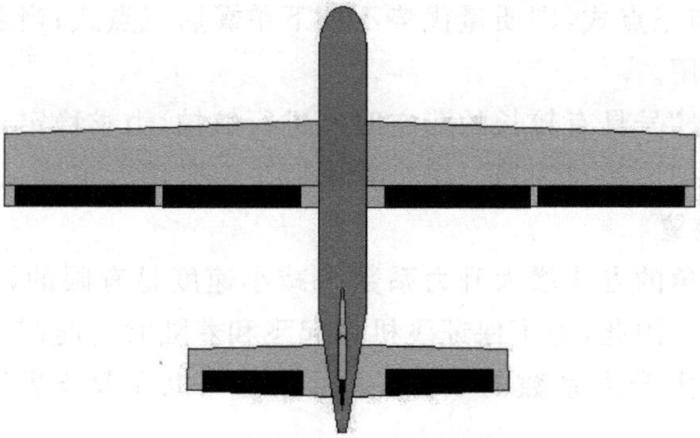

图 13-1　常规布局

13.2　机　翼

1. 机翼的平面形状

飞机机翼的平面形状大致可分为：直机翼、边条翼、前掠翼、后掠翼、三角翼等。低速飞机机翼一般为直机翼，因为其低速气动特性良好，诱导阻力小，升阻比大。直机翼的平面形状一般有矩形翼和梯形翼，或是矩形翼与梯形翼的结合。

梯形翼具有柔和的翼尖失速特性，当根稍比选择合适时，其近似椭圆翼，诱导阻力较小，整个机翼的载荷分布也良好。梯形翼有线性变化的翼肋，制作难度相比矩形翼稍大，但是对于高年级的工科学生来讲，其已经具备制作梯形翼的能力。

从飞机的可安装性和装配精度的角度考虑，最终决定将机翼做成两段式，中央翼为矩形翼，两外翼均为梯形翼，见图 13-2。

2. 机翼安装位置

机翼在机身上的安装位置通常有 3 种：上单翼、中单翼和下单翼，这 3 种形式各

图 13-2 机翼的平面示意图

有优缺点。

其中,上单翼的优点为:稳定性好,上反角较小,机翼气动效率较高;对机身内部空间影响较小,有利于机身内部装载的布置;翼身气动干扰阻力比下单翼要小;与机身连接比中单翼简单;机身与翼盒结构可互相补偿,减小机身结构质量。

上单翼的缺点为:如果起落架装在机翼上,则高度过大,对起落架的刚度要求较高;若采用上单翼前三点式,则质量优势不如下单翼后三点式;当非正常着陆时,不能对机身提供保护作用。

这里要求"同舟"号具有较长的滞空时间进行航拍,力求稳定,且机身内需要有足够的空间以装载航拍设备及油箱。综合考虑后决定采用上单翼。

3. 机翼增升装置

飞机用增大迎角的方法增大升力系数来减小速度是有限的,飞机的迎角最多只能增大到临界迎角。因此,为了保证飞机在起飞和着陆时仍能产生足够的升力,有必要在机翼上装设增大升力系数的装置,从而缩短飞机在起飞着陆阶段的地面滑跑距离。

增大升力系数的装置主要包括:前缘缝翼、后缘襟翼和前缘襟翼。

根据制作的难度以及飞机自身的特点,决定选择后缘简单襟翼,如图 13-3 所示,它与副翼形状相似。放下简单襟翼,机翼弯度增大,进而增大了上下翼面的压强差以及升力系数。

图 13-3 后缘简单襟翼示意图

13.3 尾 翼

1. 水平尾翼

根据飞机平尾在机身上的安装位置,正常式平尾可分为:上平尾、中平尾、下平尾、“T”形平尾等。

选择平尾的安装位置主要遵循下列原则：①避开机翼尾涡的不利干扰；②避开螺旋桨尾流的干扰；③有利于结构布置。

根据上述原则，似乎应选择下平尾或“T”形平尾。然而，虽然下平尾与机身对接容易，但与机身之间的气动干扰阻力较大；虽然采用“T”形平尾方向舵的效率高于其他形式，可减小垂尾面积，且机身与尾翼之间的干扰阻力较小，可提高尾翼效率，但大迎角时有失速的危险，并且对于简单的木质结构，平尾与垂尾对接不容易，应予以格外加强，但这可能导致质量的增加。

综合考虑，本应选择下平尾，但是，由于起落架为后三点式，下平尾在飞机起降过程中容易撞地；另外，根据气动分析结果，整机交点靠后，需将平尾前移；再者，机身较长且飞行速度较慢，机翼尾流对平尾影响不大，所以最终决定选择中平尾。这样布置可使平尾连接穿过机身，也可提高强度。

2. 垂直尾翼

常规布局的垂尾一般有单垂尾和双垂尾两种形式。当尾容量相同时，双垂尾同单垂尾相比，其压力中心高度显著降低，可减小由侧气动力造成的对机身的扭矩。但是，当两个垂尾间距太小时，会有显著的气动干扰，因此，必须将垂尾布置在平尾的两端，而这又使方向舵的操纵变得复杂，可能会在操纵系统上付出较大的代价；并且，双垂尾的面积大于单垂尾，因此，所付出的阻力上的代价可能会抵消它给机身带来的好处。因此，决定采用单垂尾。

13.4 发动机位置

低速飞机一般采用发动机带动螺旋桨作为动力，根据螺旋桨的安装位置，可分为拉进式与推进式两种。

拉进式动力配置方式的效率高于推进式，而且有利于发动机散热，可降低热腐蚀对油机的损伤，延长其使用寿命，但在起飞和降落时打断螺旋桨的概率大于推进式。

推进式动力配置方式采用双尾撑结构，中间留出螺旋桨的位置，可以有效地保护螺旋桨，且不需要后机身，使结构简化。但因受机身的影响，其效率低于拉进式，而且不利于散热；同时，动力装置靠后，从而使重心位置后移，故需在机身上配重，以满足稳定性要求。

由于“同舟”号为常规布局，故采用拉进式。

13.5 起落架形式

常用的起落架形式主要有前三点与后三点两种，二者各有优缺点。其中，后三点式布局的优缺点如下：

优点：在飞机上易于装置尾轮。与前轮相比，尾轮结构简单，尺寸、质量都较小。正常着陆时，3个机轮同时触地，这就意味着飞机在飘落（着陆过程的第四阶段）时的姿态与地面滑跑、停机时的姿态相同。也就是说，地面滑跑时具有较大的迎角，因此，可以利用较大的飞机阻力来进行减速，从而可以减小着陆时的滑跑距离。

缺点：当大速度滑跑时，若遇到前方撞击或强烈制动的情况，则容易发生倒立现象（俗称"拿大顶"）。因此，为了防止倒立，后三点式起落架不允许强烈制动，因而使着陆后的滑跑距离有所增加。如果着陆时的实际速度大于规定值，则容易发生"跳跃"现象，在起飞、降落滑跑时是不稳定的。因此，在停机、起落滑跑时，前机身仰起，向下的视界不佳[18]。

由于"同舟"号是无人机，故不需要考虑飞行员所受的影响。另外，由于"同舟"号翼展相对较大、较重，为使其能够在规定的距离内起飞，希望机翼在地面时便有较大的迎角，因此，采用后三点式起落架布局。

13.6 构型设计的确定

综合比较各种结构方案的优缺点，并结合自身的理论知识和制作水平以及工作室所具备的加工条件，最终确定"同舟"号的构型如下：3.5 m翼展、上单直机翼；中央翼为矩形，含襟翼；外翼为梯形，含副翼；截面为矩形的近雪茄状机身；常规布局梯形单垂尾；常规布局梯形中平尾；机头拉进式布局单发航空汽油发动机；常规的后三点式起落架。

"同舟"号机体结构示意图如图13-4所示。

图13-4 "同舟"号机体结构示意图

第 14 章　主要参数的估算

选定飞机的设计参数是飞机总体设计中最关键的工作。当确定一架飞机的总体方案时，需要制定一组相应的设计参数，包括飞机各部件的质量、机翼和尾翼的面积、展弦比、发动机动力等。

飞机的设计参数太多，但对飞机总体方案具有重大影响的参数却只有 3 个：飞机的正常起飞总重 W_{TO}（单位：kg）、动力装置在海平面的静功率 P_0（单位：W）、机翼面积 S（单位：m^2）。这 3 个参数中，若有一个参数发生改变，就会引起飞机总体方案的改动。这 3 个参数可以组合成两个相对参数：翼载荷 $\frac{W_{TO}}{S}$（单位：N/m^2）和功重比 $\frac{P_0}{W_{TO}}$（单位：W/N）。

在选择飞机参数时，应先根据飞机设计要求中所给定的飞行性能指标和典型的飞行任务，初步选定翼载荷、功重比及起飞质量的初值，然后进一步确定其他次要参数。

14.1　起飞质量

通常将飞机的起飞总重 W_{TO} 表示为

$$W_{TO}=W_{OE}+W_F+W_{PL} \tag{14-1}$$

式中：W_{OE} 为飞机的使用空重；W_F 为任务燃油质重；W_{PL} 为任务载荷的质量。

对式(14－1)进一步推导可得

$$W_{TO}=\frac{W_{PL}}{1-W_{OE}/W_{TO}-W_F/W_{TO}} \tag{14-2}$$

1. 任务燃油质量 W_F

为了确定执行飞行任务时耗去的油量，通常采用燃油系数法，即将飞行任务分成若干段，见图 14－1。每一段的油耗按简单计算公式或由经验确定。给定某一飞机的任务剖面，把任务剖面分成许多任务段，每一段给予编号并给出起始质量和终止质量。每个任务段燃油系数是段末质量与本段开始时的质量之比。接着是为每一任务段的燃油系数分配一个数值，方法如下：

第 1 段：*发动机启动和暖机*

起始质量为 W_{TO}，终止质量为 W_1，本段燃油系数为 W_1/W_{TO}，该系数的参考数据为 0.99～0.998。

第 2 段：*滑跑*

开始质量为 W_1，终止质量为 W_2，本段燃油系数为 W_2/W_1，该系数的参考数据为

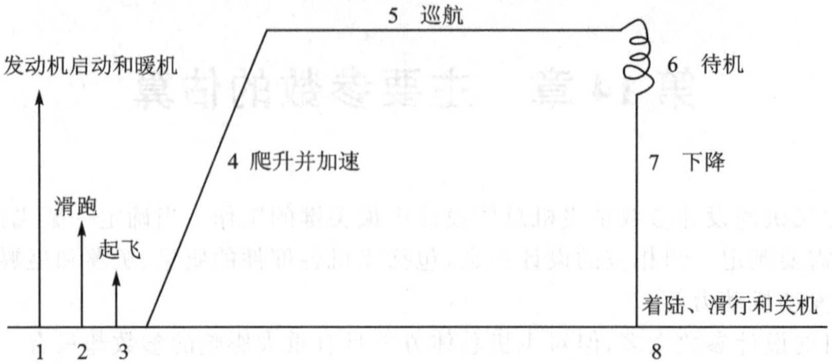

图 14-1 典型飞机任务剖面图

0.99～0.998。

第 3 段:起飞

开始质量为 W_2,终止质量为 W_3,本段燃油系数为 W_3/W_2,该系数的参考数据为 0.99～0.998。

第 4 段:爬升并加速

开始质量为 W_3,终止质量为 W_4,本段燃油系数 W_4/W_3,该系数的参考数据为 0.98～0.99。

第 5 段:巡航

起始质量为 W_4,终止质量为 W_5,W_5/W_4 的值可用下列公式估算[19]:

航程公式为

$$R_{cru}=375\left(\frac{\eta_P}{C_P}\right)\left(\frac{L}{D}\right)_{cru}\ln\left(\frac{W_4}{W_5}\right) \tag{14-3}$$

变形得

$$\frac{W_5}{W_4}=10^{\frac{-R_{cru}}{375\left(\frac{\eta_P}{C_P}\right)\left(\frac{L}{D}\right)_{cru}}} \tag{14-4}$$

式中:R_{cru} 以海里计。其中,η_P/C_P、$(L/D)_{cru}$ 均可从表 14-1 中查到,而 R_{cru} 则一般由任务指定。这里,$R_{cru}=3\ \text{h}\times 70\ \text{km/h}=210\ \text{km}=113.4\ \text{n mile}$,$\eta_P$ 取 0.8,C_P 取 0.6,$(L/D)_{cru}$ 取 8,可得

表 14-1 续航阶段经验参数

机 型	$(L/D)_{cru}$	C_P	η_P
家制飞机	8～10	0.6～0.8	0.7
单发螺旋桨飞机	8～10	0.5～0.7	0.8
双发螺旋桨飞机	8～10	0.5～0.7	0.82

$$\frac{W_5}{W_4}=0.937 \tag{14-5}$$

第 6 段：待机

起始质量为 W_5，终止质量为 W_6，本段燃油系数为 W_6/W_5，该系数的参考数据为 0.99～0.995。

第 7 段：下降

开始质量为 W_6，终止质量为 W_7，本段燃油系数为 W_7/W_6，该系数的参考数据为 0.985～0.995。

第 8 段：着陆、滑行和关机

起始质量为 W_7，终止质量为 W_8，本段燃油系数为 W_8/W_7，该系数的参考数据为 0.99～0.998。

这样即可求出任务燃油系数 M_{ff}：

$$M_{ff}=\prod_{i=0}^{7}(W_{i+1}/W_i)\approx 0.88 \tag{14-6}$$

式中：$W_{TO}(=W_O)$ 为起飞总重；W_i 为发动机启动和暖机阶段末的飞机质量；W_i、W_{i+1} 为飞行剖面中每一个任务段的起始和终止质量。

任务燃油质量 W_F 最终为

$$W_F=(1-M_{ff})W_{TO}=0.12W_{TO} \tag{14-7}$$

2. 飞机空重 W_{OE}

空机重量系数 $m_e=\dfrac{W_{OE}}{W_{TO}}$ 可根据图 14－2 所示的经验曲线，按统计规律估算。空机重量系数在 0.3～0.7 之间变化，并随飞机总重的增加而递减。“同舟”号无人机接近于复合材料类飞机，该类飞机的 m_e 的拟合公式为

$$m_e=\frac{W_{OE}}{W_{TO}}=0.92W_{TO}^{-0.09} \tag{14-8}$$

3. 任务载荷质量 W_{PL}

任务载荷的质量与无人机的设计任务要求有关，基础的设备包含照相或摄像机器、导航设备、数据传输设备以及接收机等。

由于是制作验证飞机，故不宜贸然加载太多设备。这里的设备重量为大致估算值。在飞机试制、试飞时，暂用与任务载荷质量相等的替代物代替。本次飞机设计假设任务载荷 W_{PL} 为 5 kg，其中，单反相机为 2 kg，GPS 为 0.5 kg，数据传输设备为 1.5 kg，另外留有 1 kg 的备用。

4. 确定起飞质量

将式(14－7)和式(14－8)及“$W_{PL}=5$ kg”代入式(14－2)，得

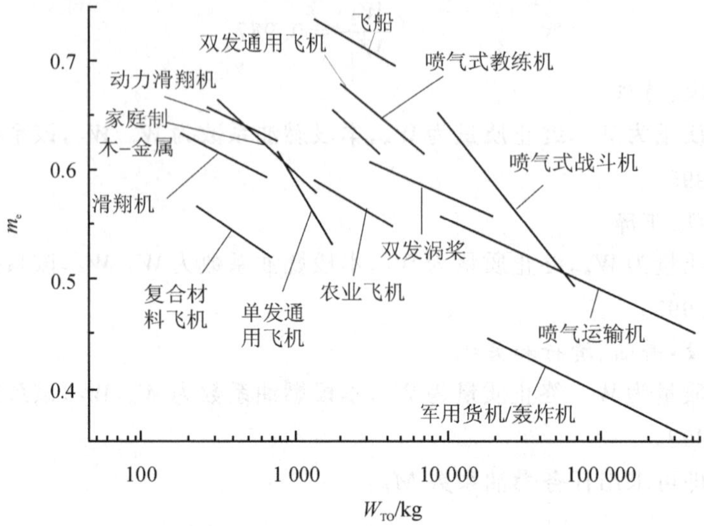

图 14-2　空机重量系数 m_e 与飞机总重 W_{TO} 的关系

$$W_{TO}=\frac{5}{0.88-0.92W_{TO}^{-0.09}} \tag{14-9}$$

在估算起飞质量 W_{TO} 时，可对式(14-9)进行迭代。也就是先假定一个起飞质量 W_{TO} 的初始值，计算空机质量系数 W_{OE}($=0.92W_{TO}^{-0.09}$)，代入式(14-9)等号的右边，重新计算起飞总重 W_{TO}；如果两个 W_{TO} 值相差较大，则取它们的平均值代入式(14-9)等号的右边再次计算 W_{TO}，直到连续两次 W_{TO} 的计算误差小于 0.5%为止。

经迭代计算，最终确定 $W_{TO}=25$ kg，$W_{OE}=17$ kg，$W_F=3$ kg，$W_{PL}=5$ kg。

14.2　翼载荷与功重比

常用确定翼载荷和推重比的方法是界限线法和对比分析法。根据飞机的设计要求，我们采用界限线法。所谓界限线法，就是根据飞机起飞要求和最大速度要求，确定翼载荷与功重比的可选区。

设计要求：①起飞滑跑距离 $L_{TOR}\leqslant 25$ m；②飞机最大平飞速度 $v_{max}\geqslant 75$ km/h；③飞机失速速度 $v_s\leqslant 40$ km/h。

1. 根据起飞滑跑距离计算翼载荷与功重比的关系

这里引入软件 AAA(Advanced Aircraft Analysis)中的一个飞机起飞参数 TOP。AAA 为美国飞机设计大师 Dr. Jan Roskam 创建的 DAR 公司(Design Analysis and Research Corporation)所开发的飞机总体设计分析软件，适用于 CCAR23

部飞机(中国民用航空规章的正常类、实用类、特技类和通勤类飞机)、25 部飞机(运输类飞机)、无人驾驶飞机与军事飞机,被全球飞机公司(如波音公司)、政府部门(如 FAA)和学校广泛采用,是一套完整的用于飞机初步设计、分析与 3D 绘图的飞行器总体设计软件工具。其计算理论依据的是 Dr. Jan Roskam 与蓝川滔教授所著的 12 本飞机设计书。AAA 软件介绍详见 http://www.docin.com/p-946513332.html。

TOP 多适用于螺旋桨飞机,其对起飞距离的定义如图 14-3 所示。飞机的起飞滑跑距离 L_{TOR} 随起飞参数变化。参数 TOP 的量纲是 $\mathrm{lb}^2/(\mathrm{ft}^2\cdot\mathrm{hp})$,定义如下:

$$\mathrm{TOP}=\frac{\left(\frac{W}{S}\right)_{\mathrm{TO}}\left(\frac{W}{P}\right)_{\mathrm{TO}}}{\sigma C_{L\mathrm{TO}}} \tag{14-10}$$

式中:σ 为高度系数,约等于 1;$\left(\frac{W}{S}\right)_{\mathrm{TO}}$ 为翼载荷;$\left(\frac{P}{W}\right)_{\mathrm{TO}}$ 为功重比;离地升力系数 $C_{L\mathrm{TO}}$ 与最大升力系数 $C_{L\max}$ 的关系为

$$C_{L\mathrm{TO}}=\frac{C_{L\max}}{1.21} \tag{14-11}$$

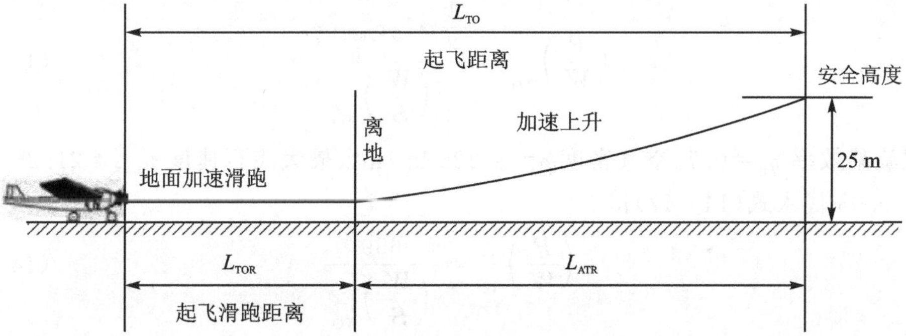

图 14-3　飞机起飞距离的定义

根据经验公式:

$$L_{\mathrm{TOR}}=4.9\mathrm{TOP}+0.009\mathrm{TOP}^2 \tag{14-12}$$

由设计要求 $L_{\mathrm{TOR}}\leqslant 25$ m,解方程得 $\mathrm{TOP}=16.3\ \mathrm{lb}^2/(\mathrm{ft}^2\cdot\mathrm{hp})$,$C_{L\max}$ 取经验值 1.5,代入式(14-10),解得

$$\left(\frac{P}{W}\right)_{\mathrm{TO}}=\frac{\left(\frac{W}{S}\right)_{\mathrm{TO}}}{20.2} \tag{14-13}$$

2. 根据飞机最大平飞速度计算翼载荷与功重比的关系

当飞机平飞时,其发动机拉力 T 要克服飞机阻力 D。当飞行的速度增大时,飞机的阻力 D 也随之增大。飞机的剩余推力 ΔT 可定义为

$$\Delta T=T-D \tag{14-14}$$

一般情况下，飞机水平飞行速度越大，剩余推力 ΔT 就越小，直到最大剩余推力 ΔT 等于零，此时的速度即为最大平飞速度 $v_{\max}$。这个最大平飞速度是指排除突风、机动等突发条件影响外的最大速度。

最大速度 $v_{\max}$ 为

$$v_{\max}=\sqrt{\frac{2D}{\rho C_D S}}=\sqrt{\frac{2T}{\rho C_D S}}=\sqrt{\frac{2\left(\frac{T}{W}\right)_{\mathrm{TO}}}{\rho C_D\left(\frac{S}{W}\right)_{\mathrm{TO}}}} \tag{14-15}$$

式中：ρ 为空气密度，取 1.225 g/m³；S 为机翼面积；T 为发动机推(拉)力；C_D 为飞机阻力系数。

而飞机功重比与推重比的关系为

$$\frac{T}{W}=\left(\frac{\eta_{\mathrm{P}}}{v_{\max}}\right)\left(\frac{P}{W}\right) \tag{14-16}$$

式中：η_{P} 为螺旋桨的效率，约为 0.7；$v_{\max}$ 为飞机的最大飞行速度。

由此可推出功重比与翼载荷的关系为

$$\left(\frac{P}{W}\right)_{\mathrm{TO}}=\frac{\frac{1}{2}\rho C_D v_{\max}^3/\eta_P}{\left(\frac{W}{S}\right)_{\mathrm{TO}}} \tag{14-17}$$

将螺旋桨效率 $\eta_{\mathrm{p}}=0.7$、空气密度 $\rho=1.225\ \mathrm{kg/m^3}$、最大飞行速度 $v_{\max}=21.25$ m/s、$C_D=0.08$ 代入式(14-17)得

$$\left(\frac{P}{W}\right)_{\mathrm{TO}}=\frac{659}{\left(\frac{W}{S}\right)_{\mathrm{TO}}} \tag{14-18}$$

3. 根据飞机失速速度计算翼载荷与功重比的关系

失速是影响飞机安全的主要因素。失速速度直接由翼载荷和最大升力系数确定。在设计过程中，可利用失速速度与翼载荷的关系来求得满足失速性能的翼载荷。当飞机水平飞行时，升力等于飞机的重量。在失速速度下水平飞行时，飞机处于最大的升力系数状态，因此可得

$$W=L=\frac{1}{2}\rho v_s^2 C_{L\max} S \tag{14-19}$$

整理得

$$\frac{W}{S}=\frac{1}{2}\rho v_s^2 C_{L\max} \tag{14-20}$$

式中：v_s 为飞机失速速度，这里取 11 m/s；$C_{L\max}$ 为飞机最大升力系数，这里取 1.8。

通过式(14-20)可求出达到给定失速速度和某一特定最大升力系数所需的翼载荷，如下：

$$\frac{W}{S}=180\ \mathrm{N/m^2} \tag{14-21}$$

14.3　主要参数的确定

一般情况下，功重比和翼载荷的选取需考虑以下几个原则：

① 选择靠近可选区域底部的值，这样可使结构质量下降以及有用载重增大。

② 不能选择太低的翼载荷，它会增加质量和成本。

③ 应对设计要求进行综合分析，应多照顾主要的设计要求。

根据图 14-4 所示的功重比-翼载荷界限图以及上述原则，选点应在最大速度曲线和起飞滑跑距离曲线交点的上方，如果离交点太远，功率就会偏大，选取就会不合理。另外，要同时满足失速速度的要求，所以选点应靠近垂直线。

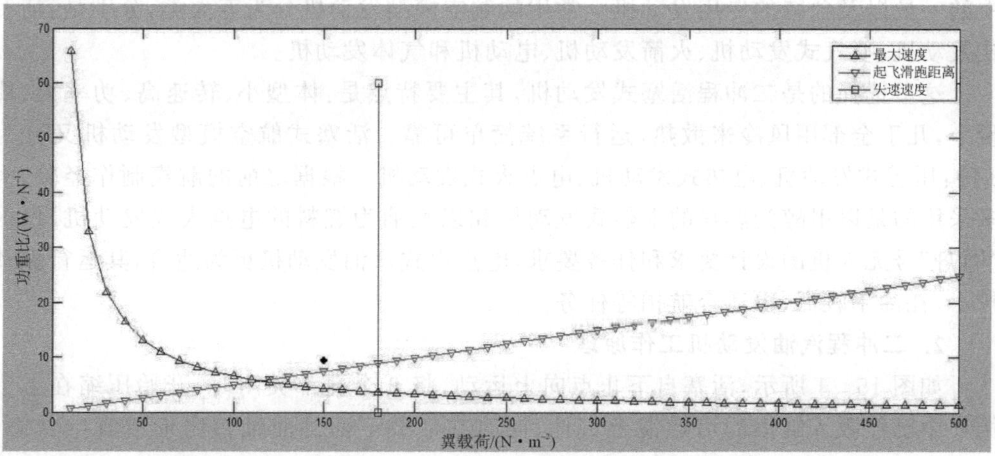

图 14-4　功重比-翼载荷界限图

综合多方面因素，最终选定翼载荷为 150 $\mathrm{N/m^2}$，最大功重比为 8 W/N。

第 15 章　动力系统设计与分析

15.1　发动机简介和工作原理

1. 发动机简介

航空模型发动机是航空模型的推进系统之一。最初航空模型发动机大都是依据航空模型的需求，由其他工业用的发动机经小型化和简单化发展而成，后来随着航空模型的发展，逐步形成了自己的发展规律以及专业化的研究和制造，成为发动机家族中的一员以及独特的专用发动机。常用的航空模型发动机分为五大类，分别是：活塞式发动机、喷气式发动机、火箭发动机、电动机和气体发动机。

这里选择的是二冲程活塞式发动机，其主要特点是：体型小、转速高、功率大、质量小，几乎全部用风冷来散热，运行系统简单可靠。活塞式航空模型发动机又分为3种：压燃式发动机、电热式发动机、电点火式发动机。根据之前的航模制作经验，大多采用的是以甲醇为燃料的电热式发动机和以汽油为燃料的电点火式发动机，根据“同舟”号无人机的设计要求和任务要求，电点火式汽油发动机更为适合，其运行振动较小，耗油率较低，更适合航拍等任务。

2. 二冲程汽油发动机工作原理

如图 15－1 所示，活塞自下止点向上运动，将 3 个孔都关闭时，开始压缩在上个循环中已经吸入缸内的可燃混合气体，同时在活塞下面的曲轴箱内形成真空状态。当活塞继续上行时，进气道开启，在大气压力的作用下，可燃混合气体自化油器流入曲轴箱。当活塞接近上止点时，火花塞点燃被压缩的混合气体，高温高压气体膨胀迫使活塞向下移动，进气道逐渐被关闭，流入曲轴箱的混合气体则因活塞的下移而被预先压缩。当活塞接近下止点时，扫气孔开启，废气经扫气孔、排气道流到空气中，受到预压的新鲜混合气体自曲轴箱经扫气孔流入缸内并排气。废气从气缸内排出，并被新鲜空气替代，这一过程被称作“换气过程”。

由以上描述可知，在二冲程发动机内，1 个工作循环包含 2 个冲程。第 1 冲程：活塞自下止点向上移动，事先已充入活塞上方气缸内的混合气体被压缩，新的可燃混合气体自化油器被吸入活塞下方曲轴箱内。第 2 冲程：活塞自上止点向下移动，活塞上方进行做功过程和换气过程，而活塞下方则进行可燃气体的预压缩。

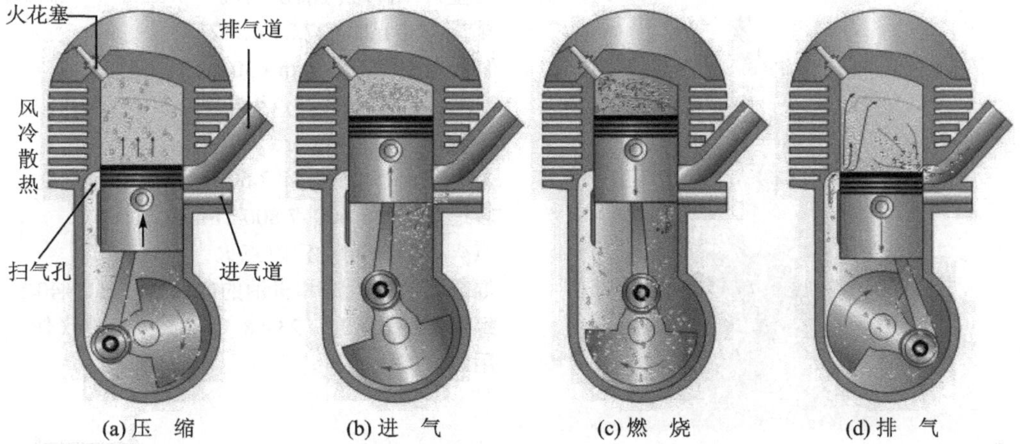

图 15－1　二冲程汽油发动机工作原理图

15.2　发动机的选择依据

1. 发动机功率的计算

根据第 14 章计算所确定的功重比 $\frac{P}{W}=8$ W/N，可知 $P=(8\ \frac{W}{N}\times W)=(8\times25\times 9.8)$ W $=1\ 960$ W。发动机的实际功率为 $P_{mot}=\frac{P}{\eta_1\times\eta_2}$，其中，$\eta_1$ 表示轴效率，η_2 表示螺旋桨效率。由于无法测出精确数值，故只能参考经验数据，取 $\eta_1=0.7$，$\eta_2=0.7$，则 $P_{mot}=4\ 000$ W$=5.44$ 马力。注：1 马力≈735.5 W。

2. 发动机型号的选择

根据上述计算，得到发动机的实际功率为 5.44 马力左右。通过查阅相关资料，得到两款与其贴近的发动机型号：GF55Ⅱ和 DLE55，分别见图 15－2 和图 15－3。这两款发动机的功率相近，分别为 5.6 马力和 5.5 马力，即 4 044 W 和 4 118 W。但由于之前没用过这两款发动机，所以只能借鉴广大模友的意见，主要是单缸与双缸的选择。

对于同一排量的发动机，单缸机结构简单，其构成的零部件数量较少，且不需进行左右汽缸的平衡调整，故障点少；同时，简单的结构又决定了单缸机具有制造和装配工艺简单、技术难度小等特点，因而单缸机的制造成本较低且使用维护简便，具有很好的经济性。相比之下，双缸机的结构就要复杂得多，零件数量比单缸机的增加了一倍，此外，像化油器、汽缸盖、曲轴、排气系统等专用零件的结构也比单缸机的更加复杂，导致发动机的故障点增多，加上还需要调整左右缸的平衡，因此其使用和维护也更复杂。

类型：二冲程汽油发动机
排量：55 mL（27.2 mL×2）
缸径×冲程：34 mm×30 mm
质量：1 780 g（不点火电池）
化油器型号：Walbro
最大输出：5.6 hp @ 7 600 r/min
转速范围：1 600~7 800 r/min
点火：4.8 V自动定时点火
混合燃料（汽油和机油的比例）：25:1~40:1
螺旋桨：20×12、23×8（2叶桨）（建议使用22×8）

图 15－2　GF55Ⅱ双缸航模汽油发动机

性能
马力：5.5 hp/7 500 r/min
怠速：1 350 r/min
拉力：14.5 kg/海拔100 m、12.5 kg/海拔1 800 m
适用螺旋桨：22×8、22×10、23×8、23×10
适用火花塞：NGK、CM6

参数
排量：55.6 mL
缸径×行程：45 mm×35 mm
压缩比：7.6:1
润滑比：30:1
质量：主机1 310 g
总重：1 310 g(排气管100 g,点火器120 g)

图 15－3　DLE55 单缸航模汽油发动机

选择发动机主要考虑以下几方面：

① 动力方面：两款发动机的马力相差不多。

② 燃油消耗方面：DLE55 明显比 GF55Ⅱ低，燃油经济性优越。

③ 噪声和振动方面：由于双缸机往复运动及回转运动零件的质量小，因而运动惯量小，且由于双缸机的爆发次数是单缸机的两倍，因此，发动机回转时的扭矩变动幅度小，顺畅平稳，体现在性能上则是双缸机的振动较单缸机的小，排气噪声也明显低于单缸机。

④ 自身能力方面：由于是第一次接触汽油发动机，对汽油发动机的了解并不是很透彻，因此选择难度较小的单缸机更为适合。

综上所述，最终选择了 DLE55 发动机。

15.3　发动机磨车

1. 磨车目的

凡是新发动机，必须先以较低的转速运转一段时间，时间为 0.5 h 到 1 h 甚至更长，称为“磨合运转”或“磨车”。磨合运转很重要，如果磨合运转不好，则发动机不但寿命短、马力小、难以启动，而且还会带来很多故障。正确的磨合运转决不会缩短发动机的寿命，相反会延长寿命与改进性能。由于每台发动机都是由若干零件组装的，这些零件的相互配合还没有完全协调，因此各个摩擦表面会有高低不平或毛刺的地方。如果此时就以高速工作，则活塞和气缸等零件就会过热甚至卡死，造成表面拉毛等损伤。磨合运转就是以较慢的速度运转，慢慢地、一点一点地将那些互相接触的零件表面都“磨”得很光滑，能够互相适应和协调配合。

2. 磨车过程

首先是整个推进系统组装。汽油机推进系统的组成部分包括：汽油发动机、螺旋桨、火花塞、电子点火器、油门舵机、熄火开关、燃料（汽油混合机油）以及相应的电池。动力系统机内装置如图 15－4 所示。

图 15－4　动力系统机内装置

接着进行磨车。磨车必须在结实的试车台或桌子上进行，决不能装在模型飞机或其他不够结实的板上进行，以免在运转时引起振动，使机件受损。磨车要用较大的螺旋桨来限制发动机的转速，一般维持在 5 000～6 000 r/min，然后逐步提高转速。转速过低会产生较大振动，对零件不利，最好是稳定均匀的中等转速。

但是，在实际磨车的过程中还是遇到了一些问题。由于第一次启动汽油发动机，没有经验，一开始总是启动不起来，根据以往电热式甲醇发动机的经验认定发动机“贫油”，然后一味地给发动机吸油，启动时还给了点油门，结果还是启动不起来。于是查看了相关的发动机磨车视频，发现应该调整发动机的怠速油针，而不是提高油门，发动机启动不了的原因是“富油”了，经过改良后，发动机一拨就启动了，如图 15－5 所示了。

图 15-5 发动机正常运转中

不断调整怠速油针和低速油针，使发动机启动稳定；然后用 1/4 油门磨合 10 min 后，排气口有黑色油点喷出，此时会发现螺旋桨上有严重的黑色颗粒，擦除后继续启动发动机磨车；运转 30 min 后停车，将黑色污物擦去，继续磨车 15 min，喷出的黑色油点已大大减少。之后开始逐渐提高转速，配合调整高速油针，使发动机在高速下转速平稳，且没有“热死”的现象，发动机磨车结束。

15.4 发动机测试与选桨

活塞式螺旋桨无人机能够进行长时间巡航，可以采用两种方法：一是提高发动机本身的技术，降低单位时间燃油消耗量；二是找到与发动机匹配最佳的螺旋桨，使发动机在保证功率输出的情况下工作在较为经济的状态。

第一种方法远超过了笔者的能力范围，因此，在发动机选定的前提下，合理选择发动机的工作点，并做到发动机与螺旋桨的匹配合理就显得至关重要了。另外，发动机与螺旋桨的匹配也影响着发动机的输出功率。

参考 DLE55 的使用手册，推荐用桨型号为 23×8、22×10。

将发动机装于测试台上进行测试，如图 15-6 所示。利用一个多层模板加肋条的结构将发动机与测试台头座连接起来。头座后设有多组传感器，测得的数据通过线路传输到旁边的显示仪，便可直接读出所需的信息。

测试时的环境为：海拔 25 m，气压 101.01 kPa，环境温度 24.6 ℃，环境风速 0 m/s。图 15-7 所示为测量结果。

如图 15-7 所示，在同一油门位置，使用螺旋桨 22×10 与 23×8 的转速和缸头温度相差无几，但在中高油位，螺旋桨 23×8 的静拉力明显大于螺旋桨 22×10，这就意味着飞机在巡航状态时拥有更好的动力。而且，飞机在空中飞行时，由于振动、气压、空气湿度等原因，发动机未必能输出较高的功率，故应选用能产生较大拉力的配置。

图 15-6　发动机测试台

综上所述，决定选择 23×8 的螺旋桨。

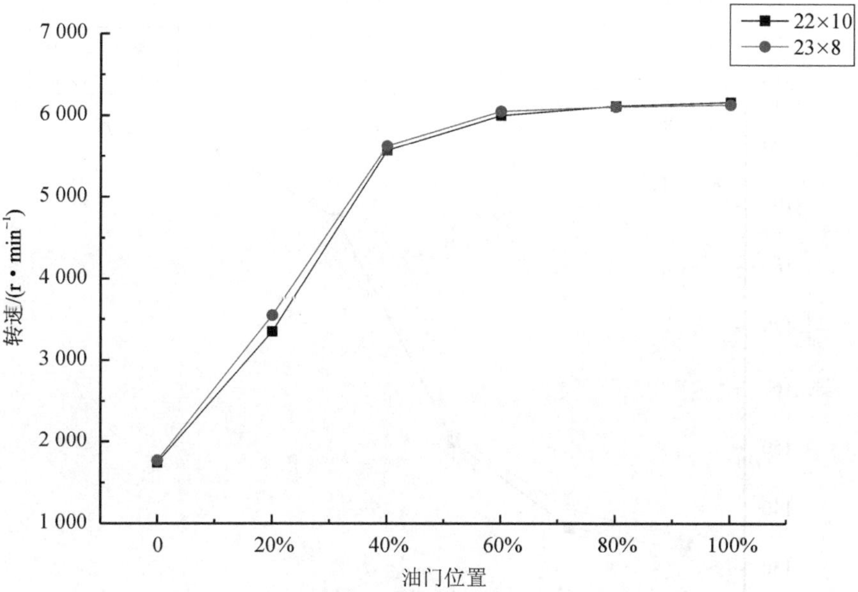

(a) 油门位置–转速曲线

图 15-7　测量结果

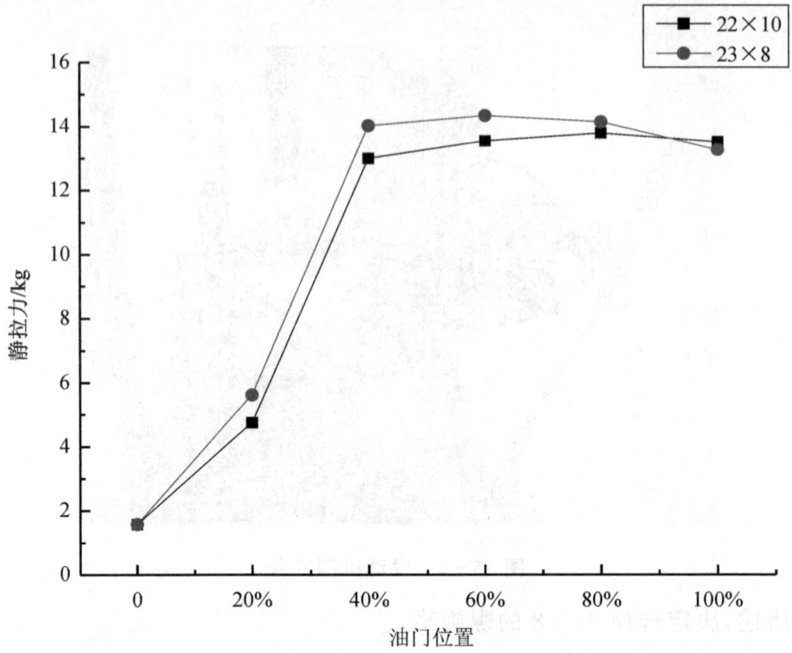

(b) 油门位置–静拉力曲线

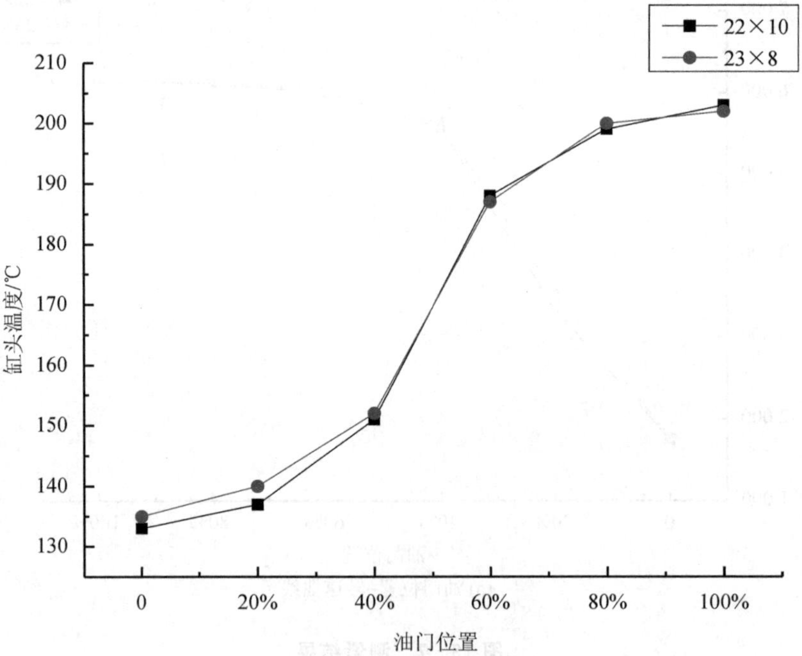

(c) 油门位置–缸头温度曲线

图 15－7　测量结果(续)

第16章 “同舟”号无人机的初步设计

16.1 常规布局飞机的特点

1. 常规布局简介

自从莱特兄弟发明第一架飞机以来，飞机设计师就通常将飞机的水平尾翼和垂直尾翼都放在机翼后面的飞机尾部。这种布局一直沿用到现在，也是现代飞机最常采用的气动布局，因此称之为“常规布局”。这种布局的特点：是有主机翼和水平尾翼的，大的主机翼在前，小的主机翼也就是水平尾翼在后，有一个或者两个垂直尾翼。世界上绝大多数飞机都属于这种气动布局，特别是客运、货运大型飞机，例如波音系列、欧洲的空中客车系列，我国的运七、运八、ARJ21，美国的C130等。我国的军用飞机中，除了歼10战斗机以外，都是常规布局。

常规布局最大的优点是技术成熟，这是航空发展史上最早广泛使用的布局，理论研究已经非常完善，生产技术成熟且稳定，同其他气动布局相比各项性能都比较均衡。

2. 设计中的注意事项

作为一种成熟的飞机布局方式，常规布局虽然有很多的资料文献可供参考，但是对于新手来说还是有许多的挑战。以下就是在初步设计时需要考虑的问题。

(1) 主翼的形状与结构

由于“同舟”号无人机在提出时就定下了翼展为3.5 m（相对来说是比较长的），所以就需要考虑是用矩形翼还是用梯形翼。同时，机翼过长对于制作是不利的，将机翼做成一段也是不太现实的，所以就需要考虑机翼的分段以及分段处的连接。

(2) 机身结构

在3.5 m的翼展下，正常布局的机身必然不短。由于准备将“同舟”号的机身做成框架结构，所以需要对飞机上的框进行仔细设计，同时还要保证连接隔框用的桁条的强度及装配性。

(3) 机翼与机身的连接

机翼与机身的连接是相当重要的，是飞机最重要的一处连接，需要考虑连接方式、连接强度等。

3. 初步设计概念

初步设计阶段的任务是对前面草拟的飞机设计方案进行修改和补充，使其进一步明确和具体，最终给出完整的飞机总体设计方案。这一阶段的主要工作包括：修改、补充和完善飞机的几何外形设计；给出完整的三面图和理论外形（三维 CATIA 模型）；全面布置安排各种机载设备、各个系统和有效载荷；初步布置飞机结构的承力系统和主要的承力构件；进行较为详细的质量计算和重心定位；进行比较精确的气动力性能计算以及操纵性、稳定性的计算；给出详细的飞机总体布置图。

在初步设计阶段中，通常还要对飞机及其各系统进行一系列的试验研究工作；对制造模型进行大量的吹风试验；有时还需要制造全尺寸的样机，以协调各系统和内部装载的布置。因此，与前一阶段的工作相比，要耗费较多的时间，并且需要各组员的配合和参加，协调解决在设计中所遇到的各种技术问题，经过多次反复修改，最终给出完整的总体设计方案。

飞机各部件的几何外形和之间的相对安放位置主要是参考现代飞机比较常用的几种形式，然后进行比较和选择。建模主要用 CATIA 三维画图软件，另外还要用 Profili、CAD 软件进行辅助设计。当建模完成后，可进行飞机的质量、重心估算，在选定飞机的主要参数后，就可对全机各主要部件的几何参数进行初步计算，现分述如下。

16.2 机身外形初步设计

通常，机身是飞机机体结构中构造最复杂的一个部件，在选择几何参数、确定机身外形时，机身设计必须满足以下要求：

① 气动要求：气动阻力小，结构要有利于结构布置，最大限度地减少机身阻力。

② 强度要求：机身结构需要承受尾翼、前起落架、电机、内部装载、机翼等所作用的力，具有一定的抗坠毁性。

③ 装载要求：应该有足够大的内部装载空间，以满足电池、电调、接收机、前起转向舵机等装载要求，此外还需保证装卸快捷，以便调整、维修。

④ 工艺要求：凭借实验室现有设备及手工加工，能保证完成飞机的制作。

⑤ 质量要求：在满足以上要求的基础上，应保证机身结构的质量尽可能小。

虽然要求设计的机身能够同时满足各个方面的要求，但不同的飞机要求的侧重点也不同。由于“同舟”号无人机属于低速飞机，所以其机身的外形设计主要是按照内部装载的需要以及安装机翼、发动机的需要进行设计的。例如，机身前端外形设计要符合装载、减阻要求；机身后端因为要安装发动机，因此外形设计要满足强度要求，然后再兼顾气动外形的要求，对机身外形进行适当地修改。

1. 机身的主要几何参数

飞机机身外形设计的主要几何参数是机身总长 $L_{身}$ 和最大横截面积 $S_{身}$。在选择参数时常常会用到一个比值——机身的长径比 $\lambda_{身}$：

$$\lambda_{身}=L_{身}/d_{身} \tag{16-1}$$

其中，对于圆形截面的机身，$d_{身}$ 即为机身的最大直径；对于非圆形机身，则为机身的最大当量直径：

$$d_{身} = \sqrt{\frac{4S_{身}}{\pi}} \tag{16-2}$$

长径比 $\lambda_{身}$ 是机身一个很重要的几何参数，它代表机身几何外形最主要的几何特征，对机身的气动阻力和机身结构等方面的特征均有直接影响，如图 16-1 所示。

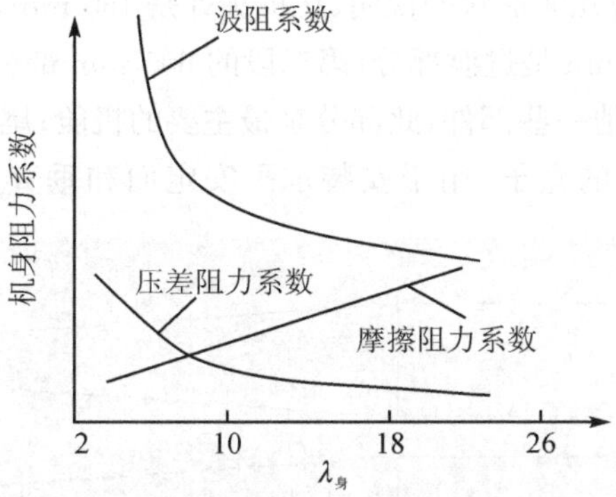

图 16-1 机身长径比 $\lambda_{身}$ 对阻力的影响

由图 16-1 可得以下结论：

① 机身的压差阻力和波阻(系数)随长径比的增加而降低。

② 摩擦阻力随长径比的增加而增加。

长径比过小意味着机身形状粗短，阻力增加，但刚度好；长径比过大，则机身刚度不好，不利于系列化机型机身的加长。

2. 机身几何参数的初步选择

一般大飞机须初选定一个较为合适的机身长径比，然后根据内部的装载需要，确定可能的最大横截面积，最后得出机身总长；而“同舟”号无人机在外形初步设计时是从内部装载单反航拍相机、外面安装发动机的要求出发的，首先算出需要的最大横截面积和机身总长，然后再算出机身长径比 $\lambda_{身}$。

3. 机身最大横截面积的初步设计

机身中段为主机翼安装位置，同时还布置相机、接收器、电池、油箱等物品，所以此处可能是机身的最大横截面积。综合考虑相关因素后，将其设计为 250 mm × 250 mm 的矩形截面。根据经验公式有

$$d_{身} = \sqrt{\frac{4 \times 250 \times 250}{\pi}}\ \text{mm} \approx 282\ \text{mm}$$

4. 机身长度及机身长径比的确定

对于正常布局的小型飞机，其机身长度一般为翼展长度的 70% 左右，这里“同舟”号无人机的机身长度设定为翼展长度的 70%，为 2.45 m，所以 $\lambda_{身} = L_{身}/d_{身} = 2\,450/282 \approx 8.7$。

5. 发动机的安装位置

根据动力装置的安装位置，飞机可分为拉进式和推进式两种。拉进式主要是考虑推进效率问题，发动机在前面没有机身和机翼的干扰，推进效率比推进式高；发动机在前时还能够利用风力加快发动机的散热，保持发动机工作的稳定性。由于“同舟”号无人机为常规布局，所以选用拉进式动力系统，将发动机装在飞机机头位置。

图 16 - 2 所示为机身几何形状的说明，在机头处是 150 mm×150 mm 的截面，用于安装发动机；接下来的 400 mm 是过渡部分；第二段的 600 mm 部分为 250 mm×250 mm 的截面，用于安装主翼及其他一些部件，此部分是最主要的机舱；尾部的 550 mm 部分做成 120 mm×120 mm 截面的盒子，用于安装水平安定面和垂直安定面。

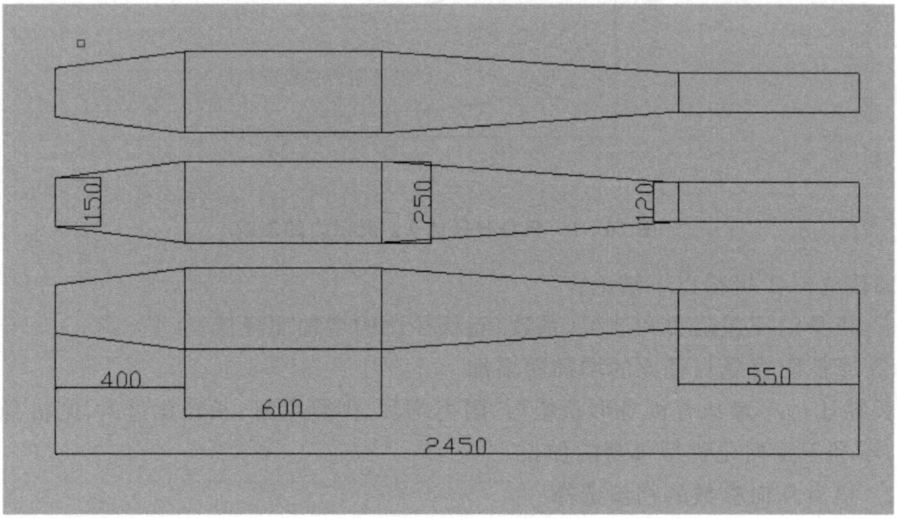

图 16 - 2　机身的几何形状

16.3　机翼外形初步设计

机翼是飞机上最为重要的部件，是产生升力的主要部分，对飞机的飞行性能影响极大，同时与机身结构和飞机总体布局也有关系。机翼外形初步设计的主要任务是确定机翼平面形状的几何参数，选择合适的翼型，确定增升装置和副翼的几何参数。

1. 机翼平面形状的设计

根据机翼的平面形状，飞机可分为：平直翼、后掠翼、前掠翼、三角翼、变后掠翼、斜置翼、X 形翼、变斜翼以及在上述构型基础上进行一些变化的翼型。对于低速模型飞机，结构应尽可能简单，以便降低制造难度，机翼的平面形状主要选取平直翼，或者平直翼＋梯形翼。

平直翼：即矩形翼，结构简单，易于实现，制作难度小，可以缩短制造时间；但阻力大,升力性能不是很好。

梯形翼:具有良好的气动特征且整个机翼的载荷分布较为理想。根梢比选择适当时可得到近似于椭圆翼的气动分布,气动效率较好,稳定操纵性好。但相对于平直翼,其结构复杂,制造难度较大,为保证肋与肋之间的位置必须制作型架并增加定位键,而且必须对机翼进行加强以保证整个机翼的强度。

由于梯形翼的气动特性好、外形比较美观,而且飞机要求具有良好的气动性能,所以决定将主翼分成 3 段,中间的一段为 1.5 m 的平直翼,两边分别为 1 m 的梯形翼。机翼间可以组装,具体如图 16-3 所示。

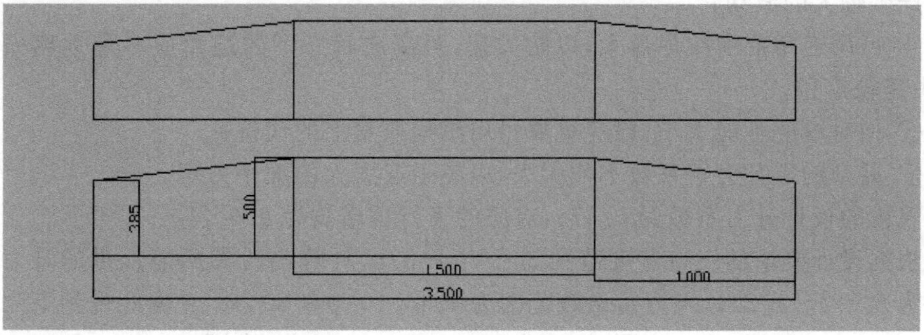

图 16-3 主翼的几何形状

初步计算的机翼几何参数见表 16-1。

表 16-1 机翼几何参数

参数或类型	具体数值或型号
翼型	K3311(smoothed)
翼展/m	3.5
平均气动弦长/m	0.467
相对厚度/%	11.03
相对弯度/%	3.23
展弦比	7.5
根梢比	1.3
面积/m^2	1.635
中央翼翼展/m	1.5
中央翼弦长/m	0.5
中央翼面积/m^2	0.75
外翼翼展	1 m×2
外翼平均气动弦长/m	0.442 5
外翼面积	0.442 5 m^2×2
安装角/(°)	2

2. 翼型的选择

对于机翼,翼型及其在机翼上的配置情况对气动特性影响极大。只有选用气动性能良好的翼型并对其进行正确的配置,才可能保证整个机翼具有良好的气动特性。

一般情况下,选择翼型时应满足以下条件:

① 最大升力系数应尽可能大;

② 设计迎角范围内,升阻比尽可能大;

③ 在设计升力系数附近,应具有一段尽量平直的低阻区,防止飞行速度变化时阻力产生较大的波动;

④ 可用迎角范围应尽量大,以防失速,且巡航状态下的迎角应尽量远离失速迎角,失速较柔和;

⑤ 相对厚度不能太小,以免机翼付出结构质量上的代价;

⑥ 翼型的零升力矩系数不能太大,以免引起太大的配平力矩。

飞机的设计升力系数为 0.575,对应的飞行雷诺数为 6.6×10^5。

根据设计要求的飞行速度范围 50~75 km/h,计算出机翼所能提供的升力系数范围为 0.324~1.294,飞行雷诺数范围为 4.4×10^5~8.8×10^5。据此得到下列备选翼型:NACA 2414(相对厚度 14%)、DAE - 51(相对厚度 9.38%)、K3311(smoothed)(相对厚度 11.03%)、E387(相对厚度 8.88%)。利用翼型软件 Profili 的气动计算功能,得到各翼型的升力系数曲线、阻力系数曲线、极曲线和升阻比曲线,分别见图 16-4~图 16-9,飞行雷诺数分别取 440 000 和 880 000。

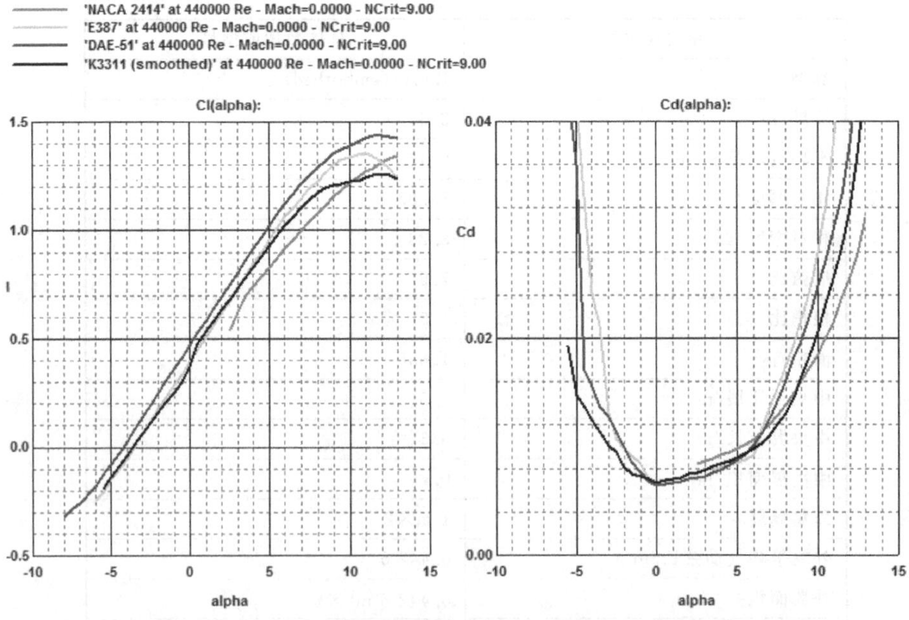

图 16-4 *Re*=440 000 时各翼型的升力系数曲线和阻力系数曲线

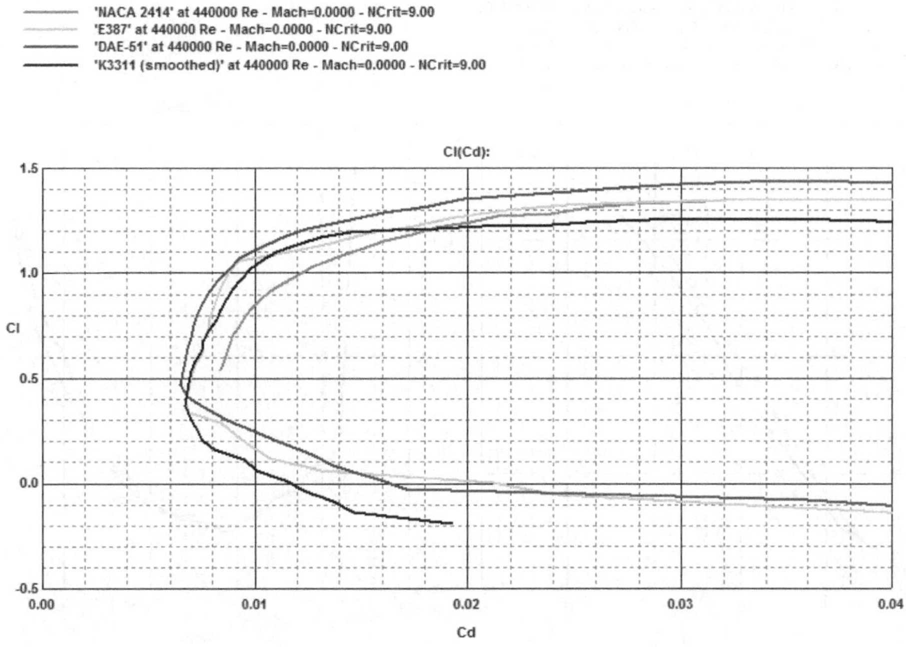

图 16-5 Re=440 000 时各翼型的极曲线

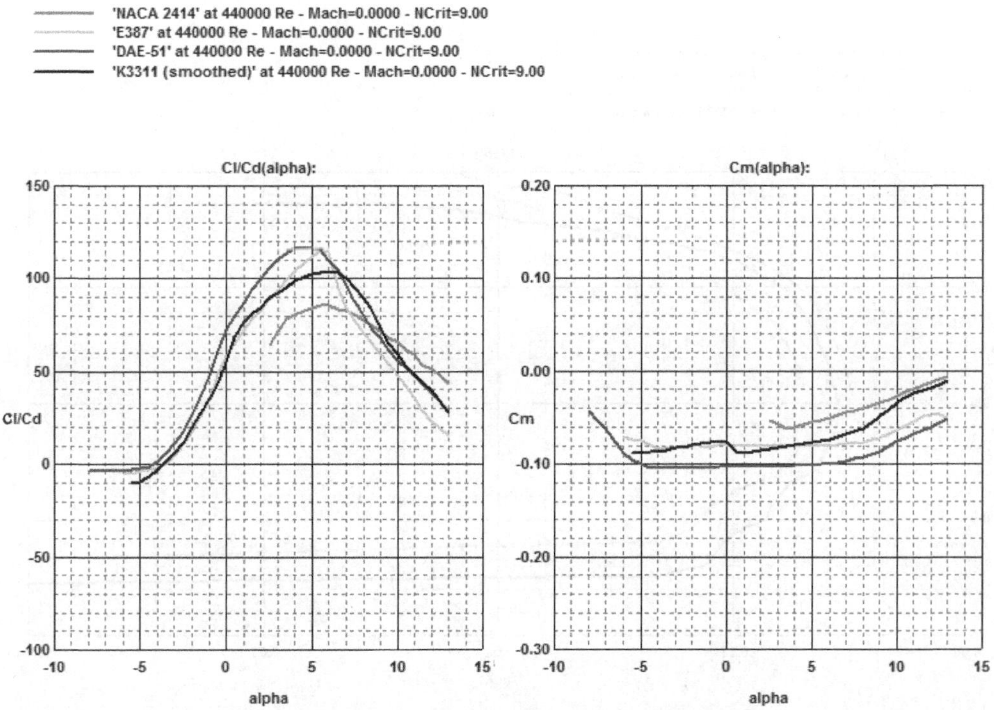

图 16-6 Re=440 000 时各翼型的升阻比曲线

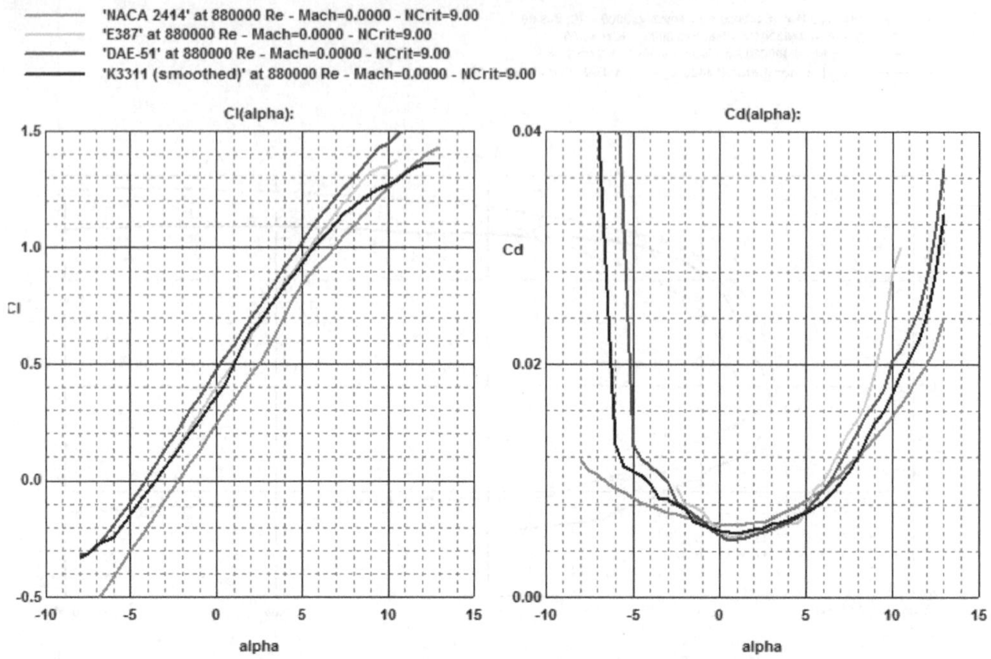

图 16－7　*Re*＝880 000 时各翼型的升力系数曲线和阻力系数曲线

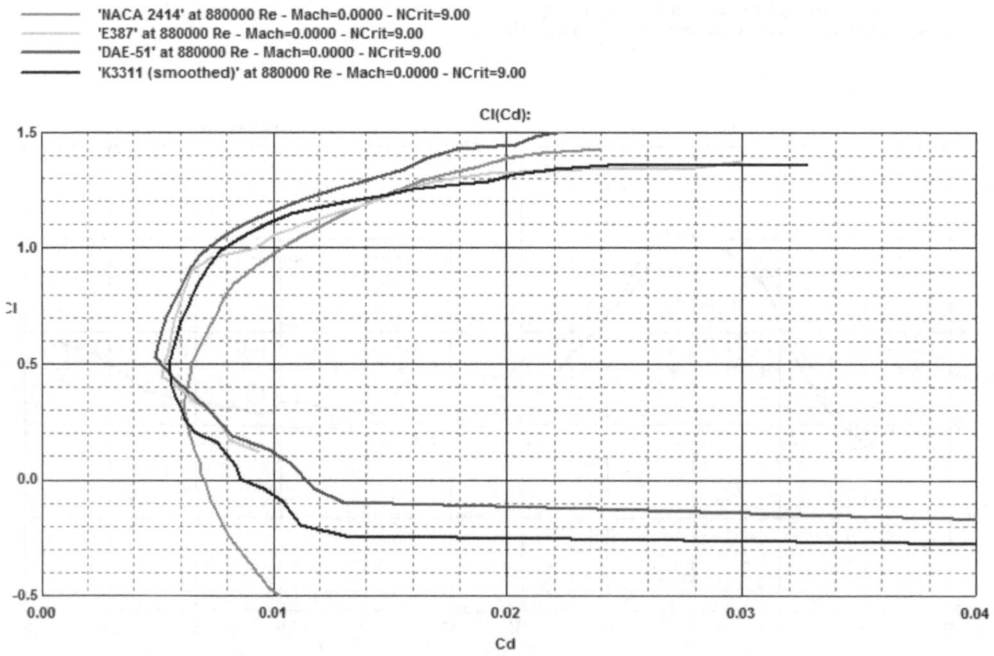

图 16－8　*Re*＝880 000 时各翼型的极曲线

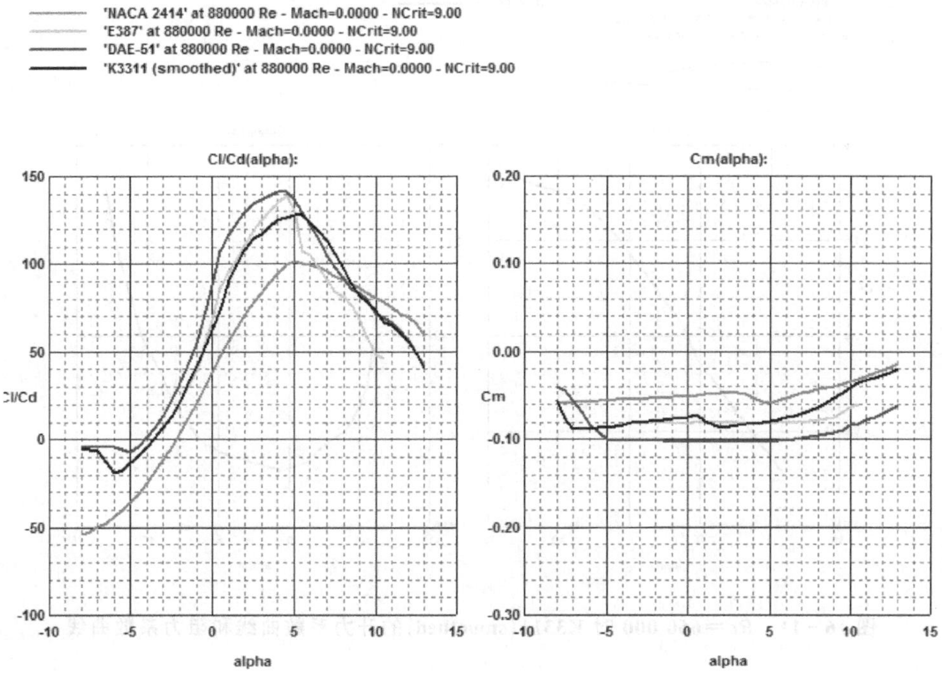

图 16－9　*Re*＝880 000 时各翼型的升阻比曲线

低速飞行时能够提供较大的升力是选择翼型最重要的标准，从图 16－4～图 16－9 中可以看出，迎角在－5°～10°范围内 NACA 2414 的升力系数明显小于其他 3 种翼型，所以不考虑；然后可以从图中看出其他 3 条曲线都是相当接近的，性能都不错。考虑到 3.5 m 的翼展需要一个厚一点的翼型，所以最终选择厚度最大的翼型 K3311 (smoothed)，如图 16－10 所示。

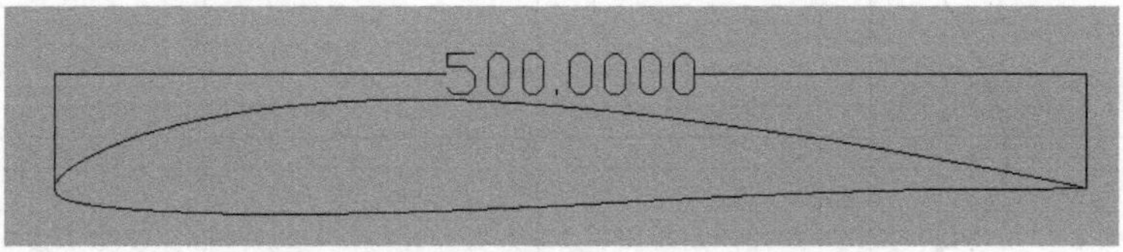

图 16－10　K3311(smoothed)的平面图

图 16－11～图 16－13 所示为 K3311(smoothed)在雷诺数 Re＝660 000 情况下的升力系数曲线和阻力系数曲线、极曲线以及升阻比曲线。

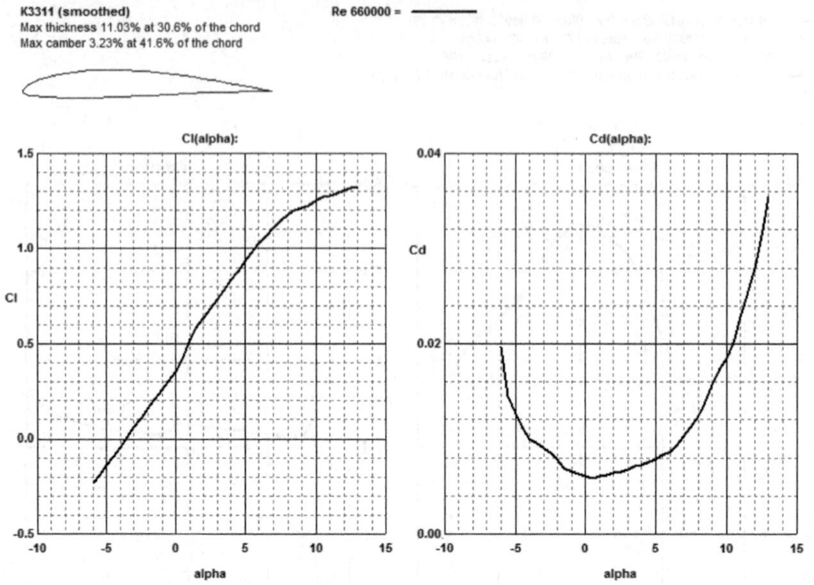

图 16-11　*Re*=660 000 时 K3311(smoothed)的升力系数曲线和阻力系数曲线

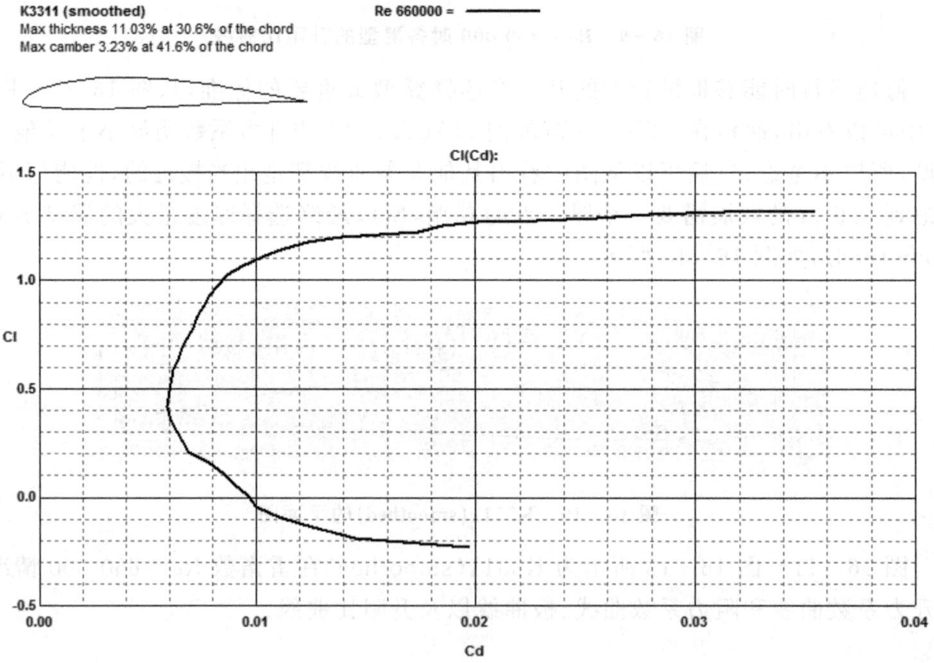

图 16-12　*Re*=660 000 时 K3311(smoothed)的极曲线

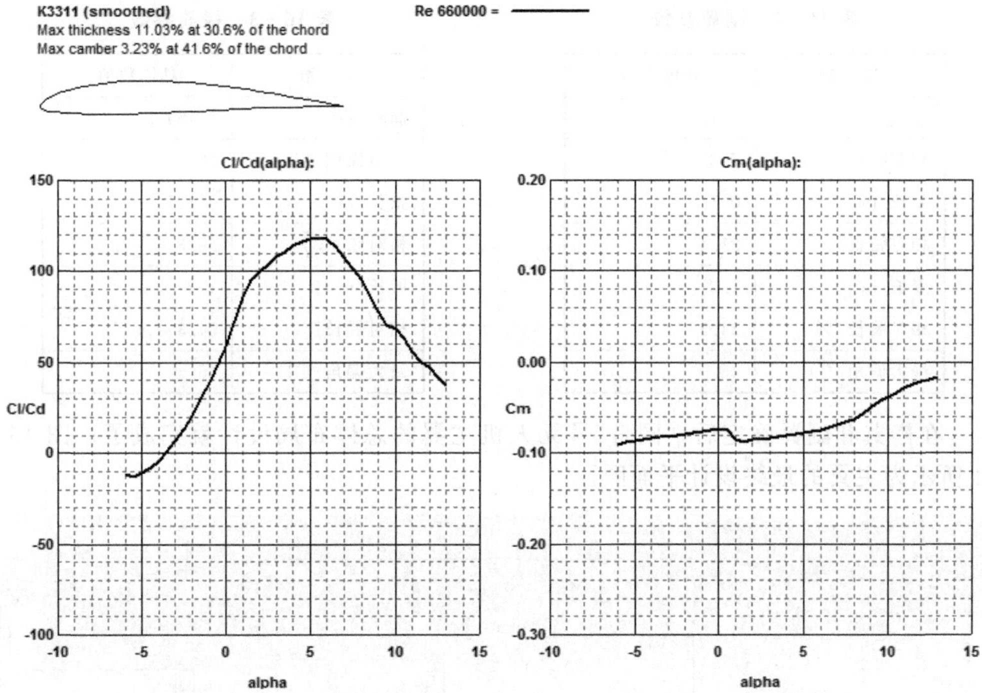

图 16-13 $Re=660\ 000$ 时 K3311(smoothed)的升阻比曲线

3. 副翼与襟翼初步设计

副翼和襟翼是飞机的主要组成部分，其中，副翼用来增大和减小机翼的弧度。比如，副翼向下偏转，机翼弧度增大；副翼向上偏转，机翼弧度减小。机翼弧度变大，升力就变大。机翼两边的副翼偏转方向相反，所以飞机就会滚转。

襟翼有很多种，例如：一种与副翼类似的叫作简单襟翼；一种是从机翼后缘后退的叫作后退襟翼，它增加了飞机机翼的面积和弧度，所以增加了升力和阻力；还有一种叫作后退开缝襟翼，它后退时在机翼上留下了若干缝隙，使气流可以通过，这时下翼面的气流就可以流到上翼面，为上翼面气流补充能量，使得在大迎角状态下气流脱离上翼面流动的情况得到改善，所以后退开缝襟翼除了增大升力和阻力以外，还能增大临界迎角。现在大型飞机都使用后退开缝襟翼，也有少数使用开缝襟翼或分裂襟翼。

为了改善飞机的起飞着陆性能，并考虑到结构，所以在“同舟”号无人机上准备设计成简单襟翼与副翼。由于“同舟”号无人机只是做简单的飞行而不需要做太大的机动动作，所以设计的副翼面积与襟翼面积相似。为了提高飞机的起飞性能，所以将襟翼的面积设计的稍稍比副翼的面积大些。它们占主翼面积的比例分别为：副翼面积与机翼面积比为 0.073，襟翼面积与机翼面积比为 0.101，副翼弦长与平均气动弦长比为 0.214，襟翼弦长与平均气动弦长比为 0.293。

最终的副翼参数如表 16-2 所列，襟翼参数如表 16-3 所列，表中，相对展长指的是副翼或襟翼展长与半翼展之比。

表 16-2 副翼参数

参 数	具体数值
面积/m^2	0.12
相对面积/%	7.3
弦长/m	0.1
相对弦长/%	21.4
展长/m	1.2
相对展长/%	34.3
最大偏角/(°)	45

表 16-3 襟翼参数

参 数	具体数值
面积/m^2	0.164 4
相对面积/%	10.1
弦长/m	0.137
相对弦长/%	29.3
展长/m	1.2
相对展长/%	34.3
最大偏角/(°)	45

在襟翼和副翼确定后，“同舟”号无人机主翼的总体布局设计就完成了。图 16-14 所示为主翼的最终设计平面图。

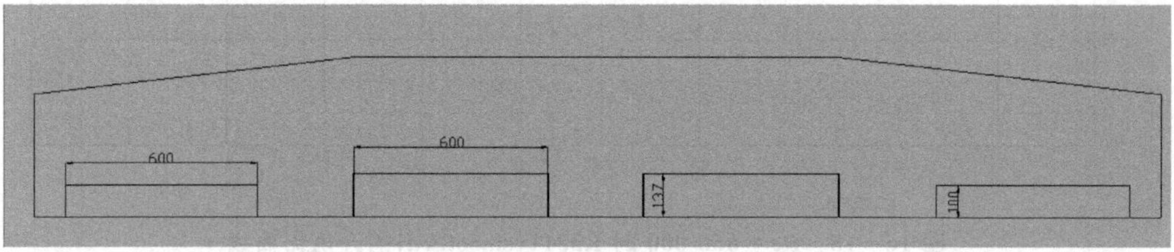

图 16-14 主翼的最终设计平面图

4. 机翼的安装位置

机翼在机身上的上下位置通常有 3 种：上单翼、中单翼和下单翼。这 3 种安装形式各有优缺点，在现代飞机上均有应用。

上单翼可以带来较高的稳定性，布置、安装吊舱都很容易，缺点是干扰阻力稍大，若起落架布置在机翼上，则长度和质量都很大。中单翼的干扰阻力最小，但机翼结构不易布置。下单翼的机翼结构同样易于布置，且起落架短、结构质量小，但不利因素也很多，比如机身机翼气动干扰较大，机翼离地近，容易与地面发生擦撞。

由于“同舟”号无人机是一架小型低速飞机，使用的是常规布局，对飞行的稳定性要求很高，所以选择上单翼布局。

16.4 尾翼外形初步设计

尾翼是保证飞机平稳性和操纵性的翼面。虽然尾翼对飞机的升阻特性有一定的影响，但影响最大、关系最直接的则是飞机的操纵性和稳定性，因此，尾翼是根据对飞机的操纵性、稳定性的要求进行设计的。

选择平垂尾的翼型时，参照平垂尾的作用及其气动要求，最后选定 NACA 0010，如图 16-15 所示，它是一种对称翼型。

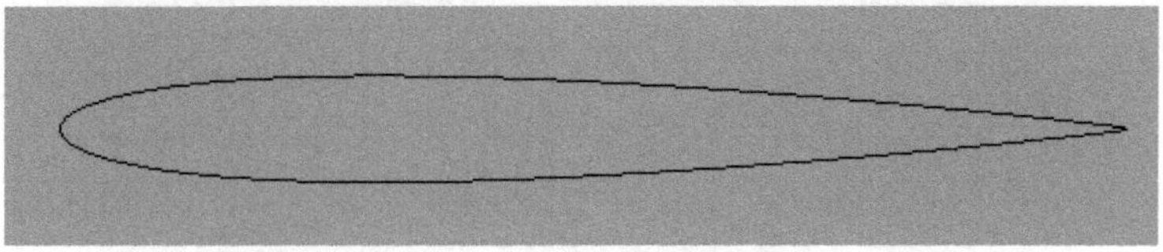

图 16-15 垂尾和平尾的翼型 NACA 0010

1. 平尾的设计

平尾参数的初步选择主要根据纵向稳定性要求以及同类飞机的统计资料，然后再确定其主要几何参数。平尾尺寸主要取决于平尾容量 $A_{平尾}$，$A_{平尾}$ 的表达式如下：

$$A_{平尾}=\frac{S_{平尾}}{S}\times\frac{L_{平尾}}{C_{A}}$$

式中：$L_{平尾}$ 为平尾力臂；$S_{平尾}$ 为平尾面积；S 为机翼面积；C_A 为平均气动弦长。

根据经验，$A_{平尾}$ 的选取范围是 0.4～0.55，选取 $A_{平尾}$ 时应同时满足飞机的纵向静稳定性和操纵性两方面的要求。如果在飞机设计指标中，静稳定度取得比较大，或飞行时质心变化范围取得比较大，则 $A_{平尾}$ 要选取较大的值，反之则可以取小一些。

“同舟”号无人机平尾采用的是对称的两段设计，每一段的几何形状都设计为梯形翼。一般平尾的面积为主翼的 20%～25%。这里，由于设计的平尾分为两段，为了能有更好的操纵性能，故取了 16.4%，为 0.268 m^2。

根据以上原则，平尾参数见表 16-4。图 16-16 所示为平尾的平面图。

表 16-4 平尾参数

参数或类型	具体数值或型号
展长/m	1
面积/m^2	0.268
平均气动弦长/m	0.268
平尾力臂/m	1.552
平尾容量	0.55
展弦比	3.73
根梢比	1.75
根弦长/m	0.341
平尾梢部弦长/m	0.195
后掠角/(°)	74
升降舵(含左右)面积/m^2	0.086
升降舵(含左右)弦长/m	0.086
升降舵(含左右)长度/m	1
翼型	NACA 0010

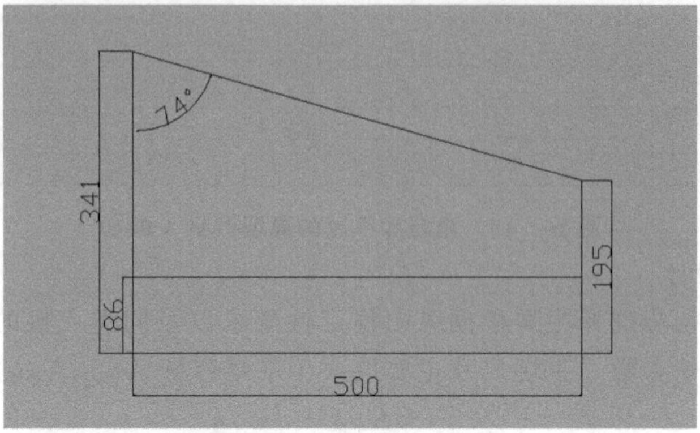

图 16-16 平尾的平面图

2. 垂尾的设计

垂尾是保证飞机侧向稳定性和操纵性的主要部件，相关参数见表 16-5。

表 16-5 垂尾参数

参数或类型	具体数值或型号
高度/m	0.5
面积 $S_{垂尾}/m^2$	0.164
平均气动弦长/m	0.328
垂尾力臂 $L_{垂尾}$/m	1.687
垂尾容量 $A_{垂尾}$	0.05
展弦比	1.524
根梢比	3
根弦长/m	0.492
垂尾梢部弦长/m	0.164
后掠角/(°)	57
升降舵面积/m^2	0.041
升降舵弦长/m	0.082
升降舵高度/m	0.5
翼型	NACA 0010

表 16-5 中，垂尾容量 $A_{垂尾}=(S_{垂尾}/S)\times(L_{垂尾}/b_w)$，其中，$L_{垂尾}$ 为垂尾力臂，$S_{垂尾}$ 为垂尾面积，S 为机翼面积，b_w 为机翼翼展。

图 16-17 所示为垂尾的平面图。

3. 尾翼的安装位置

平尾与机翼的前后相对位置是代表不同飞机型式最显著的标志，分为 3 种：正常式（平尾位于机翼之后）、鸭式（水平前翼位于机翼之前）和无尾式。这 3 种型式是飞

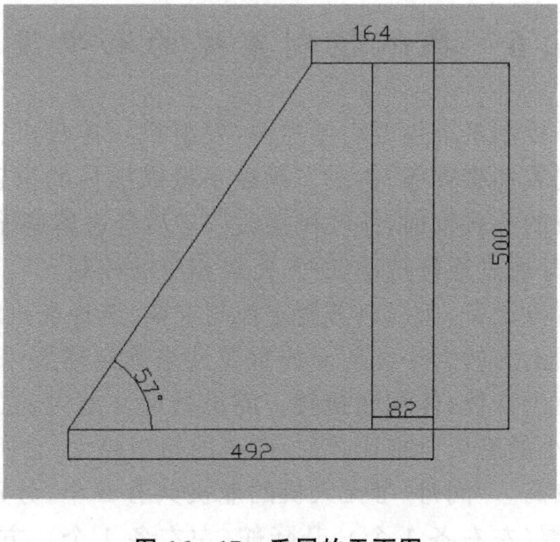

图 16－17 垂尾的平面图

机最基本的气动布局。不论哪一种都必须保证具有良好的操纵性和稳定性。也就是说，要求每一种型式都能使飞机有效地改变其飞行状态。

“同舟”号无人机作为常规布局的飞机，选择正常式来布置飞机的尾翼。

16.5 起落架位置的确定

在主流飞机设计中，起落架主要有前三点式和后三点式两种。

虽然前三点式起落架具有着陆简单、安全、可靠的优点，现在大多数飞机都在使用，但是考虑到“同舟”号无人机是常规布局，发动机在机头部位，机身很长，使用前三点式对前起落架的要求太高，恐怕无法做到足够的强度；而后三点式的起飞迎角较大，容易起飞，对“同舟”号无人机起飞有很大的帮助，所以最后选择后三点式起落架作为“同舟”号无人机的起落架。

由于飞机螺旋桨的尺寸比较大，导致前起落架的尺寸也比较大，而市场上又没有现成的，所以须买材料进行制作，而后起落架采用的则是一个现成的起落架。由于“同舟”号无人机采用后三点式起落架，所以前起落架必须安装在飞机重心的前面，同时将其安装在机身上。虽然也有把前起落架安装在机翼下的设计，但是由于整机质量较大，导致机翼强度不够，所以就将前起落架安装在机身下方，以扩大轮距的方式来保证稳定性，最后将其安装在离机头 0.46 m 处的机身下。而后起落架安装在机身最尾端，同时通过使用舵机对其进行操控来控制飞机在陆地上前进的方向。

16.6 操纵控制系统的初步设计

电动飞机的操纵控制系统主要由遥控器(发射机)、接收机、舵机、连杆、舵面(包含升降舵、方向舵、副翼和襟翼等)构成。操纵手操纵摇杆的位置信号经过发射机编码调制后以无线电波的方式发射,接收机接收信号后经过解调输出脉冲宽度信号,驱动舵机动作,舵机摇臂通过连杆拉动舵面,完成相应的控制。

由于已有遥控器等设备,所以只需制定控制方案、选择舵机以及合理地布置舵机位置。首先根据舵面上力的大小和舵面的重要性来确定需要采用何种型号的舵机。选择舵机主要考虑两个参数:体积和扭转。舵机的尺寸越大,它占的空间就越大,质量也会增加,但体积小的舵机价格比较高;舵机的扭矩越大,它所耗的电能就越大,扭矩大的舵机价格比较高。“同舟”号无人机的舵机共有 9 个,分别用于控制飞机的襟翼(左右各 1 个)、副翼(左右各 1 个)、升降舵(左右各 1 个)、方向舵(1 个)、后起落架(1 个)、油门(1 个)。

经过比对和挑选,最终使用以下舵机作为“同舟”号无人机上的舵机:油门舵机 S3003,见图 16－18;副翼舵机 MG996R,见图 16－19;襟翼、升降舵、方向舵和后起落架舵机 ES539,见图 16－20。

图 16－18 S3003 舵机

图 16－19 MG996R 舵机

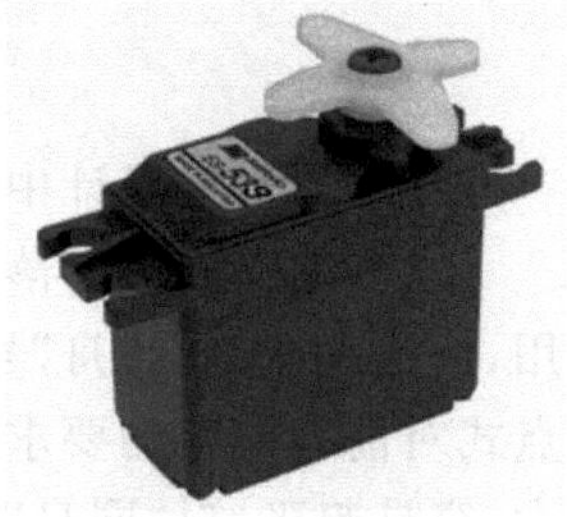

图 16－20 ES539 舵机

控制方案拟定如下:控制后起落架的舵机位于机尾下部,后起落架前方,使用自制的钢条连接至后起落架上的转向装置。控制油门的舵机安装在机身第二个隔框内右侧,同样使用自制的钢条将舵机与油门阀连接起来,控制进油量的大小。升降舵的舵机装在平尾从内向外数第三根肋内侧,同样是使用自制的钢条与升降舵上的舵脚相连,见图 16－21。方向舵的舵机安装在垂尾从下向上数第二根肋上,连接方式与升降舵相同,见图 16－22。副翼的舵机安装在外翼的从内向外数第四根肋上,通过可调式钢连接杆与舵面摇臂相连,见图 16－23。而襟翼上的舵机安装在中央翼由外向内第三根肋内侧,使用自制钢条使其与摇臂相连,见图 16－24。

图 16-21 平尾上舵机与舵面的连接

图 16-22 垂尾上舵机与舵面的连接

图 16-23 副翼上舵机与舵面的连接

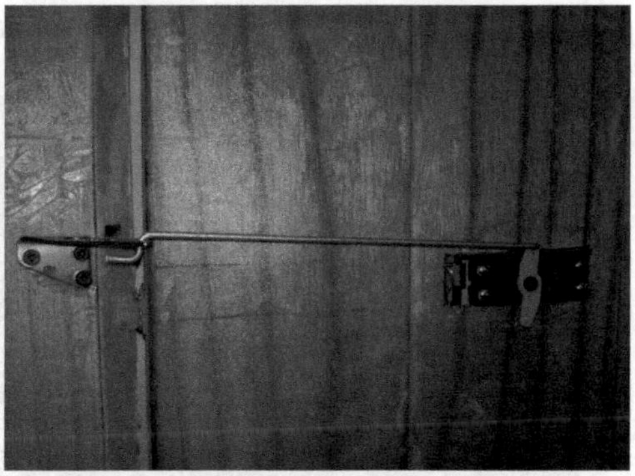

图 16-24 襟翼上舵机与舵面的连接

第 17 章　机身结构详细设计

无人机的机身是用来装载机载设备的部件，它将机翼、尾翼、起落架等部件连成一个整体。飞行中机身的阻力占全机阻力的 30%～50%，因此，良好的机身流线型对于减小飞机阻力、改善飞行性能具有重要作用。

机身结构设计的首要任务就是要考虑如何承受来自其他部件的集中力并以合理的方式分散给机身的承力机构。“同舟”号无人机大胆采用全木质结构，相比于碳杆结构，全木质结构的机身可以提供较好的流线型结构，从而减少机身的气动阻力。图 17-1 所示为“同舟”号无人机机身的 CATIA 模型图。

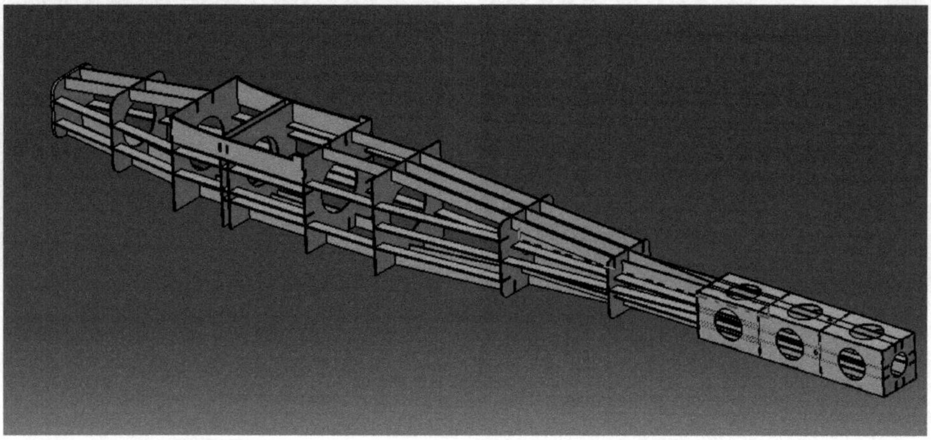

图 17-1　“同舟”号无人机机身的 CATIA 模型图

17.1　机身隔框的详细设计

由于机身总长达 2.45 m，所以设计 13 个隔框来满足强度和截面要求，如图 17-2 所示。1 号隔框位于飞机头，13 号隔框位于机身最末端。

1. 1 号隔框的设计

机身上的 1 号隔框为 150 mm×150 mm 的倒过圆角后的正方形。1 号隔框是发动机与机身的直接连接部位，在发动机启动后，全部拉力首先传递给 1 号隔框，再由 1 号隔框传递给机身上的 8 根桁条和侧板部件，之后通过翼身连接耳片传递给机

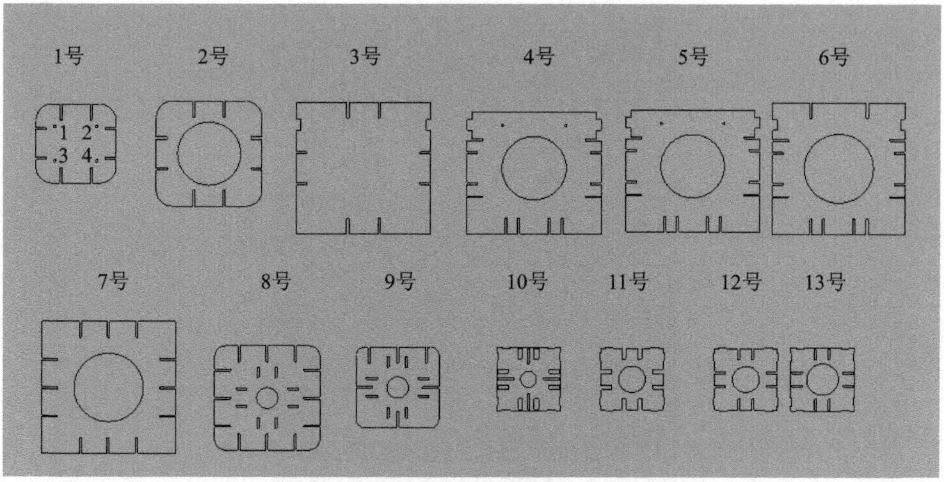

图 17－2 机身隔框图

翼，所以 1 号隔框是主要承力部件，需要加强。发动机通过 4 个直径为 4 mm 的螺栓（1、2、3 和 4 号孔）与 1 号隔框连接，如图 17－2 所示，为保证隔框的强度，1 号隔框采用 4 块厚 2 mm 的航空层板利用环氧树脂固化而成。为防止 1 号隔框与桁条的连接处出现拉裂，所以在 8 根桁条与隔框的相连位置加垫厚 8 mm 的航空层板，从而增大胶接面积，增强抗拉强度。

2. 与机翼连接隔框的设计

机身上的 3、4、5 和 6 号隔框都直接或间接与机翼和前起落架连接，在机翼与机身之间、机身与起落架之间起传递载荷的作用，属于关键承力部件，所以都用两层航空层板胶接而成。4 和 5 号隔框与中央翼下悬的 4 个翼身连接耳片相连，尺寸均为 250 mm×250 mm 的正方形。

3. 过渡隔框的设计

机身上的 2、7、8、9 号隔框均为过渡用的隔框，尺寸由过渡截面决定，起连接肋条、保持机身外形的作用。其尺寸分别为 200 mm×200 mm、250 mm×250 mm、200 mm×200 mm 和 150 mm×150 mm，材料均为厚 2 mm 的层板。

4. 与平尾、垂尾连接隔框的设计

由于平尾和垂尾需要平面来定位和安装，所以机身尾端设计为长方体盒状，4 个隔框尺寸均为 120 mm×120 mm，外围与 4 块 120 mm×550 mm 的侧板连接，内部有 8 根桁条贯穿，以保证其刚度和强度，如图 17－3 所示。

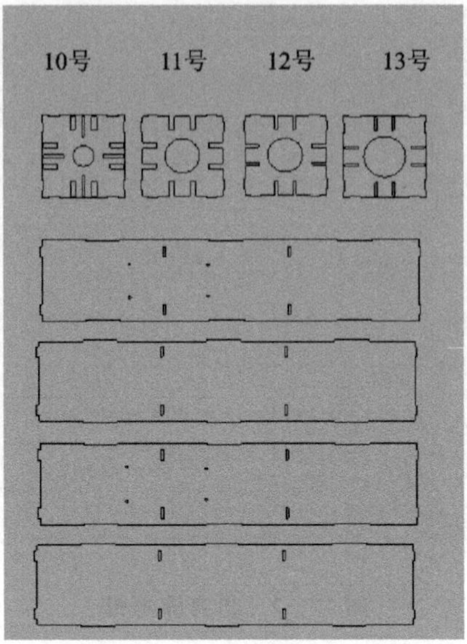

图 17-3　机身尾段的设计

17.2　机身桁条的设计

机身一共有 32 根桁条，其厚度均为 4 mm，由两层层板胶接而成。桁条主要起承受发动机的拉力和机身的整体抗弯作用，设计图如图 17-4 所示。

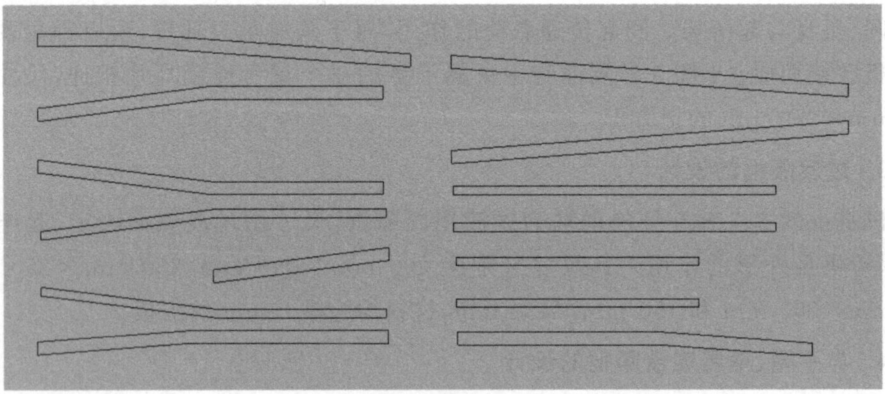

图 17-4　机身桁条的设计图

17.3　机身盖板的设计

机身盖板有开口设计，该开口称为维修检查孔，所以要考虑开口处的补强。盖板由厚2 mm 的航空层板制成，位于机翼的后方、机身的上方。机身盖板开口的详细设计如图 17－5 所示。

图 17－5　机身盖板开口的详细设计

17.4　机身与机翼连接处的设计

机翼是无人机产生升力的主要部件，在飞机进行巡航飞行的过程中，其会受到机动或者突风等的影响。飞机的过载系数往往是大于 1 的，而无人机的过载系数往往大于有人机。“同舟”号无人机的过载系数定为 5，则机翼传给机身的力将数倍于机身重量，所以从安全的角度来看，机翼和机身应采用耳片和螺栓连接。同时，因“同舟”号无人机的翼展较大，整机运输很不方便，所以机身与机翼的连接采用的是可拆卸式连接。这种连接能够很好地解决上述问题。

“同舟”号无人机的机翼与机身通过 8 对耳片用螺栓来完成连接。其中，4 对耳片分别位于翼梁的前后侧和 4、5 号隔框，另外 4 对耳片位于机翼加强肋与机身的左右侧板上，如图 17－6 所示。

图 17-6 机身与机翼连接处的设计

17.5 机身与垂尾、平尾连接处的设计

为方便运输和存放，机身与垂尾、平尾采用可拆卸的螺栓连接，如图 17-7 所示。机身的长方体盒子为平尾和垂尾提供了安装平面，将螺母固接于内表面，实现了在机身外安装的可行性。

图 17-7 机身与尾翼连接处的设计

17.6 机身与主起落架、后起落架连接处的设计

为方便运输，机身与主起落架、后起落架的连接都采用可拆卸式连接，均为螺栓连接。主起落架位于机身前段腹部，由一块厚 4 mm、170 mm×250 mm 的航空层板

作为底板，覆盖在 3、4、5 号隔框和底部两根桁条的下面，承受降落时造成的冲击载荷。在该底板的上方连接另一块底板，该底板覆盖在两根桁条的上方，两面底板以螺栓相连，依靠机身桁条对上层底板的支撑作用和下层底板与机身的胶接作用来共同承受起落架的自重，如图 17－8 所示。

图 17－8　主起落架与机身连接处的设计

机身与后起落架的连接如图 17－9 所示。

图 17－9　后起落架与机身的连接

17.7 机身设备舱的设计

“同舟”号无人机是多用途无人机，在机身内要安装单反相机等设备，可将这些设备放于机身中部，即机翼下部。因为此次是试飞阶段，装的是摄像头，所以设备舱的设计如图 17－10 所示。实际航拍时，将在机身下部铺上层板，并用肋条将单反相机等设备固定在机身上，以达到更好的效果。

图 17－10　设备舱的设计图

17.8 机身结构的补强措施

“同舟”号无人机的机身总长接近 2.5 m，由于所有桁条与隔框的连接都为对插形式，所以其抗扭性不好。因此，这里做了诸多连接件将相邻桁条固接，从而增加抗扭刚度。此外，机身外裹了玻璃布，并刷上了环氧树脂，然后进行了室温固化，这一措施也将大大提高机身的抗扭性。

表 17－1 所列为机身结构采用的材料。

表 17－1　机身结构采用的材料

名　称	材　料	厚度/mm
1 号隔框	航空层板	6
3、4、5 号隔框	航空层板	4
其他隔框	层板	2
桁条	层板	4
两侧板	航空层板	4
盖板	层板	2
尾段侧板	层板	2

第 18 章　机翼的详细设计

机翼是给无人机提供升力的主要部件，用以平衡无人机的重力。在初步设计中，已经确定机翼翼型为 K3311，为三段式：中央翼和两外翼。其中，中央翼为矩形的平直翼，两外翼为梯形翼，后掠式，其后掠角约为 6.6°。详细设计部分主要是确定翼肋的间距、加强肋的设计及安装位置、翼梁的具体设计方案等细节设计，同时确定舵机在机翼上的位置。

机翼主要受气动力的作用，以分布力的形式作用于机翼蒙板上，由蒙板转给翼肋，翼肋与翼梁、蒙板连接形成一个前缘闭室，使翼肋上的剪力流一部分由前缘闭室吸收，另一部分以剪力的方式传递给翼梁，并沿着翼展方向传递给翼根。另外，机翼还受到自身重力，副翼、襟翼以及副翼、襟翼舵机连接件传递过来的集中载荷。所以，机翼上承力部件的设计尤为重要。

"同舟"号无人机的机翼翼展达到 3.5 m，为便于运输和存放，其机翼采用分段式设计，分为展长 1.5 m 的中央翼段和两段 1 m 的外翼段。中央翼段与外翼的连接靠中央翼的翼梁插入外翼翼梁盒内以及外翼的碳纤维管插入中央翼肋的孔中实现；与此同时，中央翼段与外翼对接的肋都设置了对接耳片，耳片加以螺栓固接，从而实现在保证强度的前提下方便拆装的目的。

图 18－1　机翼结构实物图

18.1 中央翼的详细设计

1. 肋的设计

“同舟”号无人机的中央翼为矩形平直翼，所以肋的弦长均为 360 mm，翼肋平均间距为 160 mm。

(1) 普通肋的设计

普通肋的作用是维持机翼剖面所需形状，并将局部气动力载荷从蒙板和桁条传递到翼梁上。在不涉及传力形式改变或者没有集中载荷的部位，采用普通肋，材料为厚 2 mm 的桐木。因为“同舟”号无人机的中央翼段采用的是单梁式结构，所以翼肋采用两段式，如图 18-2 所示。

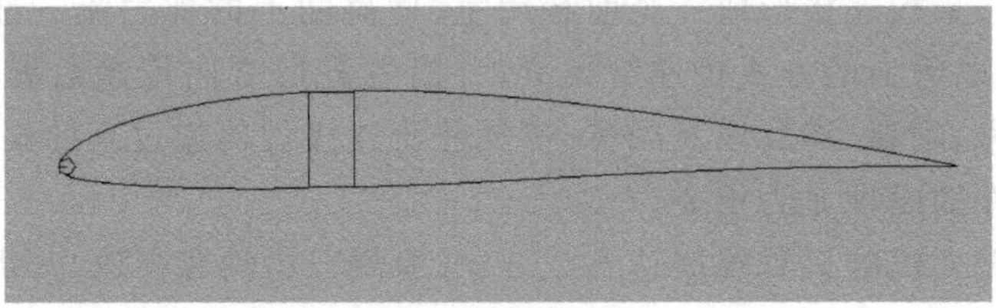

图 18-2 普通肋

(2) 加强肋的设计

机翼通常承受弯矩和剪力，机翼的根部通常为受力最大的部分，即为危险截面，该位置需要采用加强肋。比较特殊的是，“同舟”号无人机中央翼中间的两片肋要与机身连接，所以需要进一步加强，故采用两层 2 mm 厚的航空层板胶接而成，如图 18-3 所示。又因为“同舟”号无人机的中央翼要与外翼连接，所以中央翼的两翼梢处的翼肋也需要加强，采用两层厚 2 mm 的层板。

图 18-3 加强肋的设计

此外，由于中央翼的两根翼肋要通过耳片与机身连接，该翼肋除了起保持气动外形的作用外，还起关键承力、传力的作用，所以在该肋的上下缘进行碳纤维片/环氧树脂固化处理，增加其上下表面的抗拉强度，如图 18－4 所示。

图 18－4　加强肋上环氧固化后的碳纤维片

2. 翼梁的设计

翼梁作为机翼的主要承力部件，承受翼面全部或大部分弯矩。作为单梁式机翼，翼梁的强度要求尤为突出。“同舟”号无人机的中央翼翼梁沿翼展方向贯穿了机翼的 60%，其横截面尺寸为 25 mm×54 mm；中央翼翼梁向外翼延伸，按照下表面齐平的形式，翼梁的上表面逐渐下降，具体外观如图 18－5 所示。

图 18－5　翼梁的外观图(沿航向视图)

“同舟”号无人机中央翼段的翼梁总长为 2.16 m，因为其主要受弯矩作用，上表面受压，下表面受拉，因此结构上采用泡沫夹心，翼梁的上层为航空层板起抗压作用，下层为厚 1 mm 的碳片起抗拉作用。

由于没有足够长度的建筑泡沫，所以采用 V 形角拼接式连接，最后在外层再裹一层玻璃布，利用环氧树脂固化，从而制成翼梁。同时，为保证翼梁与两段式翼肋的充分连接，在翼肋与翼梁连接的夹角处胶接了若干木条进行加固，如图 18－6 所示。

3. 前缘和后墙的设计

由于“同舟”号无人机的动力系统为汽油发动机，推力大，导致前缘受力较大，因此前缘为 5 mm×5 mm 的松木条。另外，机翼外表裹了一层玻璃布，也加强了松木条的强度。

后墙是机翼上类似翼梁的构件，一般不能承受弯矩，腹板主要承受剪力，与蒙板

图 18-6　翼肋与翼梁夹角处胶接有加固木条

组成封闭盒段以承受翼面的扭矩。同时，后墙对蒙板起支撑作用，提高蒙板的屈曲承载能力。“同舟”号无人机的后墙由上下两根 5 mm×5 mm 的松木条和一块层板（腹板）组成。后墙与上下蒙板、翼梁构成了封闭结构，从而承受翼面的扭矩。

4. 中央翼与机身连接处的设计

前文已提到，机翼与机身是靠 4 对连接耳片连接的，具体包括翼梁上的 4 个耳片和加强肋上的 4 个耳片，这样可以保证机身传给机翼的力集中在机翼的主要承力部件翼梁上，同时保证机翼的俯仰力矩能均衡地传递给机身。由于该部分为重要的传力部分，所以耳片材料均为厚 4 mm 的航空层板，加强肋的前后各有 1 个螺栓孔，共有 4 个螺栓孔，孔径均为 4 mm，实物结构如图 18-7 所示。

图 18-7　中央翼与机身连接处的设计

18.2　外翼的详细设计

“同舟”号无人机的两外翼翼展长分别为 1 m，由于其承受的弯矩小于中央翼所承受的弯矩，所以外翼的翼梁仅贯穿外翼展向的三分之一长度，外翼展向的强度则靠前墙来提供，所以外翼采用梁与墙的混合设计，如图 18－8 所示。

图 18－8　外翼的结构图

1. 翼梁盒的设计

外翼内部的翼梁盒是中央翼翼梁外伸与外翼配合的部分，起关键承力作用，因此，其结构设计和材料的选择就显得尤为关键。“同舟”号无人机的外翼翼梁盒用 4 块厚 2 mm 的层板装配而成，为防止其开裂，又外缠了多圈凯夫拉纤维进行增强，如图 18－8 所示。

2. 前缘、前墙及后墙的设计

由于外翼前缘主要受气动力影响，同中央翼布局一样，所以外翼的前缘采用 5 mm×5 mm 的松木条，并通过外层的玻璃布来加强。外翼的前墙代替翼梁的作用，前墙的强度要求较高。前墙采用上下两根横截面为 4 mm×10 mm 的层板桁条，然后在翼肋之间加装桐木腹板，形成较强的闭室结构，承受外翼的弯矩和扭矩。后墙则是由两层层板胶接而成，与蒙板共同构成闭室结构来承担外翼的扭矩。为了增加在展向方向的抗弯性，在外翼的后半段加了两段 4 mm×10 mm 的层板桁条，见图 18－8。

3. 外翼与中央翼连接处的设计

外翼与中央翼的连接以翼梁传力为主，碳纤维管防扭为辅，最后采用翼肋/机身 4 对耳片(连接)防脱等措施。中央翼翼梁的外伸部分完全插入外翼翼梁盒内，将外翼所承担的绝大部分气动载荷传递到中央翼强度最可靠的翼梁上。为防止翼梁盒承受的扭矩过大，在肋的后半段贯穿一根碳纤维管来承担扭矩。由于外翼与中央翼是可拆卸的，所以，在外翼与中央翼贴合(对接)处的翼肋向下外伸 4 对耳片，分别用螺栓固接，起防脱作用。

18.3 副翼、襟翼和舵机安装位置的设计

副翼是用于飞机横向操纵的翼面，一般安装于机翼的外侧，其外形是一块狭而长的矩形翼面，展向长而弦向短。副翼的翼展一般占整个机翼翼展的 1/6～1/5，其翼弦占整个机翼弦长的 1/5～1/4。襟翼是安装在机翼后缘附近的翼面，是后缘的一部分。襟翼可以绕轴向后下方偏转，从而增大机翼的弯度，提高机翼的升力。由于“同舟”号无人机的翼展较大，为方便操控，襟翼与副翼各设计一对。襟翼、副翼与中央翼和外翼的连接可采用合页式和转轴式，因合页式安装和维护都比较简单，故采用该种方式，如图 18－9 所示。

图 18－9　合页的安装

为使副翼、襟翼达到最佳效果，故将舵机的位置安放在副翼、襟翼的相对中间的位置。襟翼、副翼实物图如图 18－10 所示。

副翼、襟翼的设计参数如表 18－1 所列。

表 18－1　副翼、襟翼的设计参数

参　数	副　翼	襟　翼
弦长/mm	130	130
展长向度/mm	500	500
面积/mm^2	65 000	65 000
$S_{副翼}/S_{机翼}$	8%	—
$S_{襟翼}/S_{机翼}$	—	8%

图 18－10　襟翼、副翼实物图

机翼的材料如表 18－2 所列。

表 18－2　机翼的材料

名　称	材　料	尺　寸
普通肋，后墙，副翼、襟翼翼肋	桐木	厚 2 mm
加强肋	层板/桐木	厚 2 mm/2 mm
翼梁	建筑泡沫	50 mm×25 mm×1 500 mm
翼梁下表面加强片	碳纤维片	厚 1 mm
翼梁上表面贴片	航空层板	厚 2 mm
连接圆管	玻璃纤维	半径 5 mm
蒙板	桐木	厚 0.75 mm
机翼、机身连接耳片	航空层板	厚 2 mm
蒙皮	玻璃布(环氧固化)	厚 1 mm
墙腹板	桐木	厚 2 mm
后墙、桁条	层板	厚 4 mm

第 19 章　尾翼的详细设计

尾翼的详细设计包括垂尾的详细设计和平尾的详细设计。垂尾、平尾采用的都是对称翼型，单梁、单墙式结构。下面将对垂尾、平尾及其与方向舵、升降舵的连接结构进行详细说明。

19.1　垂尾的详细设计

垂尾翼型采用的是对称翼型 NACA 0010。垂尾为梯形翼，梢部弦长 164 mm，根弦长 492 mm，高度 500 mm；采用前后墙式结构，以墙代替梁，承担弯矩和扭矩载荷。垂尾实物图如图 19－1 所示。

1. 垂尾肋的设计

垂尾的肋均采用翼型 NACA 0010，垂尾翼肋间距设为 165 mm，共有 4 根。为了抵抗螺栓的挤压破坏，与机身连接处的肋为加强肋，由厚 2 mm 的层板与厚 2 mm 的桐木叠加而成，并且层板翼肋在下，与机身接触。其余所有肋均采用两块厚 2 mm 的桐木片叠加。垂尾的 CAD 图如图 19－2 所示。

图 19－1　垂尾实物图

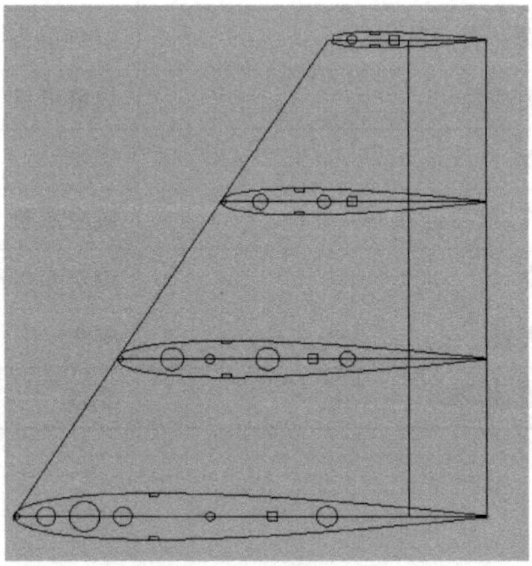

图 19－2　垂尾的 CAD 图

2. 垂尾前墙及后墙的设计

垂尾前墙与主机翼外翼墙的设计类似，即由上下两根 4 mm×10 mm 的层板与两肋之间的桐木腹板共同构成闭室结构。垂尾后墙则采用两层厚 2 mm 的层板叠加而成，通过蒙板和前墙共同构成闭室结构，从而承受扭矩作用。

3. 垂尾舵机位置及安装机构的设计

由于“同舟”号无人机采用的是单垂尾结构，所以舵机装在垂尾高度的中央位置。方向舵为飞机飞行时的重要控制机构，所以舵杆和舵脚为关键承力部件，强度的可靠性必须满足。如图 19－3 所示，舵脚材料是由两层航空层板胶合叠加而成的，舵杆则由直径为 3 mm 的钢丝制成，既满足刚度要求又满足强度要求。

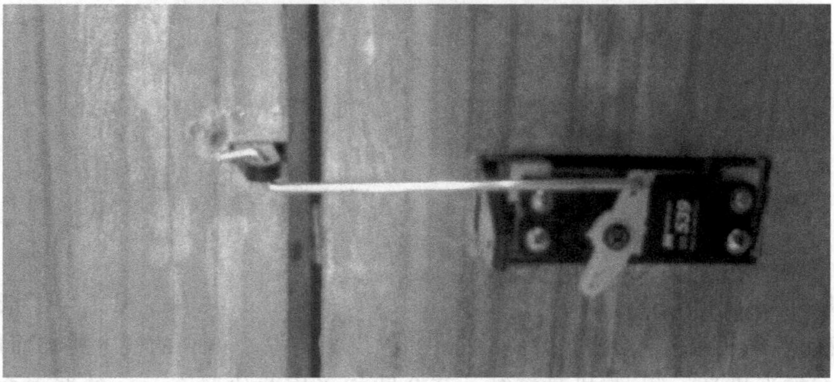

图 19－3　垂尾的舵机机构

表 19－1 所列为垂尾的结构材料。

表 19－1　垂尾的结构材料

名　称	材　料	尺　寸
普通肋	桐木	厚 2 mm
加强肋	桐木与层板	厚 4 mm
前缘	桐木	5 mm×5 mm
桁条	层板	4 mm×10 mm
腹板	桐木	厚 2 mm
后墙	层板	厚 4 mm
蒙板	桐木	厚 0.75 mm
其他	玻璃布	厚 0.1 mm

19.2　平尾的详细设计

平尾翼型同样采用对称翼型 NACA 0010。两平尾均为梯形翼，对称分布在机身尾段左右两侧，梢部弦长 154 mm，根部弦长 292 mm，展长 683 mm；采用前后墙式结构，以墙代梁，承担弯矩和扭矩载荷。平尾实物图如图 19－4 所示。

图 19-4 平尾实物图

1. 平尾肋的设计

平尾肋均采用翼型 NACA 0010,肋间距为 167 mm,共有 5 根。为了抵抗螺栓的挤压破坏,与机身连接处的肋为厚 2 mm 的层板与厚 2 mm 的桐木叠加而成,并且层板肋在靠近机身一侧,与机身接触。其余肋均采用两块厚 2 mm 的桐木叠加。平尾的 CAD 图如图 19-5 所示。

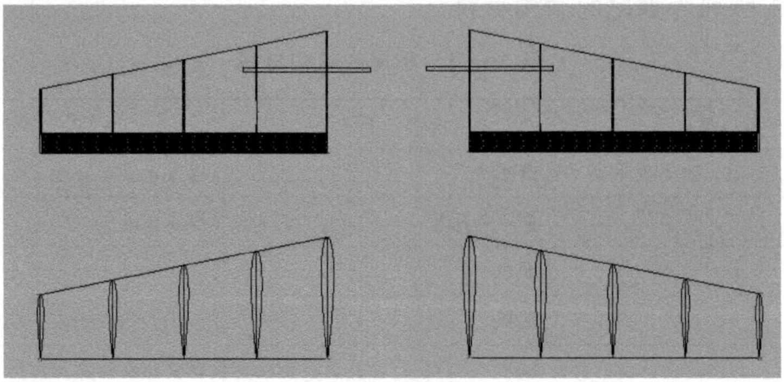

图 19-5 平尾的 CAD 图

2. 平尾前墙及后墙的设计

平尾前墙与垂尾结构的设计类似,即同样由上下两根 4 mm×10 mm 的层板与两肋之间的桐木腹板共同构成闭室结构。后墙则采用两层厚 2 mm 的层板叠加而成,通过蒙板和前墙共同构成闭室结构,从而承受扭矩作用。

3. 平尾舵机位置及安装机构的设计

"同舟"号无人机采用的是双平尾结构,所以舵机装在各自展向的中央位置。升降舵与方向舵一样,都是飞机飞行时的重要控制机构,所以舵杆和舵脚为关键承力部件,必须满足强度可靠性。平尾的舵机机构与垂尾相同,如图 19-3 所示,舵脚材料由两层航空层板叠加而成，舵杆则由直径为 3 mm 的钢丝制成，既满足刚度要求又满足强度要求。表 19－2 所列为平尾的结构材料。

表 19－2　平尾的结构材料

名　称	材　料	尺　寸
普通肋	桐木	厚 2 mm
加强肋	桐木与层板	厚 4 mm
前缘	桐木	5 mm×5 mm
桁条	层板	4 mm×10 mm
腹板	桐木	厚 2 mm
后墙	层板	厚 4 mm
蒙板	桐木	厚 0.75 mm
其他	玻璃布	厚 0.1 mm

第 20 章 "同舟"号无人机的 CAD 建模

20.1 概 述

计算机辅助设计（Computer Aided Design，CAD），即利用计算机及其图形设备帮助设计人员进行设计工作。在工程和产品设计中，计算机可以帮助设计人员担负计算、信息存储和制图等工作。在设计中通常要用计算机对不同的方案进行大量的计算、分析和比较，以决定最优方案；各种设计信息，无论是数字的、文字的还是图形的，都能存放在计算机的内存或外存里，并能快速地检索；设计人员通常用草图开始设计，将草图变为工作图的繁重工作可以交给计算机完成；由计算机自动产生的设计结果可以快速做出图形并显示出来，使设计人员及时对设计做出判断和修改；利用计算机可以进行与图形的编辑、放大、缩小、平移和旋转等有关的数据加工工作。

CAD 能够减小设计人员的工作量，缩短设计周期和提高设计质量，它为使用计算机辅助制造（CAM）、计算机辅助检测（CAT）、计算机辅助工程（CAE）、计算机辅助工艺过程设计（CAPP），为计算机管理、集成制造系统，准备了完备的信息，创造了良好的基础。

CATIA 是法国达索系统公司的 CAD/CAE/CAM 一体化软件，在 CAD/CAE/CAM 领域中居领先地位。CATIA 不但可以建立三维模型，而且可以对产品开发过程的各个方面进行仿真，并且能够实现工程人员和非工程人员之间的电子通信，产品整个开发过程中的概念设计、详细设计、工程分析、成品定义和制造乃至成品在整个生命周期中的使用和维护都可以通过该软件实现。该软件支持不同应用层次的可扩充性，对开发过程、功能和硬件平台可以进行灵活的搭配组合，可为产品开发链中的每个专业成员配置最合理的解决方案。

CATIA V5 版本于 1994 年开始开发，是 IBM 和达索系统公司长期以来在为数字化企业服务的过程中不断探索的结晶。它主要围绕数字化产品和商务集成概念进行系统结构的设计，可为数字化企业建立一个针对产品开发过程的工作环境；还可以对产品的各个开发过程进行仿真。另外，CATIA V5 版本的界面比较友好且功能强大，开创了 CAD/CAE/CAM 软件的一种全新风格。

20.2 翼面建模

机翼是飞机的升力面，用于产生气动升力，保证飞机在设计要求所规定的所有飞行状态下的飞行性能和操纵性能；同时，它还使飞机具有横向稳定性和操纵性；另外，一些飞机的翼尖小翼也安装在机翼翼梢。因此，机翼是整架飞机最为关键的部位，它设计的好坏直接影响整架飞机的性能。

1. 机翼梁建模

机翼梁是机翼中十分重要的部分，是机翼承力的主要部分。而在“同舟”号无人机上，由于机翼分为 3 段，所以翼梁不只是中央翼的翼梁，同时也被设计成中央翼与两个外翼的连接件和传力件。图 20－1 所示是翼梁的 CAD 图。

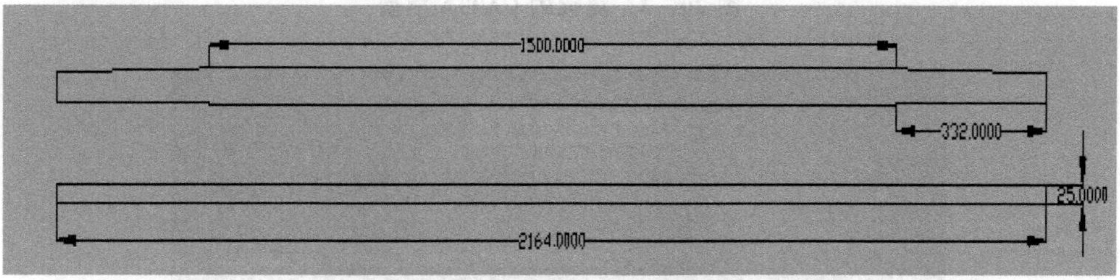

图 20－1 翼梁的 CAD 图

图 20－1 所示是翼梁的航向视图和俯视图，翼梁中间长 1 500 mm 的部分位于中央翼内部，左右两端各外伸 332 mm，作为与外翼连接的部分。中央翼部分在航向视图上的形状为矩形，而两端为梯形。在矩形与梯形过渡的地方上下各有 2 mm 的台阶，以方便之后与外翼的配合，如图 20－2 所示。

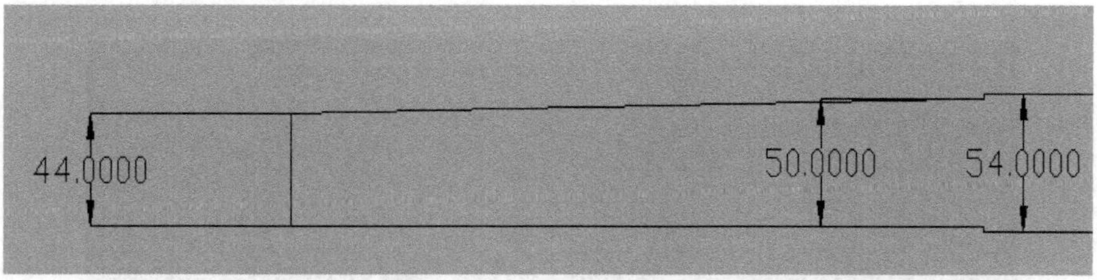

图 20－2 翼梁两端的设计

图 20－3 所示是翼梁的 CATIA 模型。

图 20－4 所示是翼梁结构分解的示意图，上下两片位于中央翼内，为厚 2 mm 的桐木片；翼梁的主体是建筑泡沫填充部分，填充泡沫与上层桐木片之间是厚 2 mm 的航空层板，用于覆盖翼梁全长；填充泡沫与下层桐木片之间是厚 1 mm 的碳纤维片，同样用于覆盖翼梁全长。这几部分组合起来就成了“同舟”号无人机的翼梁。

2. 中央翼建模

图 20－5 所示是对中央翼的 CATIA 建模，由于中央翼需要与外翼连接，所以中间的翼梁就伸出了中央翼。

图 20-3　翼梁的 CATIA 模型

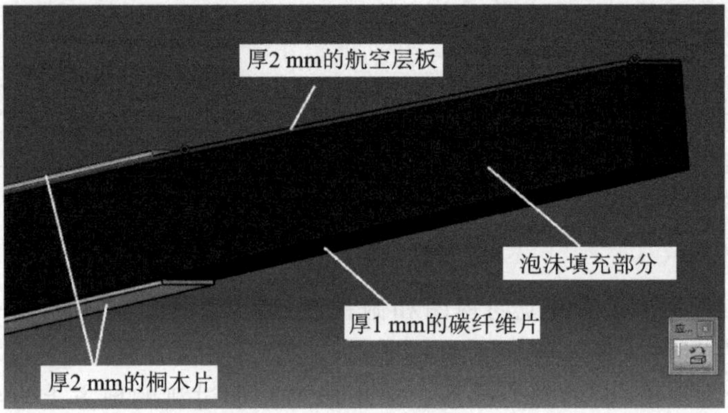

图 20-4　翼梁结构分解示意图

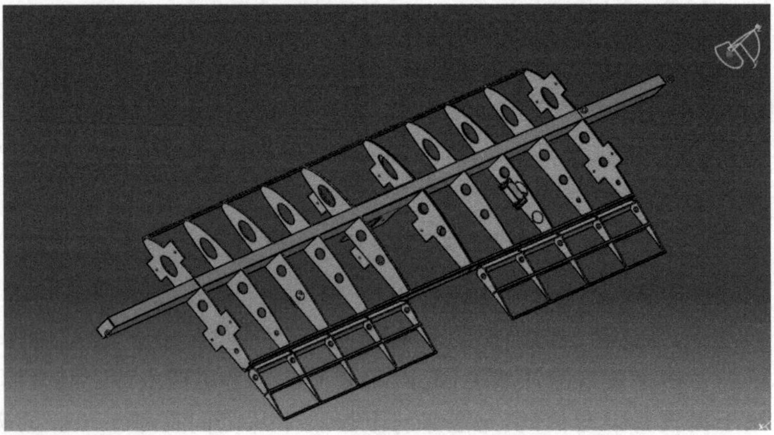

图 20-5　中央翼的 CATIA 建模

3. 外翼建模

图 20-6 所示是对外翼的 CATIA 建模，可以看到外翼上是没有翼梁的，只在前 3 个肋之间做了一个翼梁盒，用来与中央翼对接。

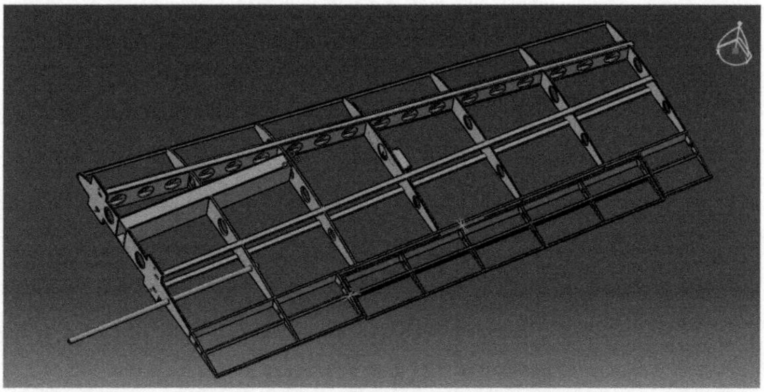

图 20-6 外翼的 CATIA 建模

4. 中央翼与外翼的连接

中央翼与外翼的连接是通过中央翼与外翼上制作的连接件与最后的螺栓连接完成的。如图 20-7 所示,中央翼与外翼主要有两个连接件:一个是外翼的翼梁盒,其作用是插入中央翼上的那段翼梁以保证机翼间的传力;另一个是碳纤维管,将其插入中央翼,穿过两个翼肋以防止外翼转动。同时,中央翼与外翼贴合面上的翼肋也做了加强处理,并且设置了两对耳片,耳片还打了孔,可插孔螺栓禁锢,以防止外翼和中央翼脱落。

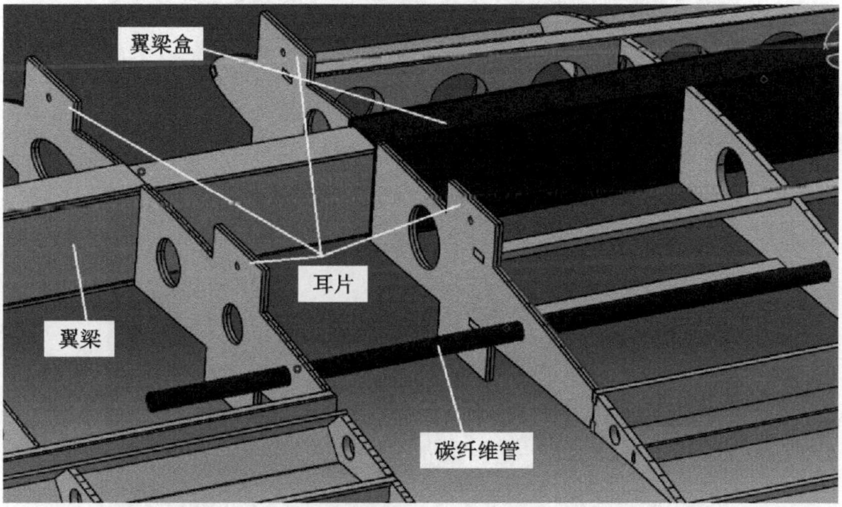

图 20-7 中央翼与外翼的连接

5. 主翼最终形态的模型

图 20-8 所示为将中央翼与外翼进行装配,最终完成的主翼的 CATIA 建模。

图 20-8　主翼最终的整体形态

6. 平尾建模

由于平尾被分成左右两部分，所以需要对左右平尾分别进行建模。图 20-9 所示是对左平尾的 CATIA 建模，图 20-10 所示是对右平尾的 CATIA 建模。

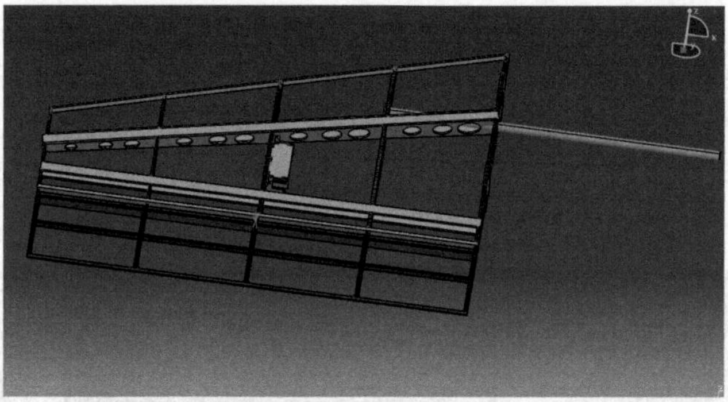

图 20-9　左平尾的 CATIA 建模

图 20-10　右平尾的 CATIA 建模

7. 垂尾建模

图 20-11 所示是对垂尾的 CATIA 建模。

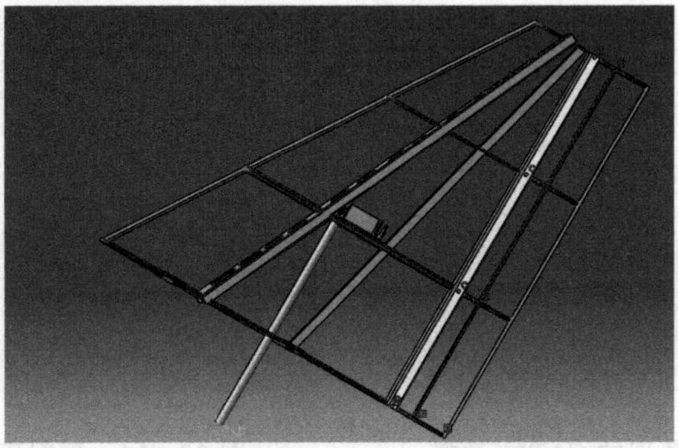

图 20－11 垂尾的 CATIA 建模

20.3 机身建模

图 20－12 所示是对机身骨架的 CATIA 建模，可以看到，整个接近 2.5 m 的机身骨架是由大量的隔框和桁条组成的。

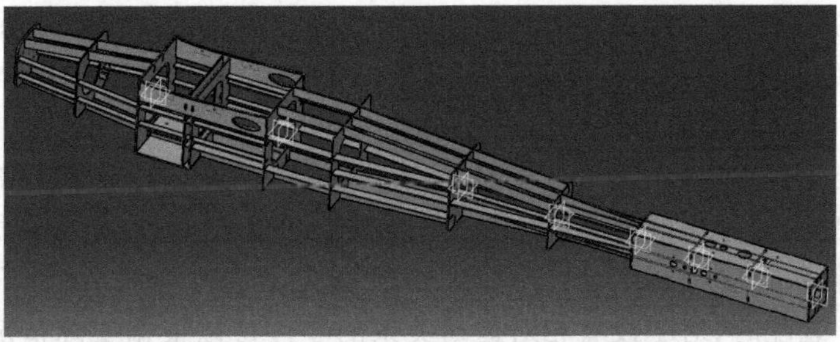

图 20－12 机身骨架的 CATIA 建模

20.4 起落架建模

由于没有现成的起落架，所以“同舟”号无人机的前起落架是自己做成的，通过对厚 3 mm、宽 30 mm 铝片的加工完成了“同舟”号无人机前起落架的制作。图 20－13 和图 20－14 所示分别是对前、后起落架的 CATIA 建模。

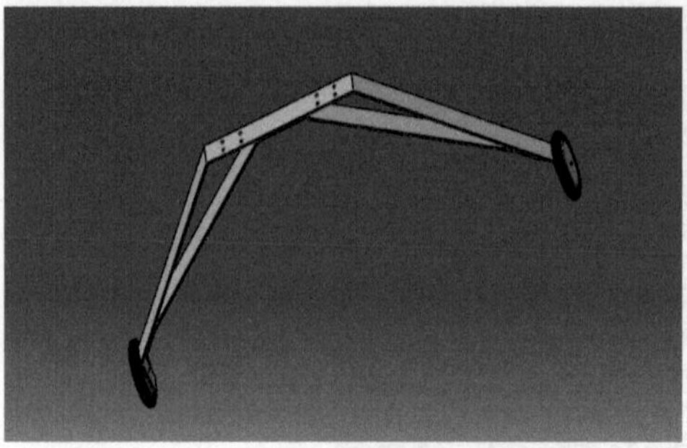

图 20-13　前起落架的 CATIA 建模

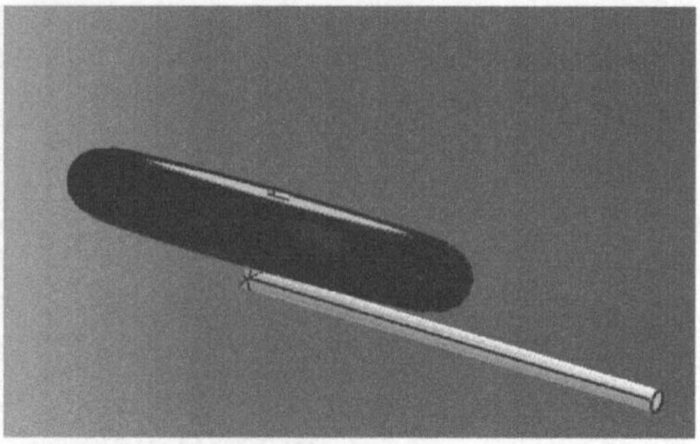

图 20-14　后起落架的 CATIA 建模

20.5　"同舟"号无人机的装配

对于一个装配体，组成装配体的所有零部件之间的位置都不是任意的，而是按照一定的结构组合起来的，因此，所有的零部件之间都必须进行定位。在 CATIA 中定位零部件所使用的菜单命令是配合。装配体中的装配配合实际上就是在零部件之间加入必要的约束关系，以此来定义零部件的位置和方向。这些约束关系包括对齐、重合、平行、相切、同轴、距离、角度等。配合的功能实际上就是限制物体在空间中的 6 个自由度的某一个或某几个。

在整机装配过程中，先采用自下向上(down-top)的设计流程和零部件逐层向下分解的设计思路，对整机的某一部分进行子装配。在装配时，应充分考虑各个零部件之间的关联性，以保证当其中的一个零件修改时，与之有配合关系的零件也要随之做相应的修改。装配时，对于没有相对运动关系的零件可以根据实际情况把它们作为一组零件，以减少模型的数据量。装配过程示意图如图 20-15 所示。

图 20-15　装配过程示意图

在全机的装配中，最主要的就是机身与几个翼面的装配和连接，下面将进行详细介绍。

1. 机身与主翼的装配

图 20－16 所示是主翼与机身连接的示意图，图中编号相同的部分就是相互连接的部分。机身上②号是两个加强框，其将通过两个螺栓与翼梁上的两个②号耳片相连。而机翼上带耳片的①、③号加强肋也将与机身上的①、③号配合件装配，即将加强肋上的耳片插入机身上为其定做的卡板，然后用螺栓紧固。图 20－17 所示为机身上与翼肋连接的卡板的分解图。

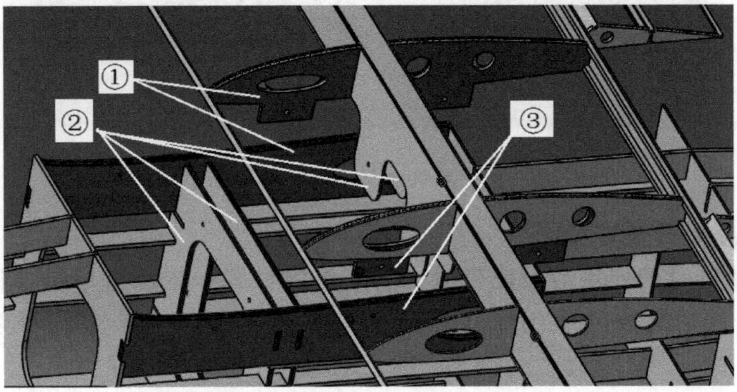

图 20－16 主翼与机身连接的示意图

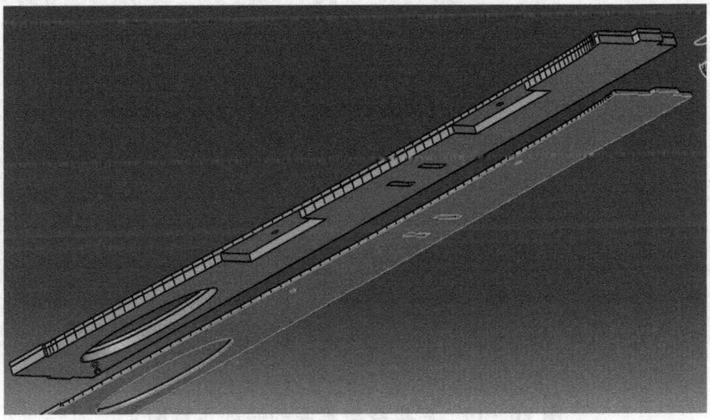

图 20－17 机身上与翼肋连接的卡板分解图

2. 后机身与平尾的装配

由于平尾是左右分开的，所以在设计平尾时就应详细考虑最终平尾的装配，而将左右平尾分开建模就是考虑了这一点。设计时，两个平尾各带有一根碳纤维管，这根碳纤维管将分别穿过后机身盒段穿进另一个平尾。左右平尾的根肋上均设置

4 个外凸的带孔耳片，通过这些耳片和螺栓，可将平尾固定在后机身上，如图 20－18 所示。

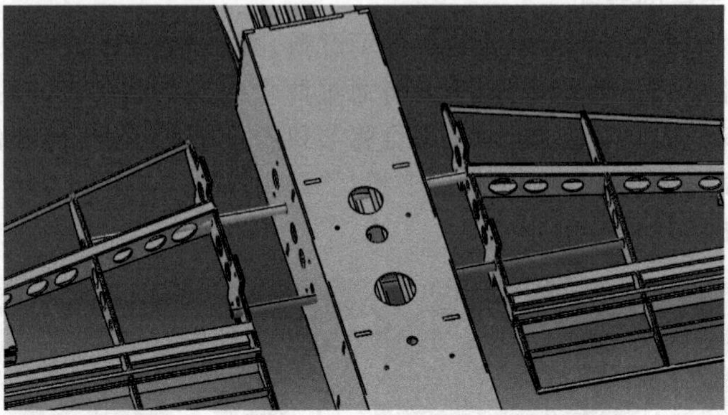

图 20－18　后机身与平尾的装配示意图

3. 后机身与垂尾的装配

垂尾与后机身的连接与平尾相似。在平尾内设置一根碳纤维管，将其插入后机身盒段，并通过垂尾根肋上的 4 个带孔耳片将其与后机身螺栓固定，如图 20－19 所示。

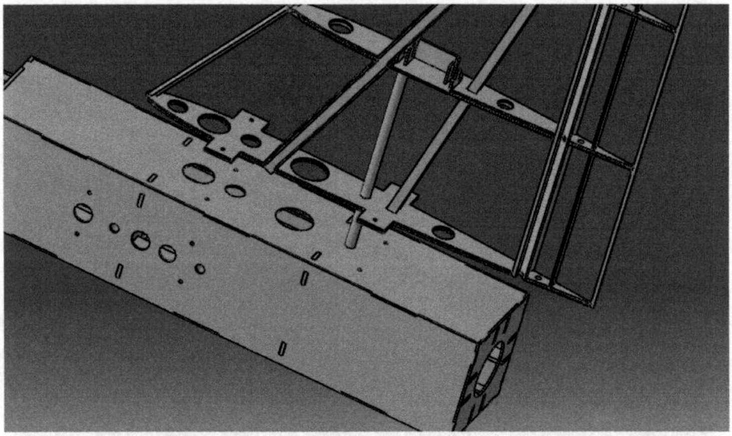

图 20－19　后机身与垂尾的装配示意图

4. "同舟"号无人机的三视图

当机身与翼面的装配完成时，"同舟"号无人机的装配也就基本完成了。图 20－20～图 20－22 所示分别是"同舟"号无人机的前视图、俯视图和侧视图。

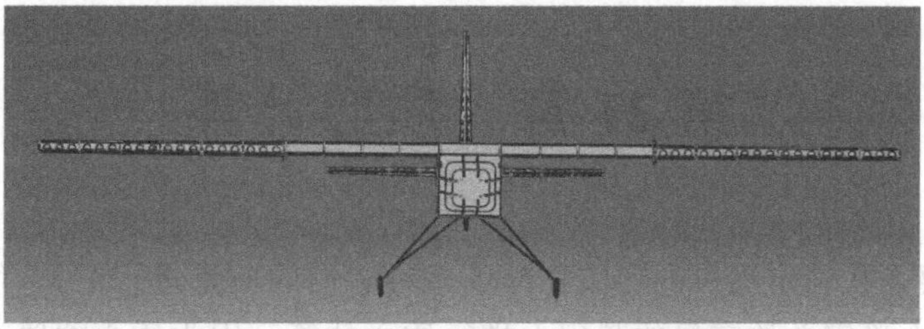

图 20-20 “同舟”号无人机的前视图

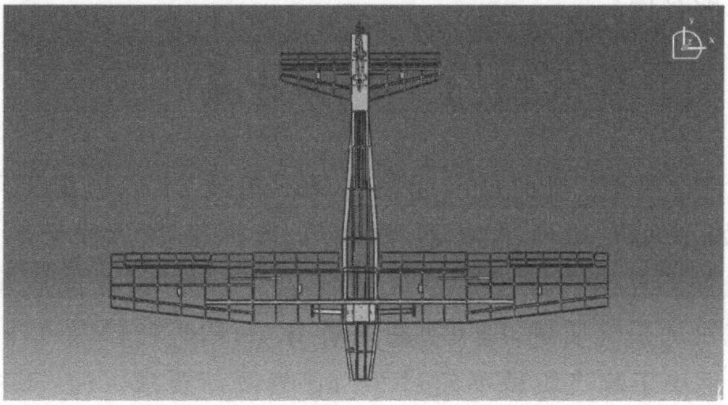

图 20-21 “同舟”号无人机的俯视图

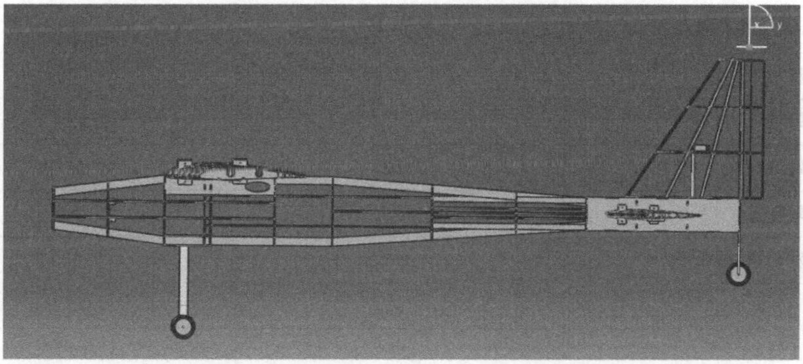

图 20-22 “同舟”号无人机的侧视图

第 21 章　质心计算

本章主要是在确定飞机的各实物部件后将它们的质量进行汇总，估算出最后的总质量，接着在确定总体布局的基础上进行质心估算。因为质心位置对飞机的纵向静稳定性有很大的影响，所以飞机最后的质心位置非常重要。另外，在 CATIA 软件中也有计算质量的方法。

21.1　计算方法

在总体设计中，要求飞机的最大起飞质量不超过 25 kg。由于飞机上的许多部件都是现成的，如发动机、电池、接收器、螺旋桨、舵机等，所以质量也是固定的。

初步对飞机各部件理论质量的估算如表 21－1 所列，在此质量的基础上再加 10％左右就是飞机的最终质量，即飞机总质量 W_{TO}，约为(21×1.1)kg ＝23 kg(换算后为 225 N)，满足小于起飞质量不超过 25 kg 的设计要求。注：飞机实际的最终质量与此较为接近。

表 21－1　初步估算质量的组成

组　成	质量/kg	质量百分比/%
中央翼及附带	2	9.523 8
外翼及附带	2	9.523 8
平尾及附带	1	4.761 9
垂尾及附带	0.5	2.380 9
机身带发动机、螺旋桨	9.5	45.238 1
负重	6	28.571 4
总质量	21	100

飞机的质心对飞机的纵向静稳定性有巨大影响，直接决定着飞机能否成功起飞。目前，计算质心的方法有两种，如下：

(1) CATIA 法

使用 CATIA 软件计算。在 CATIA 中创建飞机 CAD 实体模型，利用软件的“材料属性”功能给每个零部件设定相应的材料密度，进而利用 CATIA 软件的“重心计算“功能计算出飞机的质心位置。这种方法无法计及实际飞机制作中所使用胶水、蒙皮、胶布等的质量，故计算得到的质心位置较粗略。

(2) 公式法

飞机的质心位置和焦点位置都是相对于平均气动弦长而言的。机翼的平均气动弦长的定义为

$$b_A = \frac{2}{S}\int_0^{\frac{l}{2}} b^2 \mathrm{d}z$$

式中：b_A 为平均气动弦长；S 为机翼面积；l 为翼展；b 为机翼弦长；z 为翼展方向坐标轴。其中，对于"同舟"号无人机，$b_A = 0.467$ m。

定位飞机质心，首先需要根据飞机各部分及各种装载的质量及其在飞机上的位置，近似地计算出飞机质心的位置，然后与飞机焦点的位置进行比较，如果不能满足，则调整后再重新计算。计算所取的坐标系原点，可设在机身头部的最前端，取飞机设计水平基准线为 x 轴，如图 21-1 所示。

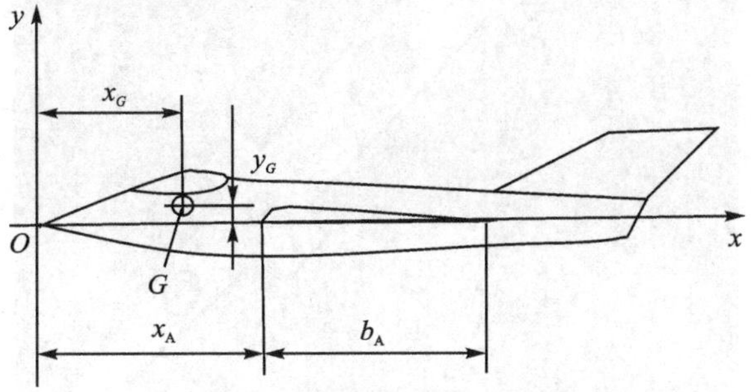

图 21-1　飞机坐标轴与尺寸参数

当坐标系确定后，分别计算飞机各组成部分相对坐标原点的静力矩，得出每一组成部分的静力矩 $(mgx)_i$ 和 $(mgy)_i$，然后将各部分静力矩总和除以全机的质量，即得飞机质心的坐标，计算公式为

$$x_G = \frac{\sum_{i=1}^{N}(mgx)_i}{\sum_{i=1}^{N}(mg)_i}, \quad y_G = \frac{\sum_{i=1}^{N}(mgy)_i}{\sum_{i=1}^{N}(mg)_i}$$

式中：i 为飞机各组成部分的序号，范围为 $1 \sim N$；N 为飞机组成部分的总个数。

由于飞机质心位置 x_G 大多是相对于平均气动弦长来说的，而且一般都是用其与平均气动弦长之比的百分数来表示的，所以得到 x_G 后，可进一步做以下无量纲化处理：

$$\bar{x}_G = \frac{x_G - x_A}{b_A} \times 100\%$$

注：y_G 对静稳定性影响较小，可不做无量纲化计算。

21.2 质心计算过程

1. 方法一

在使用 CATIA 软件之前，要在零件绘图模式下绘制出相关零件，这里以垂尾为例。假如已绘制出某零件，如图 21-2 所示。

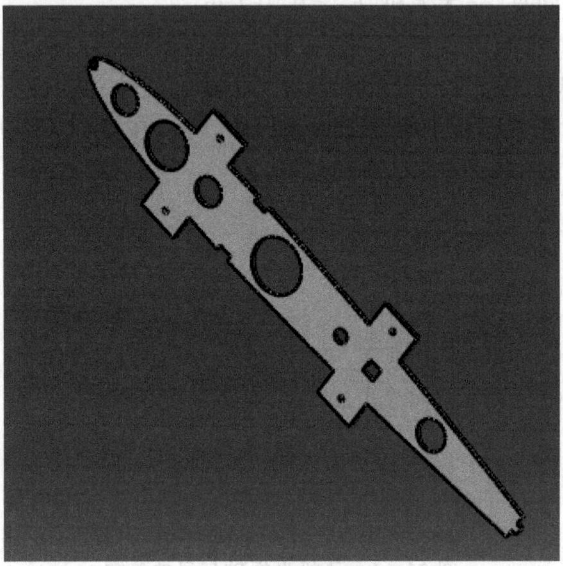

图 21-2 舵机盒装配图

接着给零件设置材质。制作此零件的材料是层板，但是在 CATIA 的材料库中没有层板数据，所以需要先选定一种材质，然后通过对该种材料参数的修改来达到要求。其操作步骤如下：

① 选中该零件，单击“添加材质”按钮后，选中 wood 选项，打开如图 21-3 所示的对话框，然后随意选取一种材质(这里选择 Alpine Fir)，单击“确定”按钮，添加材质成功。

② 双击图形树下已添加材质的提示符号，打开如图 21-4 所示的对话框，切换到“分析”选项卡，在“密度”文本框中输入所用材料的密度，然后单击“确定”按钮。

③ 右击图形树上该零件的图标，在弹出的快捷菜单中选择“特性”，弹出如图 21-5 所示的对话框，在这里可以看到该零件各项材料的性能参数和一些其他参数。在“产品”选项卡中输入该零件的零部件号后即可完成该零件的设计。

至此，零件的设计已完成，接着只需要将不同的零件装配起来即可。

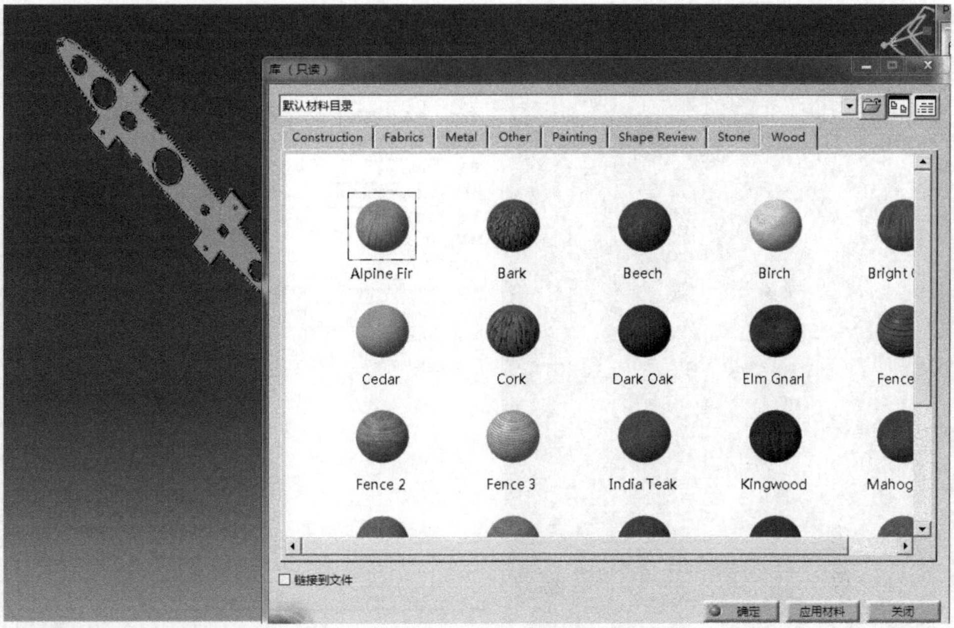

图 21－3　添加材质

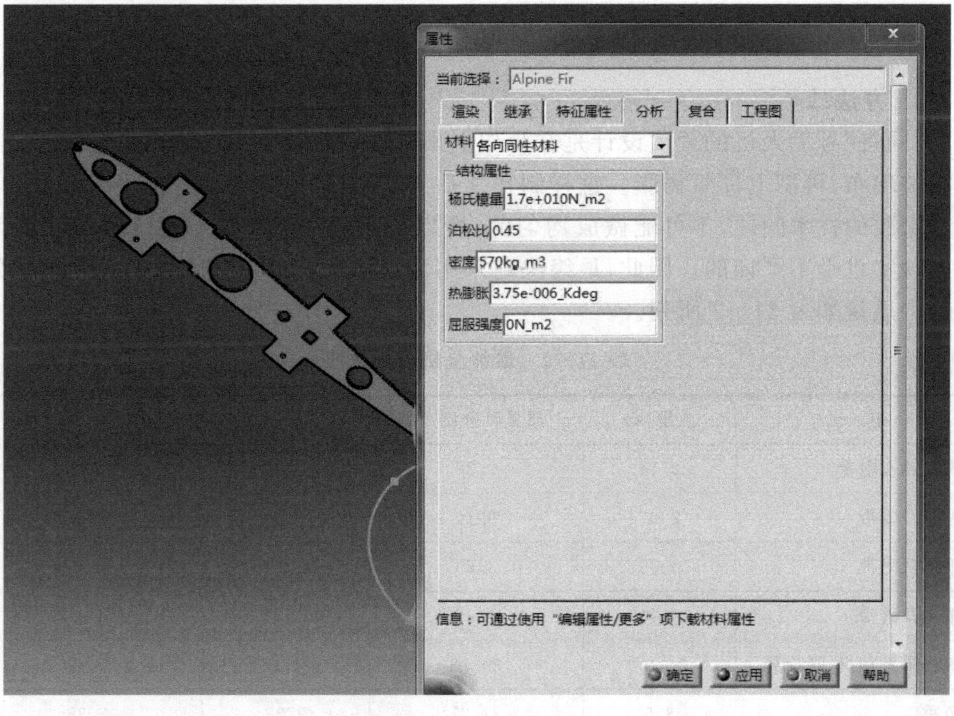

图 21－4　修改材料密度

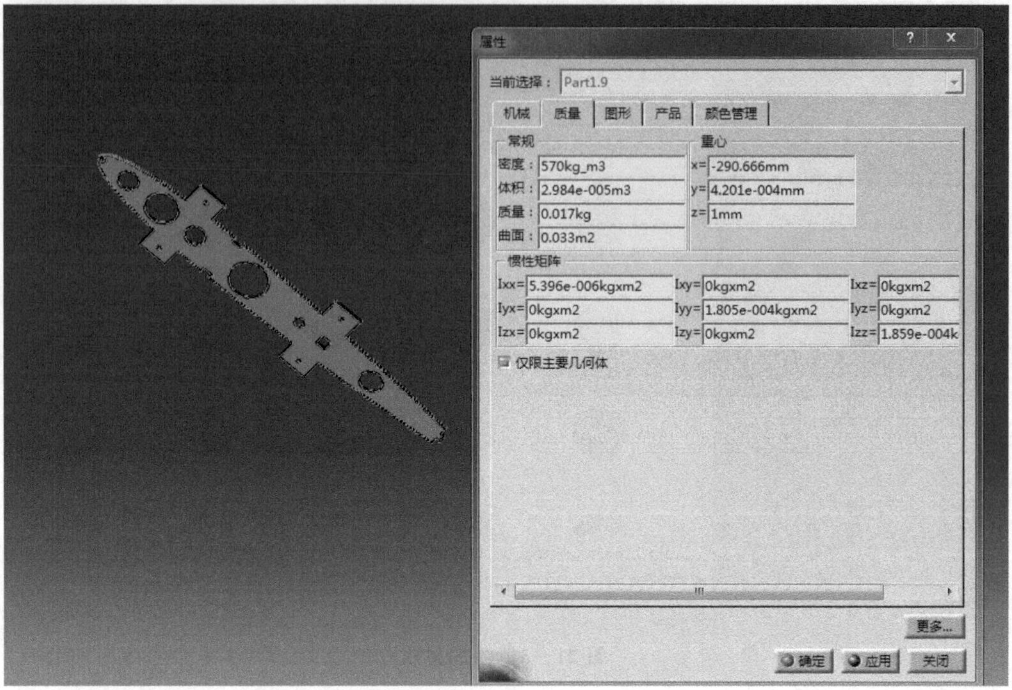

图 21－5　查看零件特性

2. 方法二

"同舟"号无人机的蒙皮设计是在骨架上预铺设一层厚 0.75 mm 的桐木板，然后裹上玻璃布，再刷上环氧树脂。这样制作之后材料的密度就变成了一个未知数。又因为涂胶的技术问题，不可能做成均匀的，所以如果想用 CATIA 进行质量计算，则是不现实也是不严谨的。因此，最终决定采用称重法来测量"同舟"号无人机的质量。其结构质量如表 21－2 所列。

表 21－2　最终全机质量数值

组　成	质量/kg	质量百分比/%	x/m	$(mgx)_i$/(N·m)
中央翼及附带	2.14	9.38	0.48	1.027 2
外翼及附带	2.07	9.10	0.5	1.035
平尾及附带	0.75	3.29	2	1.5
垂尾及附带	0.44	1.93	2.1	0.924
机身带发动机、螺旋桨	8.9	39.03	0.8	7.12
负重	8.5	37.27	0.28	2.38
总质量	22.81	100	质心 x=0.61	13.986 2

一般飞机的质心应在焦点之前，而“同舟”号无人机的焦点处于平均气动弦长的 0.47 处，也就是 $x=0.65$ m 处，当没有加负重之前飞机的质心在 0.81 m 处，此时飞机的质心在焦点之后。这种结构是不稳定的，所以需要不断地调试质心，最后在靠近机头处增加了 8.5 kg 的质量，将质心配回焦点之前，保证了飞机的稳定性。

第22章　气动建模与升阻特性分析

22.1　气动建模理论基础

1. 涡格法简介

常用的飞机气动分析方法有涡格法、面元法等。其中,涡格法是将机翼当作一个平面来处理。在此平面上叠加了一个马蹄涡的网格,每一个马蹄涡在一个制定控制点上所诱导的速度根据毕奥-萨瓦定律计算。对所有机翼表面上的控制点完成求和工作后,就会得到一组满足不穿透机翼表面边界条件的有关马蹄涡强度的线性代数方程。这些涡的强度都与机翼的环量有关,因而与机翼上下表面的压强差有关。然后,对这些压强差进行积分,即可得到合力和合力矩。面元法是将飞行器的外形用很多基元四边形面元进行模拟,这些面元可以放在实际的飞机表面上,也可以放在某个平均表面上,也可以是上述二者的组合。对于每一个基元四边形面元,在它上面都附着了一种或几种奇点分布,例如源、涡、偶极子。规定沿面元的某些函数变化(常数、线性函数、二次函数等)即可确定这些奇点,其实际数值是由相应的强度参数来设定的,而这些强度参数则通过求解相应的边界条件方程式进行确定。一旦确定了这些奇点强度,即可计算出速度场和压强场。在许多应用问题中,由面元法算出的各种气动系数是相当精确的,但是当源强的梯度太大时,其局部速度的计算结果会不好[20]。综合考虑,本次"同舟"号无人机设计的气动分析方法采用涡格法。

2. 涡格法计算机程序

基于上述涡格法,麻省理工学院的 Mark Drela 教授开发了 AVL 软件,用于计算小型机翼无人机的空气动力性能。AVL 是涡格法模型的扩展,已被广泛应用于空气动力学分析、结果修正、动态稳定性分析及飞行器造型拓展等方面。虽然涡格法并不是一种计算气动特性的新方法,但是 AVL 程序是一种面向 UAV (Unmanned Aerial Vehicle)初步设计的方便快捷的气动分析程序,它只需较少的输入参数就能描述复杂的 UAV 气动外形,得出所需的气动特性。现在,AVL 还加入了前置处理模块和后置处理模块。

AVL 主要包括 3 个模块:几何计算模块、环量计算模块、气动力计算模块。其中,几何计算模块的功能是用一组涡格来代替升力面。为了确保每个涡格的展弦比不过大或过小,该模块功能自动将每个涡格的展弦比控制在 0.5～5 之间。当计算对象包含两个升力面时,该模块能自动调整两个升力面的涡格布局,以迫使所有马蹄涡的自由涡在同一展向位置上,避免从一个升力面发出的自由涡离另一个升力面上的控制点过近，从而防止在控制点处计算出不真实的诱导速度。环量计算模块的功能是通过解线性方程组来求得每个马蹄涡环量强度的。气动力计算模块的功能是在已求得的环量强度基础上，依据 Kutta－Joukowski 定理计算每一涡格的压力分布，进而计算出升力和俯仰力矩特性。

在计算模型飞机气动性能方面，AVL 软件具有便捷、快速等优点，因此本章主要运用该软件对“同舟”号无人机进行气动特性和稳定性分析。

22.2　气动外形的初步建模

1. 总体参数

在设计初期，飞机各部分的基本尺寸已由第 16 章给出，经过权衡，最终确定了飞机总体方案的各种参数，如表 22－1 和表 22－2 所列，以供计算分析使用。计算时用到的常量如表 22－3 所列。

表 22－1　外形各部分数据

参　数	数　值
中央翼	1 500 mm×500 mm
左右襟翼	600 mm×137 mm
左右外翼	1 000 mm××442 mm
左右副翼	900 mm×137 mm
左右平尾	500 mm×227 mm
平尾左右升降舵	500 mm×86 mm
垂尾	500 mm×328 mm
垂尾方向舵	500 mm×86 mm
机身长度	2 450 mm
主翼安装角	2°

表 22－2　总体方案输入参数

参　数	数　值
起飞质量 W_{TO}/kg	23
巡航速度 $v/(m \cdot s^{-1})$	19.44
功重比/$(W \cdot kg^{-1})$	80
翼载荷 $W_L/(kg \cdot m^{-2})$	150
最大拉力 T_{max}	181

表 22-3 计算时用到的常量

参 数	数 值
重力加速度 $g/(N \cdot kg^{-1})$	9.8
当地大气密度 $\rho/(kg \cdot m^{-2})$	1.225
空气粘度 $\mu/(Pa \cdot s)$	0.000 017
动压 P_v/Pa	88.2

2. 参数输入与建模

将以上参数输入 AVL 软件进行建模，模型见图 22-1。

图 22-1 "同舟"号无人机整机气动建模

在 AVL 软件中，机身建模有一定的限制，只能把机身等效为回转体进行建模，但机身对飞机整体的气动性能的影响并不是很大。在建模的同时，对除机身外的部分进行网格划分，以便进行接下来的气动分析。

22.3 升力特性估算

气动性能是一架飞机最基本的性能，气动性能的好坏直接影响飞机的飞行性能和操纵性。本节主要对"同舟"号无人机的升力特性进行讨论，方法上主要以经验公式估算和软件数值计算为主，这里将同时给出这两种方法的结果，以互为印证。

注：本章中，除特殊说明外，所有"升力线斜率"的单位均为"1/(°)"，角度单位为"°"，升力系数、阻力系数、废阻系数和摩擦系数为无量纲量，面积单位为 m^2。

在给定的飞行状态下，飞行器的升力由机翼、机身、平尾和舵面产生，升力系数可

表示为[21]

$$C_L = C_{L,\mathrm{wb}} + C_{L,\mathrm{ht}} + C_{L,\delta} \tag{22-1}$$

式中：$C_{L,\mathrm{wb}}$ 为翼身组合体升力系数；$C_{L,\mathrm{ht}}$ 为平尾升力系数；$C_{L,\delta}$ 为升降舵偏转产生的升力系数。

对于有尾飞行器，如果舵面偏转产生的 $C_{L,\delta}$ 较小，则可以忽略。为了便于分析，全机的升力系数在小迎角范围内可表示为

$$C_L = C_{L\alpha}(\alpha - \alpha_0) \tag{22-2}$$

式中：$C_{L\alpha} = \dfrac{\partial C_L}{\partial \alpha}$为全机升力线斜率，是表征升力特性的一个重要气动参数，其值与飞行器气动外形（机翼、尾翼的平面形状，翼型，尾翼的相对位置等）以及飞行马赫数有关；α_0 为全机零升迎角（全机升力为零时的主机翼迎角）。

1. 速度阻滞与下洗

动压比 k_q 和 k_{qc} 是描述速度阻滞的参数，分别等于 $\bar{q}_H/\bar{q}$、和 $\bar{q}_c/\bar{q}$。其中，$\bar{q}_H$、$\bar{q}_c$、$\bar{q}$ 分别为平尾处、鸭翼处和自由流的平均动压。

$\bar{q}_H$ 不同于 $\bar{q}$，原因是，当空气流过翼身组合体时，空气的动能有所损失，这一动能损失正比于翼身组合体的摩阻。当平尾或鸭翼处于螺旋桨滑流中时，$\bar{q}_H$ 和 $\bar{q}_c$ 与螺旋桨功率以及翼面与桨平面间的距离有关。

对于螺旋桨飞机[22]，

$$k_q = 1 + \frac{S_{H,\mathrm{slip}}}{S_H} \cdot \frac{4P_{\mathrm{ava}}}{\bar{q} v \pi D_P^2}, \quad k_{qc} = 1 + \frac{S_{c,\mathrm{slip}}}{S_c} \cdot \frac{4P_{\mathrm{ava}}}{\bar{q} v \pi D_P^2} \tag{22-3}$$

式中：v 为飞机稳态速度；P_{ava} 为发动机可用功率；D_P 为螺旋桨直径；S_H、S_c 分别为平尾和鸭翼面积；$S_{H,\mathrm{slip}}$、$S_{c,\mathrm{slip}}$ 分别为平尾和鸭翼受螺旋桨滑流浸润的面积，见图 22-2。由于“同舟”号无人机没有鸭翼，故不考虑 k_{qc}。

将“同舟”号无人机 DLE55 发动机的可用功率 $P_{\mathrm{ava}}=4\ 118$ W、螺旋桨直径 $D_P=0.558\ 8$ m（螺旋桨取 22 in）、平尾螺旋桨滑流浸润面积 $S_{H,\mathrm{slip}}=0.144\ 8\mathrm{m}^2$、平尾面积 $S_H=0.268\ \mathrm{m}^2$、巡航速度 $v=19.4$ m/s 代入式（22-3），得 $k_q=7.37$。

平尾处下洗随迎角 ε 随主机翼迎角 α 的变化率$\dfrac{\mathrm{d}\varepsilon}{\mathrm{d}\alpha}$可由下式确定：

$$\frac{\mathrm{d}\varepsilon}{\mathrm{d}\alpha} = 4.44\left[K_A K_\lambda K_H (\cos \chi_{1/4})^{0.5}\right]^{1.19} \tag{22-4}$$

式中：$\chi_{1/4}$ 为飞机主机翼的 1/4 后掠角，对于“同舟”号无人机，$\chi_{1/4}=12.35°$；K_A 为机翼展弦比影响因子；K_λ 为机翼梢根比影响因子；K_H 为平尾位置影响因子。计算公式如下：

$$K_A = \frac{1}{A} - \frac{1}{1+A^{1.7}}, \quad K_\lambda = \frac{10-3\lambda}{7}, \quad K_H = \frac{1-h_H/b}{(2l_H/b)^{1/3}} \tag{22-5}$$

式中：A 为机翼展弦比；λ 为机翼根稍比；h_H 为平尾翼根 1/4 弦线点与机翼翼根弦平

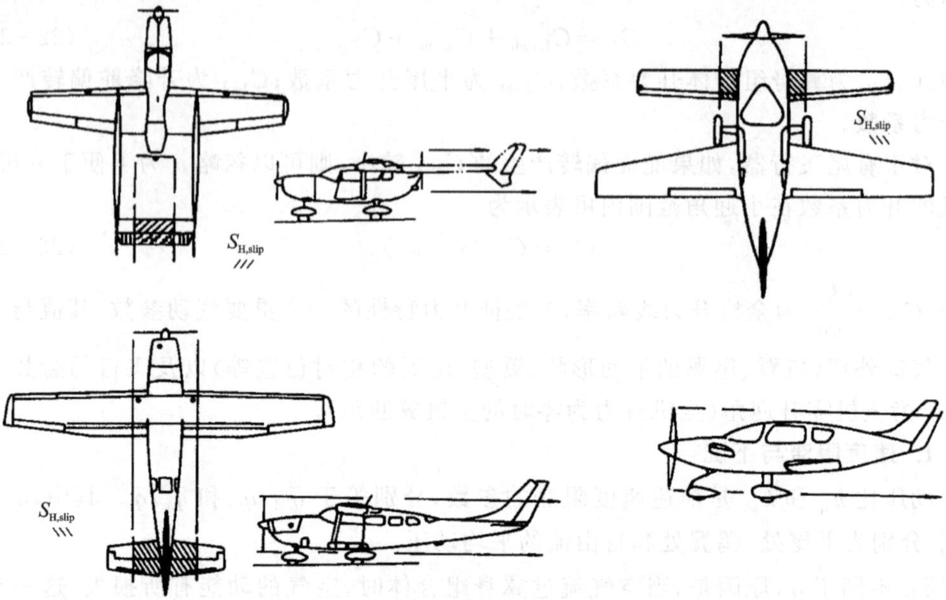

图 22-2　平尾和鸭翼受螺旋桨滑流浸润面积的定义

面的距离，见图 22-3 所示；l_H 为沿机翼翼根弦线方向，平尾翼根 1/4 弦线点与机翼平均弦 1/4 点的距离，见图 22-3；b 为机翼的翼展。在图 22-3 中，c_A 为机翼平均气动弦长，c_r 为机翼翼根弦长，c_H 为平尾平气动均弦长。

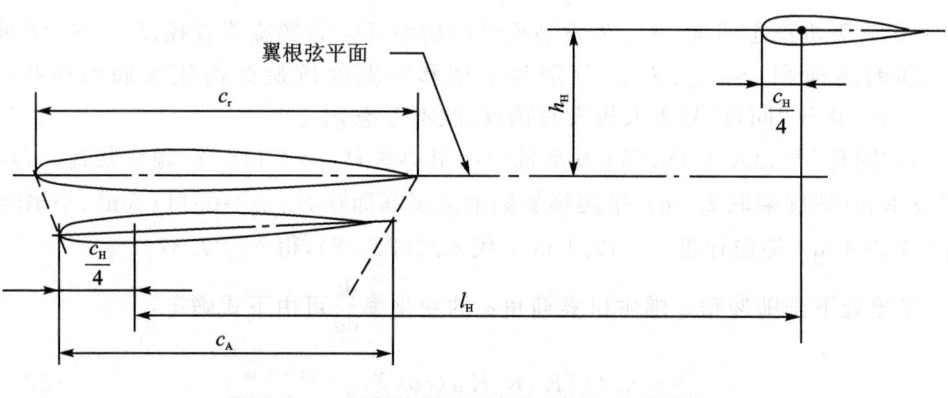

图 22-3　平尾位置几何参数 h_H 和 l_H 的定义

对于“同舟”号无人机，$A=7.5$，$\lambda=1.3$，$h_H=0.065$ m，$l_H=1.65$ m，$b=3.5$ m，$\cos\chi_{1/4}=\cos 12.35°=0.977$。将上述参数值代入式(22-5)，得 $K_A=0.101$，$K_\lambda=0.872$，$K_H=1.000\,87$，$\frac{d\varepsilon}{d\alpha}=0.243$。

2. 全机升力线斜率 $C_{L\alpha}$

全机升力线斜率 $C_{L\alpha}$ 可由下式计算：

$$C_{L\alpha}=C_{L\alpha,\mathrm{wb}}+C_{L\alpha,\mathrm{H}}\cdot k_{\mathrm{q}}\cdot\left(\frac{S_{\mathrm{H}}}{S}\right)\left(1-\frac{\mathrm{d}\varepsilon}{\mathrm{d}\alpha}\right)+C_{L\alpha,\mathrm{c}}\cdot k_{\mathrm{qc}}\cdot\left(\frac{S_{\mathrm{c}}}{S}\right)\left(1+\frac{\mathrm{d}\varepsilon_{\mathrm{c}}}{\mathrm{d}\alpha}\right) \tag{22-6}$$

式中：等号右边第三项是鸭翼对升力线斜率的贡献，由于“同舟”号无人机没有鸭翼，故该项可以忽略；$C_{L\alpha,\mathrm{wb}}$ 为翼身组合体升力线斜率，由下式确定：

$$C_{L\alpha,\mathrm{wb}}=K_{\mathrm{wb}}\cdot C_{L\alpha,\mathrm{w}} \tag{22-7}$$

其中，K_{wb} 为翼身干扰因子，由下式确定：

$$K_{\mathrm{wb}}=1+0.025\left(\frac{d_{\mathrm{b}}}{b}\right)-0.25\left(\frac{d_{\mathrm{b}}}{b}\right)^2 \tag{22-8}$$

其中，d_{b}、b 分别为机身当量直径和机翼翼展，将 $d_{\mathrm{b}}=0.22$ m，$b=3.5$ m 代入式(22-8)，得 $K_{\mathrm{wb}}=1.000\,58$。

$C_{L\alpha,\mathrm{w}}$ 为机翼升力线斜率(单位为 rad^{-1})，可由下式计算：

$$C_{L\alpha,\mathrm{w}}=\frac{2\pi A_{\text{机翼}}}{2+\sqrt{4+\dfrac{A^2\beta^2}{K^2}\left(1+\dfrac{\tan^2\chi_{1/2\text{机翼}}}{\beta^2}\right)}} \tag{22-9}$$

式中：$A_{\text{机翼}}$ 为机翼展弦比；$\chi_{1/2\text{机翼}}$ 为机翼 1/2 弦线后掠角；$\beta^2=1-Ma^2$，由于，“同舟”号无人机的巡航速度为 0.061 Ma，故 $\beta=0.996$；$K=C_{\mathrm{la}}/2\pi$，其中，$C_{\mathrm{la}}=1.8\pi(1+0.8\,\bar{t})$ 为低速情况下翼型升力线斜率，$\bar{t}$ 为翼型的相对厚度，对于“同舟”号无人机，$\bar{t}=0.11$。

将 $A_{\text{机翼}}=7.493$，$\chi_{1/2\text{机翼}}$、$=1.88°$，$\beta=0.996$，$C_{\mathrm{la}}=6.150\,7/\mathrm{rad}=0.107/(°)$，$K=C_{\mathrm{la}}/2\pi=0.979$ 代入式(22-9)，可得机翼升力线斜率为 $C_{L\alpha,\mathrm{w}}=4.76/\mathrm{rad}=0.083/(°)$

翼身组合体升力线斜率：$C_{L\alpha,\mathrm{wb}}=K_{\mathrm{wb}}\cdot C_{L\alpha,\mathrm{w}}=(1.000\,58\times 0.083)/(°)\approx 0.083/(°)$。

平尾升力线斜率 $C_{L\alpha,\mathrm{H}}$(单位为 rad^{-1})为

$$C_{L\alpha,\mathrm{H}}=\frac{2\pi A_{\text{平尾}}}{2+\sqrt{4+\dfrac{A^2\beta^2}{K^2}\left(1+\dfrac{\tan^2\chi_{1/2\text{平尾}}}{\beta^2}\right)}} \tag{22-10}$$

式中：$A_{\text{平尾}}$ 为平尾展弦比；$\chi_{1/2\text{平尾}}$ 为平尾 1/2 弦线后掠角；$\beta^2=1-Ma^2$，由于“同舟”号无人机巡航速度为 0.061 Ma，故 $\beta=0.996$；$K=C_{\mathrm{la}}/2\pi$，其中，无人机 $C_{\mathrm{la}}=1.8\pi(1+0.8t)$ 为低速情况下翼型升力线斜率，$\bar{t}$ 为翼型的相对厚度，对于“同舟”号无人机平尾，$\bar{t}=0.1$。

将 $A_{\text{平尾}}=4.405$，$\chi_{1/2\text{平尾}}=25.95°$，$\beta=0.996$，$C_{\mathrm{la}}=6.104/\mathrm{rad}=0.106\,5/(°)$，$K=C_{\mathrm{la}}/2\pi=0.972$ 代入式(22-10)，得平尾升力线斜率 $C_{L\alpha,\mathrm{H}}=3.735/\mathrm{rad}=0.065/(°)$。

将 $C_{L\alpha,\mathrm{wb}}=0.083$，$C_{L\alpha,\mathrm{H}}=0.065/(°)$，$k_{\mathrm{q}}=2.93$，$\frac{S_{\mathrm{H}}}{S}=0.139$，$\frac{\mathrm{d}\varepsilon}{\mathrm{d}\alpha}=0.243$ 代入式(22-6)，可得全机升力线斜率 $C_{L\alpha}=0.103$。

3. 全机零迎角升力系数

全机零迎角升力系数 C_{L0} 可以用下式计算：

$$C_{L0}=C_{L0,\mathrm{wb}}+C_{L\alpha,\mathrm{H}}\cdot k_{\mathrm{q}}\cdot\left(\frac{S_{\mathrm{H}}}{S}\right)(\psi_{\mathrm{H}}-\varepsilon_{0,\mathrm{H}})+C_{L\alpha,\mathrm{c}}\cdot k_{\mathrm{qc}}\cdot\left(\frac{S_{\mathrm{c}}}{S}\right)(\psi_{\mathrm{c}}+\varepsilon_{0,\mathrm{c}}) \tag{22-11}$$

式中：等号右边第三项是鸭翼对升力线斜率的贡献，由于“同舟”号无人机没有鸭翼，故该项可以忽略；$C_{L0,\mathrm{wb}}$ 为翼身组合体的零迎角升力系数，只要机身不是严重扭曲，则

$$C_{L0,\mathrm{wb}}=(\psi_{\mathrm{w}}-\alpha_{0,\mathrm{w}})\cdot C_{L\alpha,\mathrm{wb}} \tag{22-12}$$

ψ_{w}、ψ_{H}、ψ_{c} 分别为机翼、平尾、鸭翼的安装角，对于“同舟”号无人机，$\psi_{\mathrm{w}}=2°$，$\psi_{\mathrm{H}}=0°$；$\alpha_{0,\mathrm{w}}$ 为机翼的零升力迎角；$C_{L\alpha,\mathrm{wb}}$ 为翼身组合体的升力线斜率，对于“同舟”号无人机，$C_{L\alpha,\mathrm{wb}}=0.083/(°)$，利用本节“2. 全机升力线斜率”介绍的方法计算得到；$C_{L\alpha,\mathrm{H}}$、$C_{L\alpha,\mathrm{c}}$ 分别为平尾、鸭翼的升力线斜率，计算方法同机翼，只需将机翼参数换为相应的平尾、鸭翼参数即可，图 22-4 中定义了计算平尾、鸭翼升力线斜率所需的几何参数；S_{H}、S_{c} 分别为平尾、鸭翼的面积，见图 22-4；$\varepsilon_{0,\mathrm{H}}$、$\varepsilon_{0,\mathrm{c}}$ 分别为飞机零迎角时平尾处的下洗角和鸭翼处的上洗角，其中，$\varepsilon_{0,\mathrm{H}}$ 和 $\varepsilon_{0,\mathrm{c}}$ 的量值取决于飞机零迎角时的机翼升力分布，对于大多数飞机，在襟翼收上状态时，可以假设 $\varepsilon_{0,\mathrm{H}}=\varepsilon_{0,\mathrm{c}}=0$；$k_{\mathrm{q}}$、$k_{\mathrm{qc}}$ 分别为平尾和鸭翼处的动压比，对于“同舟”号无人机，$k_{\mathrm{q}}=7.37$，利用本节中“1. 速度阻滞与下洗” 介绍的方法计算得到。

将 $\psi_{\mathrm{w}}=2°$、$\alpha_{0,\mathrm{w}}=-3.5°$(根据 Profili 查得翼型 K3311 的相关数据)、$C_{L\alpha,\mathrm{wb}}=0.083$ 代入式(22-12)，得翼身组合体零迎角升力系数为 $C_{L0,\mathrm{wb}}=0.4565$。

将 $C_{L\alpha,\mathrm{H}}=0.065$，$k_{\mathrm{q}}=7.37$，$\frac{S_{\mathrm{H}}}{S}=0.139$，$\psi_{\mathrm{H}}=0$，$\varepsilon_{0,\mathrm{H}}=0$ 代入式(22-11)，得全机零迎角升力系数为 $C_{L0}=0.4565$。

4. 全机零升迎角

全机零升迎角 α_0 可用下式估算：

$$\alpha_0=-\frac{C_{L0}}{C_{L\alpha}} \tag{22-13}$$

式中：C_{L0} 为全机零迎角升力系数，对于“同舟”号无人机，$C_{L0}=0.4565$，利用本节中“3. 全机零迎角升力系数”中的方法计算得到；$C_{L\alpha}$ 为全机升力线斜率，对于“同舟”号无人机，$C_{L\alpha}=0.103/(°)$，计算过程见本节中的“2. 全机升力线斜率”。

将 $C_{L0}=0.4565$，$C_{L\alpha}=0.103/(°)$代入式(22-13)，得 $\alpha_0=-4.43°$ 。

综上所述，全机升力系数的理论计算公式为 $C_L=0.103(\alpha+4.43)=0.456+0.103\alpha$，由此可得全机升力系数随迎角变化的升力特性曲线，如图 22-5 所示。

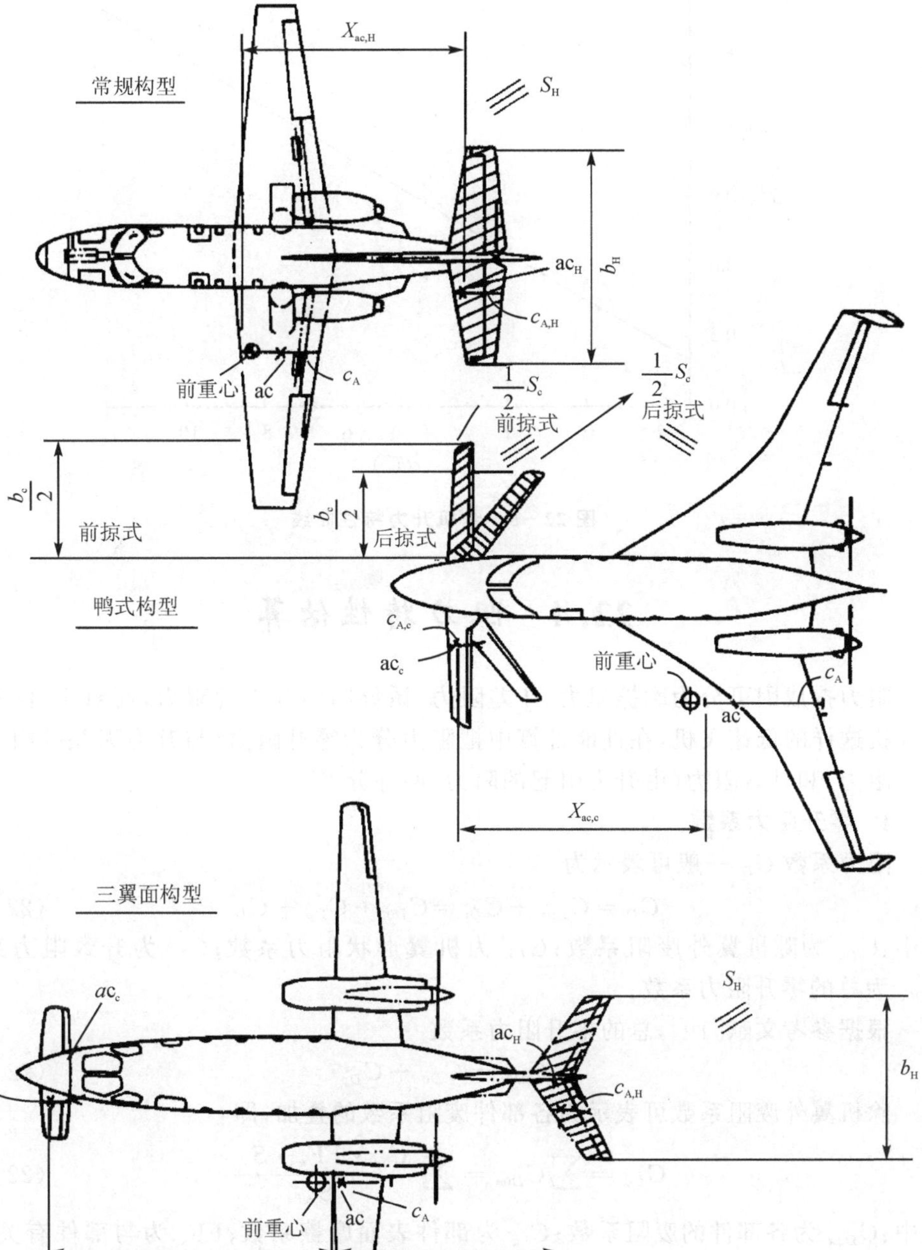

图 22-4　全机升力计算所需几何参数

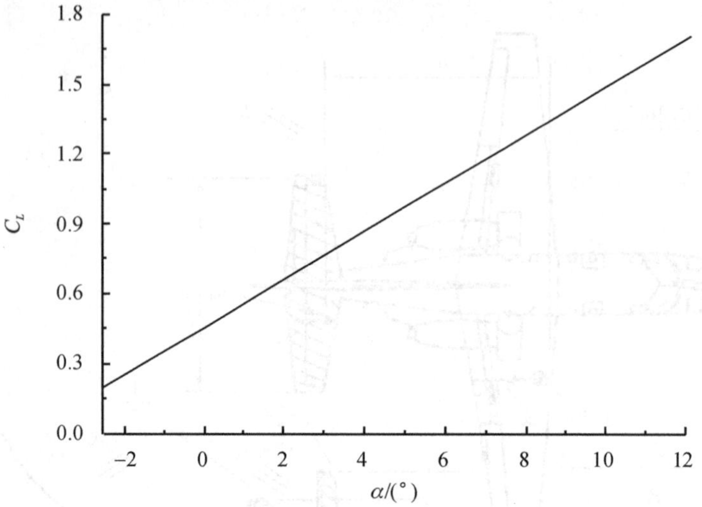

图 22－5　全机升力特性曲线

22.4　阻力特性估算

阻力按成因可分为摩擦阻力、压差阻力、诱导阻力和干扰阻力，而对于"同舟"号无人机这样的低速飞机，在性能计算中把阻力分为零升阻力（与升力无关的阻力，也称废阻力）和升致阻力（由升力引起的阻力）两部分[19]。

1. 零升阻力系数

阻力系数 C_D 一般可表示为

$$C_D = C_{D0t} + C_{Di} = C_{D0} + C_{Dp} + C_{Di} \tag{22-14}$$

式中：C_{D0} 为除机翼外废阻系数；C_{Dp} 为机翼形状阻力系数；C_{Di} 为升致阻力系数；C_{D0t} 为总的零升阻力系数。

根据参考文献[19]，总的零升阻力系数

$$C_{D0t} = C_{D0} + C_{Dp} \tag{22-15}$$

除机翼外废阻系数可表示为各部件废阻系数的叠加，即

$$C_{D0} = \sum C_{D0\pi} = \sum \frac{C_{f\pi} \cdot FF_{\pi} \cdot S_{wet}}{S_{ref}} \tag{22-16}$$

式中：$C_{D0\pi}$ 为各部件的废阻系数；$C_{f\pi}$ 为部件表面摩擦系数；FF_{π} 为与部件有关的因子；S_{wet} 为部件的浸润面积；S_{ref} 为参考面积，"同舟"号无人机取 $S_{ref} = 1.635\ m^2$。其中，浸润面积的计算方法如下：

（1）机翼和尾翼浸润面积 S_{wet}

机翼和尾翼的浸润面积可根据其平面形状计算，如图 22－6 所示。浸润面积由实际视图外露平面形状面积 S_{exp} 乘以一个根据机翼和尾翼相对厚度 t/c 确定的因子得到：

若 $t/c<0.05$，则 $S_{wet}=2.003S_{exp}$；

若 $t/c>0.05$，则 $S_{wet}=[1.977+0.52(t/c)]S_{exp}$。

对于“同舟”号无人机：

① 机翼翼型为 K3311，$t/c=0.11$，$S_{exp}=1.534\ m^2$，$S_{wet}=3.12\ m^2$；

② 平尾翼型为 NACA 0010，$t/c=0.1$，$S_{exp}=0.22\ m^2$，$S_{wet}=0.461\ m^2$；

③ 垂尾翼型为 NACA 0010，$t/c=0.1$，$S_{exp}=0.164\ m^2$，$S_{wet}=0.333\ m^2$。

(2) 机身浸润面积

对于一般的飞机，机身浸润面积按下式近似计算：

$$S_{wet}=K(S_{bis}+S_{ais})/2 \tag{22-17}$$

式中：S_{bis} 为俯视投影面积，S_{ais} 为侧视投影面积，参照图 22－7 确定。对于椭圆形截面，$K=\pi$；对于矩形截面，$K=4$；对于一般截面，$K=3.4$。

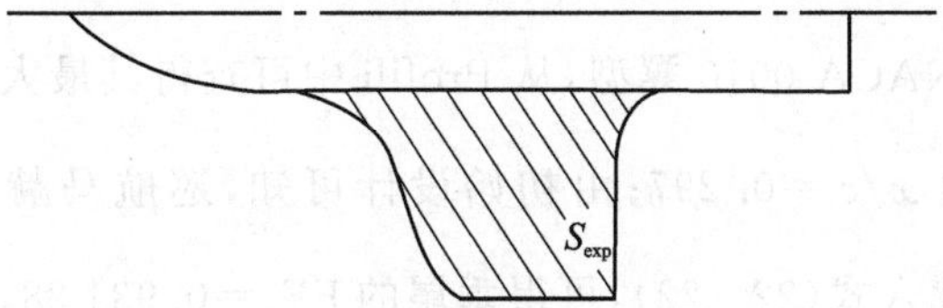

图 22－6　机翼和尾翼浸润面积估算

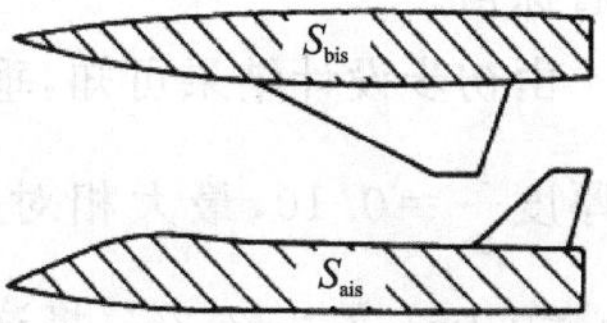

图 22－7　机身浸润面积快速估算

“同舟”号无人机为矩形截面，其 $K=4$，$S_{bis}=S_{ais}=0.456\ 5\ m^2$，将这些数据代入式(22－17)，得 $S_{wet}=1.826\ m^2$。

部件摩擦系数 $C_{f\pi}$ 的大小取决于雷诺数、表面质量，以及是紊流还是层流。其满足：

$$C_{f\pi}=\frac{X_{tr}\cdot C_{fl}+(l_{\pi}-X_{tr})\cdot C_{ft}}{l_{\pi}} \tag{22-18}$$

式中：l_{π} 为对应部件在气流方向上的平均长度；X_{tr} 为层流和紊流的转换点位置，满足：

$$X_{tr}=\frac{\nu\cdot Re}{v} \tag{22-19}$$

式中：ν 为空气运动粘度，定义为 $\nu=\mu/\rho$，其中，μ 为空气粘度；v 为气流速度；雷诺数 Re 为

$$Re=\frac{\rho v l_{\pi}}{\mu} \tag{22-20}$$

气流中紊流对摩擦系数的贡献为

$$C_{ft}=0.455\times(\lg Re)^{-2.58} \tag{22-21a}$$

层流对摩擦系数的贡献为

$$C_{fl}=1.328\times Re^{-0.5} \tag{22-21b}$$

由表 22-1 及表 22-3 可知式(22-19)~式(22-21)的各相关参数，把这些参数分别代入式(22-18)，可求得垂尾的摩擦系数 $C_{f\pi}=0.001\ 9$，平尾的摩擦系数 $C_{f\pi}=0.001\ 894$，机身的摩擦系数 $C_{f\pi}=0.000\ 693$。

对于部件形状因子 FF_{π}，根据参考文献[20]可知，这部分由经验公式得出。

对于水平及垂直安定面，FF_{π} 为

$$FF_{\pi}=\left[1.0+\frac{0.6}{x/c}\times\frac{t}{c}+100\times\left(\frac{t}{c}\right)^{4}\right]\cdot\left[1.34Ma^{0.18}(\cos\chi)^{0.28}\right] \tag{22-22}$$

式中：$\frac{t}{c}$ 为翼型相对厚度；x/c 为最大相对厚度位置；Ma 为马赫数；χ 为最大厚度线的后掠角。

由初步设计结果可知，垂尾使用 NACA 0010 翼型，从 Profili 中可查得其最大相对厚度 $\frac{t}{c}=0.10$，最大相对厚度位置 $x/c=0.297$；由初始设计可知，巡航马赫数 $Ma=0.061$，$\chi=33.26°$，将这些数据代入式(22-22)，可得垂尾的 $FF_{\pi}=0.934\ 28$，进而由式(22-16)得垂尾的 $C_{D0\pi}=3.62\times10^{-4}$。

平尾使用 NACA 0010 翼型，从翼型软件 Profili 中可查得其最大相对厚度 $\frac{t}{c}=0.10$，最大相对厚度位置 $x/c=0.297$；巡航马赫数 $Ma=0.061\ 2$，后掠角 $\chi=16.28°$，代入式(22-22)可得平尾的 $FF_{\pi}=0.971\ 1$。进而由式(22-16)得平尾的废阻系数 $C_{D0\pi}=6.24\times10^{-4}$。

对机身来说，FF_{π} 为

$$FF_{\pi}=1+\frac{60}{(l/d)^{3}}+\frac{l/\mathrm{d}}{400} \tag{22-23}$$

式中：l/d 为机身的长细比，对于“同舟”号无人机，$l/d=69.5$，故可得机身部件的形状因子 $FF_{\pi}=1.174$。

将 $S_{ref}=1.635\ \mathrm{m}^2$、机身摩擦系数 $C_{f\pi}=0.000\ 693$、$S_{wet}=1.826\ \mathrm{m}^2$、$FF_{\pi}=1.174$ 代入式(22-16)，可得机身的废阻系数 $C_{D0\pi}=9.52\times10^{-4}$。

由于起落架浸润面积计算难度较大，查阅参考文献[22]取起落架废阻系数为 $C_{D0\pi}=0.003\ 4$。

按式(22-16)，将平尾、垂尾、机身的废阻系数叠加，可得到除机翼外废阻系数 $C_{D0}=0.005\ 34$。

对于机翼形状阻力系数 C_{Dp}，可按以下经验公式计算：

$$C_{Dp}=R_{WF}R_{LS}C_{fw}\left[1+L'(t/c)+100(t/c)^4\right]S_{wet}/S_{ref} \tag{22-24}$$

式中：R_{WF} 为翼身干扰因子，对于单独机翼，$R_{WF}=1.0$。R_{LS} 为升力面修正因子，由图 22-8 确定，图中，Ma 为马赫数，$\chi_{(t/c,\max)}$ 为机翼最大厚度线的后掠角，对于“同舟”号无人机，Ma 约为 0.061，远小于 0.25，$\chi_{(t/c,\max)}$ 近似为 0°，故由图中曲线线性插值后可查得 $R_{LS}\approx1.07$。C_{fw} 为机翼湍流表面摩擦系数，由图 22-9 确定，图中 Ma 为马赫数，Re 为机翼雷诺数，对于“同舟”号无人机，Ma 约为 0.06，Re 大约为 7×10^5，故由图中曲线可查得 $C_{fw}=0.0047$。L' 为翼型最大位置厚度参数，当最大相对厚度位置大于或等于 0.3 倍弦长时，$L'=1.2$；当最大相对厚度位置小于 0.3 倍弦长时，$L'=2.0$；“同舟”号无人机机翼最大相对厚度位置为 0.306 弦长，大于 0.3 倍弦长，故 $L'=1.2$。t/c 为机翼翼型的最大相对厚度，“同舟”号无人机机翼的 $t/c=0.1103$；S_{wet} 为机翼浸润面积，“同舟”号无人机的 $S_{wet}=3.12\ \text{m}^2$；S_{ref} 为机翼面积或参考面积，“同舟”号无人机的 $S_{ref}=1.635\ \text{m}^2$。

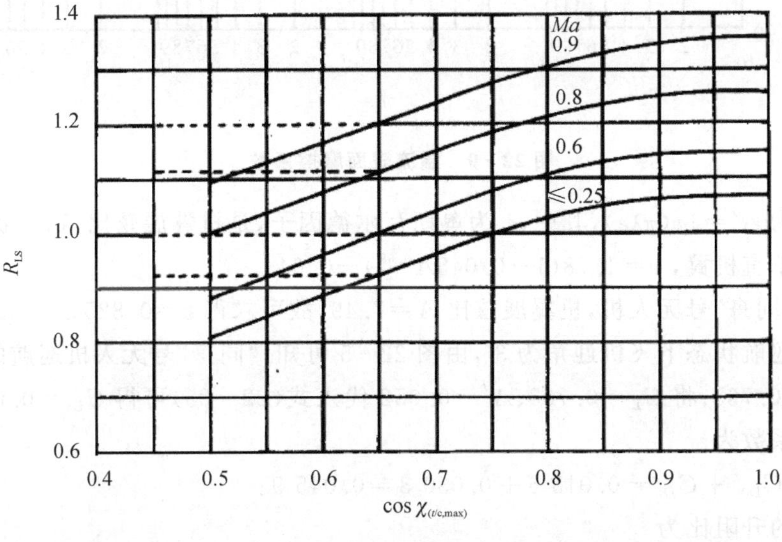

图 22-8　升力面修正因子

将上述参数值代入式(22-24)，得 $C_{Dp}=0.0103$，则“同舟”号无人机总的零升阻力系数 $C_{D0t}=C_{D0}+C_{Dp}=0.00534+0.0103\approx0.0156$。

2. 升致阻力系数

在线性气动力范围内，飞机的升致阻力系数[22]可表示为

$$C_{Di}=A'\cdot C_L^2 \tag{22-25}$$

式中：A' 为升致阻力因子。

飞机的升致阻力主要由机翼产生，对于升力沿展向是椭圆分布的机翼，$A'=1/(\pi A)$。实际机翼升力沿展向分布受机翼平面参数的影响，因此升致阻力因子 A'

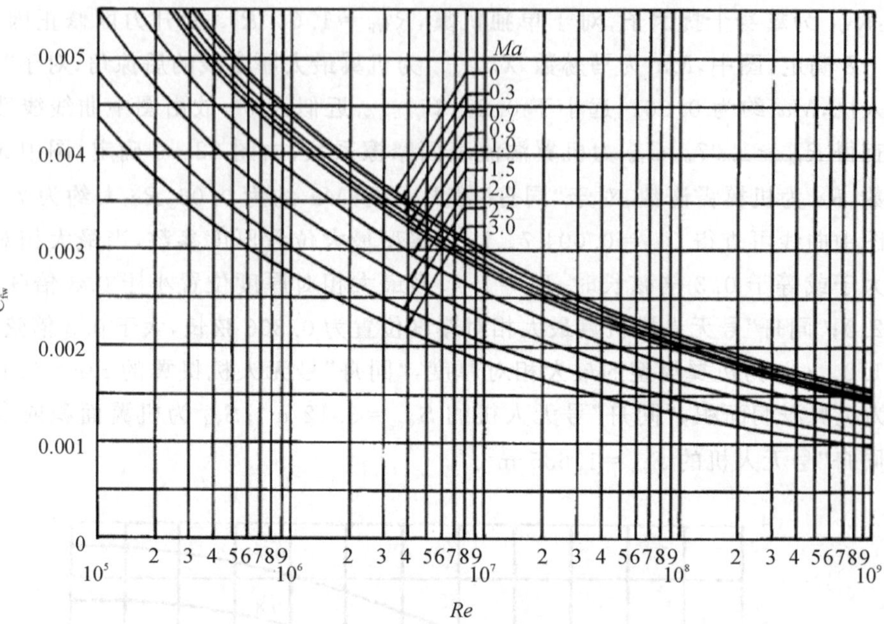

图 22-9　湍流表面摩擦系数

通常表示为 $A'=1/(\pi\lambda e)$，其中，e 为奥斯瓦尔德因子，是机翼展弦比 A、后掠角 χ 的函数。对于直机翼，$e=1.78(1-0.045A^{0.68})-0.64$ 。

对于"同舟"号无人机，机翼展弦比 $A=7.49$，故可求得 $e=0.825$，$A'=0.052$。

假设巡航状态下飞机迎角为 3°，由图 22-5 可知，"同舟"号无人机巡航的升力系数为 $C_L=0.765$；将 $C_L=0.765$、$A'=0.052$ 代入式(22-25)可得 $C_{Di}=0.030\ 3$，则全机阻力系数为

$C_D=C_{D0t}+C_{Di}=0.015\ 6+0.030\ 3=0.045\ 9$。

此时的升阻比为

$K=C_L/C_D=0.765/0.045\ 9=16.7$。

阻力系数还可表示为

$$C_D=C_{D0t}+A'\cdot C_L^2=0.015\ 6+0.052C_L^2 \tag{22-26}$$

由式(22-26)作出全机的极曲线，如图 22-10 所示。

由图 22-10 可粗略地得到全机的最大升阻比为 17.48。而巡航状态(迎角 3°)下，全机的升阻比为 16.7，这说明全机各部件在外形及相互搭配上还有减阻的潜力有待发掘。

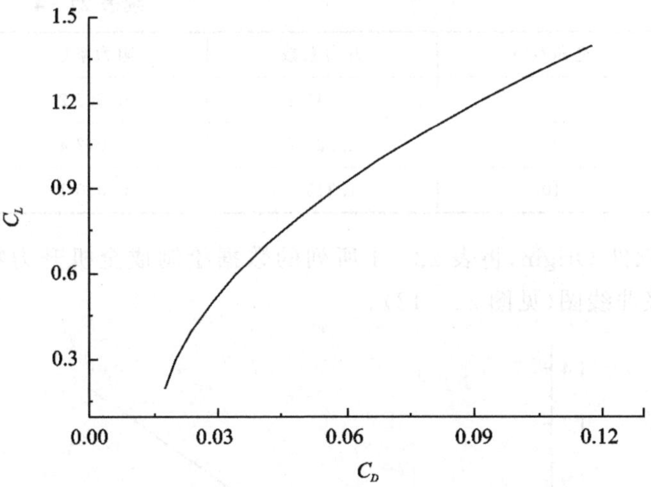

图 22-10　全机极曲线

22.5　升阻特性的 AVL 数值分析

正常状态下,“同舟”号无人机总的零升阻力系数为 0.015 6(经验值估算的巡航阻力)。通过改变飞机的迎角,可得到不同迎角下对应的升力及阻力系数。表 22-4 给出了 AVL 计算的飞机的升阻特性数据,经数据外推可知,“同舟”号无人机的零升阻力大致为 0.021 6。

表 22-4　利用 AVL 计算的飞机的升阻特性数据

迎角/(°)	升力系数	阻力系数
−3	0.150 5	0.022 0
−2	0.241 9	0.023 0
−1	0.333 2	0.024 7
0	0.424 3	0.026 9
1	0.515 3	0.026 9
2	0.605 9	0.033 1
3	0.696 3	0.037 1
4	0.785 3	0.041 6
5	0.875 9	0.964 9
6	0.964 9	0.052 3
7	1.053 5	0.058 5

续表 22－4

迎角/(°)	升力系数	阻力系数
8	1.141 4	0.065 2
9	1.228 7	0.072 4
10	1.315 2	0.080 1

使用绘图软件 Origin，将表 22－4 所列的数据绘制成全机升力特性曲线图（见图 22－11）和极曲线图（见图 22－12）。

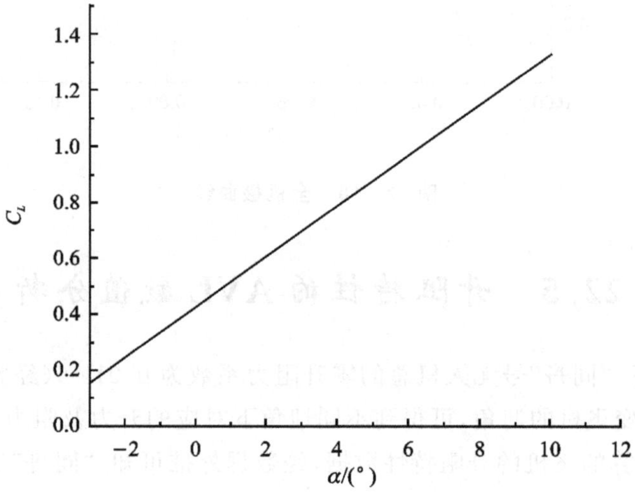

图 22－11 全机升力特性曲线

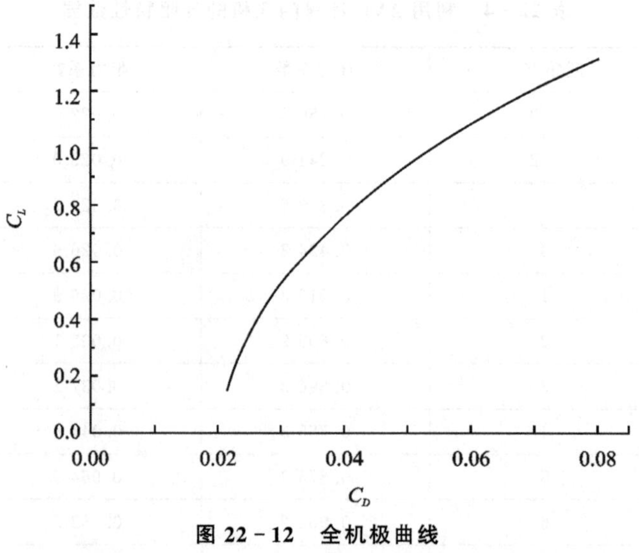

图 22－12 全机极曲线

图 22－11 所示的全机升力特性曲线拟合方程为：$C_L = 0.424 + 0.09\alpha$。

由图 22－12 可知，在 AVL 模拟中，全机最大升阻比约为 18.7，此时迎角约为 3°，所以巡航角度定为 3°。

通过 AVL 算得在巡航状态下的机翼展向各个涡格处的升力系数，可得到机翼及尾翼升力系数沿展向的分布情况，分别如图 22－13 和图 22－14 所示。

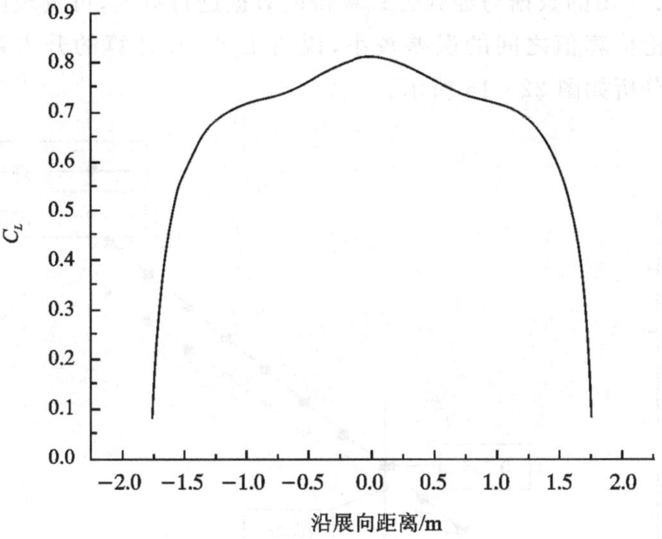

图 22－13　机翼升力系数沿展向分布

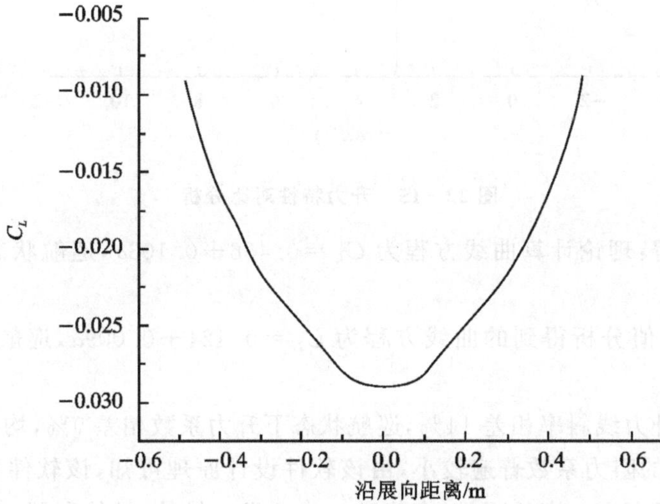

图 22－14　尾翼升力系数沿展向分布

沿翼展方向各点的升力系数数据可提供给结构强度计算者，使其能够较为准确地校核飞机相关结构的强度。

22.6 升阻特性的理论计算与AVL数值分析比较

将由AVL导出的数据与经验公式算得的数据进行对比，可发现由AVL算得的升力系数与理论估算值之间的误差较小，说明由AVL计算的升力系数较为可靠。升力特性对比分析如图22-15所示。

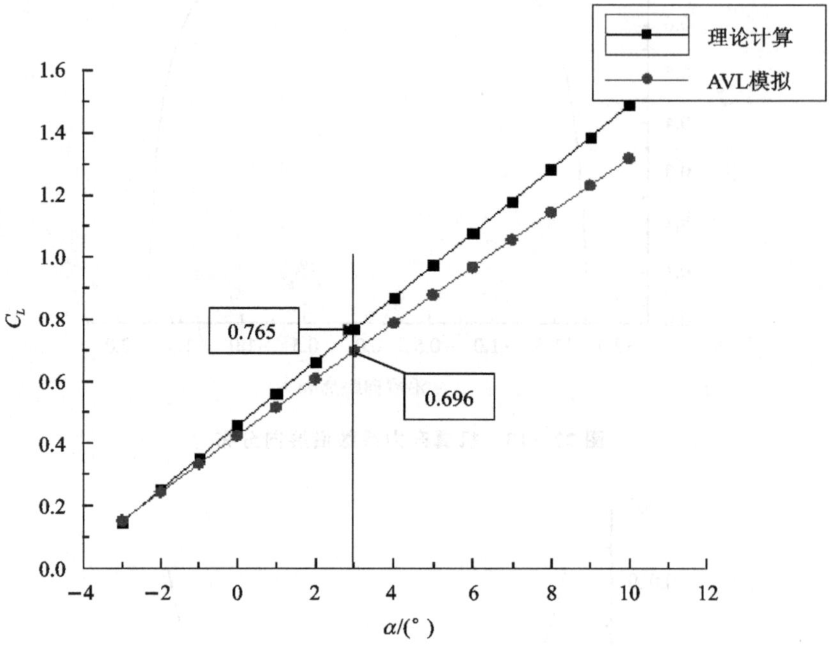

图22-15 升力特性对比分析

由分析可得：理论计算曲线方程为 $C_L=0.456+0.103\alpha$，巡航状态（迎角为3°）下 $C_L=0.765$；

由AVL数值分析得到的曲线方程为 $C_L=0.424+0.009\alpha$，巡航状态下 $C_L=0.696$。

两者全机升力线斜率相差14%，巡航状态下升力系数相差9%，均在可接受范围内。AVL计算的阻力系数普遍较小，由该软件设计原理可知，该软件在计算阻力系数的算法上本身存在一定的不足，有待进一步开发。另外，虽然利用AVL对飞机进行升阻特性分析的部分在本章所占的篇幅不大，但在实际设计过程中，由于设计方案要经过反复修改，需要大量的计算，所以该软件起到了很好的辅助作用。

第 23 章　飞行稳定性计算与分析

飞行器稳定性[18]，简言之就是飞行器受到外界瞬时扰动后，自动恢复原来平衡状态的能力；飞行器的操纵性是指飞行器对驾驶员操纵或舵面指令输入的响应，即从一种飞行状态过渡到另一种飞行状态的能力。从力学角度看，稳定性和操纵性都是研究飞行器在外力和力矩作用下，其各个运动参数随时间变化的特性。本章仅讨论飞机的静稳定性。

23.1　设计要求和目标

1. 设计要求

飞机要在起飞和着陆时保持平衡，且在飞行过程中能够保持静稳定；在飞机出现倾斜时，方向舵要能够克服由副翼产生的远离飞行方向和目标的负偏航；纵向静稳定裕度在 10%～15%之间。

2. 设计目标

① 在满足飞行条件的情况下要尽可能减小由舵面偏转所产生的阻力；

② 飞机各部分参数的选择都要在满足飞机稳定的前提条件下使其结构质量最小；

③ 纵向静稳定裕度必须达到设计要求，这样才能保证该飞机适合于每一个初学遥控的飞行员，才有可能获得最大的经济效益。

23.2　纵向静稳定性计算分析

全机纵向静稳定力矩是由飞行器各部件产生的力矩之和表示的，主要分为 3 部分：机翼部分、机身部分和平尾部分。

1. 机翼部分

根据文献[18]可知，机翼上气动力对飞行器质心的纵向力矩可表示为

$$M_w = M_{ac,w} + L_w(x_{c,g} - x_{ac,w}) \tag{23-1}$$

式中：$x_{c,g}$、$x_{ac,w}$ 分别为飞行器质心和机翼焦点或气动中心距平均气动弦长前缘的距离；L_w 为机翼升力；$M_{ac,w}$ 为零升力矩，习惯用 $M_{0,w}$ 表示，如图 23-1 所示。图 23-1 中，D_w 为机翼阻力，α_w 为迎角，c 为机翼平均气动弦长，$Z_{c,g}$ 为飞行器质心到机翼弦线的纵向距离，v 为来流速度。

将式(23-1)除以 qSc，转换为力矩系数形式，得

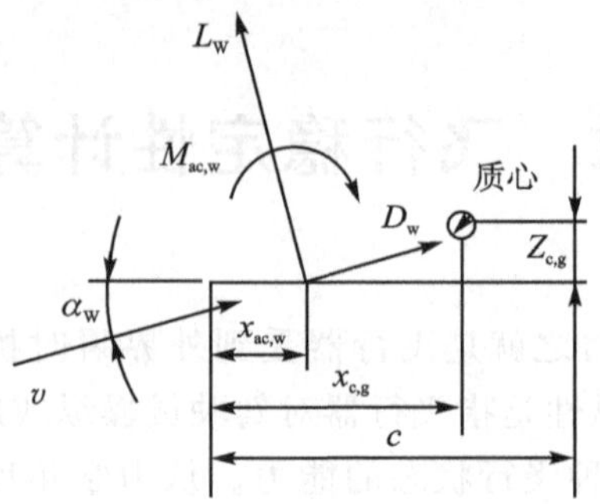

图 23-1 机翼侧视简图

$$C_{m,w}=C_{m,ac,w}+C_{L,w}(\bar{x}_{c,g}-\bar{x}_{ac,w}) \quad (23-2)$$

式中：$\bar{x}_{c,g}=x_{c,g}/c$，对于"同舟"号无人机，$\bar{x}_{c.g}=0.18$；$\bar{x}_{ac,w}=x_{ac,w}/c$；$q=\frac{1}{2}\rho v^2$ 为动压，其中，ρ 为空气密度，v 为来流速度；S 为机翼面积；$C_{L,w}$ 为机翼的升力系数。

$C_{m,ac,w}$ 相当于 $C_{L,w}=0$ 时的纵向力矩系数，习惯用 $C_{m0,w}$ 表示，故式(23-2)也可表示为

$$C_{m,w}=C_{m0,w}+C_{L,w}(\bar{x}_{c,g}-\bar{x}_{ac,w}) \quad (23-3)$$

"同舟"号无人机机翼的翼型为 K3311，通过 Profili 软件得到 $C_{m0,w}=-0.083$，$C_{L,w}=0.107$。

$\bar{x}_{ac,w}$ 可按下式[23]计算：

$$\bar{x}_{ac,w}=x_{ac,w}/c \quad (23-4)$$

对于"同舟"号无人机，$x_{ac,w}=0.147$ m，$c=0.467$ m，将这些数值代入式(23-4)，得 $\bar{x}_{ac,w}=0.315$。

2. 机身部分

$$C_{m,b}=\frac{M_b}{qSc}=C_{L\alpha,b}(\alpha_w-\psi_w)\frac{S_b x_b}{Sc} \quad (23-5)$$

式中：$C_{L\alpha,b}$ 为单独机身的升力线斜率；S_b 为机身最大横截面面积；ψ_w 为机翼安装角；x_b 为机身压力中心到飞行器质心的距离。对于"同舟"号无人机，$S_b=0.0625\ \text{m}^2$，$\psi_w=2°$，$S=1.635\ \text{m}^2$，$c=0.467$ m，$x_b=0.1$ m。

计算中常将机翼和机身作为翼身组合体讨论，如图 23-2 所示。同一迎角 α_w 下，翼身组合体升力系数可表示为

$$C_{L,wb}=C_{L\alpha,wb}(\alpha_w-\alpha_{0,wb}) \quad (23-6a)$$

$$C_{L\alpha,wb}=C_{L\alpha,w}+C_{L\alpha,b} \quad (23-6b)$$

$$\alpha_{0,wb}=\frac{C_{L\alpha,w}\alpha_{0,w}-C_{L\alpha,w}\psi_w}{C_{L\alpha,wb}} \quad (23-6c)$$

式中：$C_{L\alpha,wb}$ 为翼身组合体升力线斜率；$\alpha_{0,wb}$ 为翼身组合体零升迎角；$C_{L\alpha,b}$ 为机身升力线

斜率；$\alpha_{0,w}$ 为机翼零升迎角，对于“同舟”号无人机，$\alpha_{0,w}=-3.6°$(由图 16-11 可查得)。

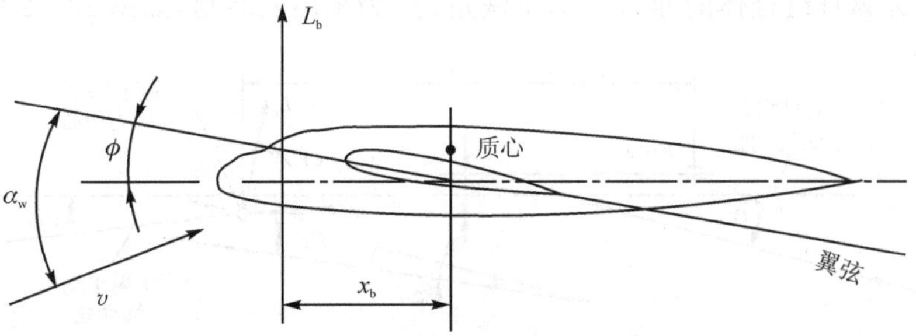

图 23-2 机身的纵向力矩

$$C_{L\alpha,b}=fC_{L\alpha,w},\quad f=1.07(1+d_b/b)^2 \tag{23-7}$$

式中：b 为翼展；d_b 为机身截面当量半径；$C_{L\alpha,w}$ 为机翼升力线斜率。

对于“同舟”号无人机，$d_b=0.22$ m，$b=3.5$ m，$C_{L\alpha,w}=0.083/(°)$，将这些数据代入式(23-7)，得 $f=1.20$，$C_{L\alpha,b}=0.016\,6/(°)$，进而由式(23-6)可得 $C_{L\alpha,wb}=0.1/(°)$，$\alpha_{0,wb}=-3.25°$。

将式(23-5)整理后得

$$C_{m,b}=\Delta C_{m0,b}+\Delta\bar{x}_{ac,b}C_{L,wb} \tag{23-8a}$$

$$\Delta C_{m0,b}=C_{L\alpha,b}A_b(\alpha_{0,wb}-\phi) \tag{23-8b}$$

$$\Delta\bar{x}_{ac,b}=\frac{C_{L\alpha,b}}{C_{L\alpha,wb}}\cdot A_b \tag{23-8c}$$

其中，令 $A_b=\dfrac{S_b x_b}{Sc}$。对于“同舟”号无人机，$A_b=8.2\times10^{-3}$。

将 $C_{L\alpha,b}=0.016\,6/(°)$、$C_{L\alpha,wb}=0.1/(°)$、$A_b=8.2\times10^{-3}$、$\alpha_{0,wb}=-3.25°$、$\phi_w=2°$代入式(23-8b)和式(23-8c)，得 $\Delta C_{m0,b}=-3.573\times10^{-3}<0$，$\Delta\bar{x}_{ac,b}=1.37\times10^{-3}>0$。

翼身组合体的纵向力矩系数即机翼和机身力矩系数之和，为

$$C_{m,wb}=C_{m,w}+C_{m,b}=C_{m0,wb}+C_{L,wb}(\bar{x}_{c,g}-\bar{x}_{ac,wb}) \tag{23-9a}$$

$$C_{m0,wb}=C_{m0,w}+\Delta C_{m0,b} \tag{23-9b}$$

$$\bar{x}_{ac,wb}=\bar{x}_{ac,w}-\Delta\bar{x}_{ac,b} \tag{23-9c}$$

将 $\bar{x}_{ac,w}=0.315$、$\Delta\bar{x}_{ac,b}=1.37\times10^{-3}$、$C_{m0,w}=-0.083$、$\Delta C_{m0,b}=-3.573\times10^{-3}$代入式(23-9)，得 $C_{m0,wb}=-0.086$、$\bar{x}_{ac,wb}=0.314$。

显然，机身的影响一方面使零升力矩系数的绝对值增加，另一方面使机翼焦点向前移动。

3. 平尾部分

平尾部分受机身影响，其迎角会发生变化，综合考虑后，平尾有效迎角为

$$\alpha_t = \alpha_{wb} + \phi_t - \varepsilon \tag{23-9d}$$

式中：α_{wb} 为翼身组合体的迎角；ε 为下洗角；ϕ_t 为平尾安装角，如图 23-3 所示。

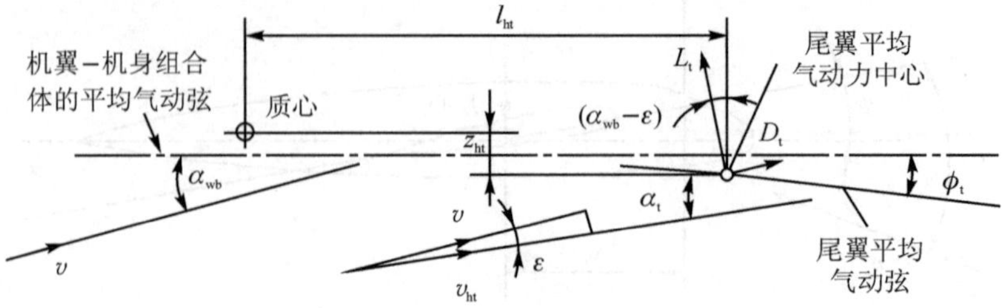

图 23-3　平尾的纵向力矩

图 23-3 中，v 为来流速度；v_{ht} 为平尾有效来流速度；l_{ht}、z_{ht} 分别为飞行器质心和平尾平均气动重心沿翼身组合体平均气动弦方向以及纵向的距离；L_t、D_t 分别为平尾的升力和阻力。

平尾纵向力矩系数的表达式如下：

$$C_{m,t} = -k_{qh} A_{ht} C_{L\alpha,H}(\alpha_{wb} + \phi_t - \varepsilon) \tag{23-10}$$

式中：k_{qh} 为修正系数；A_{ht} 为平尾的静面矩系数（尾容量），其中，$A_{ht}=(S_t l_{ht})/(Sc)$，S_t、S 分别为平尾和机翼面积；$C_{L\alpha,H}$ 为平尾升力线斜率。对于"同舟"号无人机，正常式平尾下 k_{qh} 取 0.65，$A_{ht}=0.55$，$C_{L\alpha,H}=0.065/(°)$，$\phi_t=0°$。

利用翼身组合体升力表达式，式(23-10)可改写为

$$C_{m,t} = C_{m0,t} - k_{qh} A_{ht} \frac{C_{L,H}}{C_{L\alpha,wb}}\left(1 - \frac{d\varepsilon}{d\alpha}\right) C_{L,wb} \tag{23-11a}$$

$$C_{m0,t} = -k_{qh} A_{ht} C_{L\alpha,H}(\alpha_{0,wb} + \phi_t - \varepsilon) \tag{23-11b}$$

式中：$\frac{d\varepsilon}{d\alpha}$为平尾处下洗随迎角 ε 随主机翼迎角 α 的变化率，由式(22-4)确定，对于"同舟"号无人机，$\frac{d\varepsilon}{d\alpha}=0.243$；$C_{m0,t}$ 为平尾零升力力矩系数。

将 $k_{qh}=0.65$、$A_{ht}=0.49$、$C_{L\alpha,H}=0.065/(°)$、$\alpha_{0,wb}=-3.25°$、$\varepsilon=0°$、$\phi_t=0°$代入式(23-11b)，得 $C_{m0,t}=0.098\,8$。

因为平尾升力相对较小，近似取 $C_L \approx C_{L,wb}$、$C_{L\alpha} \approx C_{L\alpha,wb}$，最终全机俯仰力矩系数表达式如下[22]：

$$C_m = C_{m,wb} + C_{m,t} = C_{m0,wb} + C_{m0,t} + \left[\bar{x}_{c.g} - \bar{x}_{ac,wb} - k_{qh} A_{ht} \frac{C_{L\alpha,H}}{C_{L\alpha}}\left(1 - \frac{d\varepsilon}{d\alpha}\right)\right] C_L \tag{23-12a}$$

$$C_{m,0} = C_{m0,wb} + C_{m0,t} = C_{m0,w} + C_{L\alpha,b} A_b(\alpha_{0,wb} - \phi_w) - k_{qh} A_{ht} C_{L\alpha,H}(\alpha_{0,wb} + \phi_t - \varepsilon) \tag{23-12b}$$

$$\bar{x}_{ac} = \bar{x}_{ac,wb} + k_{qh} A_{ht} \frac{C_{L\alpha,H}}{C_{L\alpha}}\left(1 - \frac{d\varepsilon}{d\alpha}\right) \tag{23-12c}$$

将 $C_{m0,wb}=-0.086$、$C_{m0,t}=0.0988$、$\frac{d\varepsilon}{d\alpha}=0.243$、$k_{qh}=0.65$、$A_{ht}=0.49$、$C_{L\alpha,H}=0.065/(°)$、$C_{L\alpha}\approx C_{L\alpha,wb}=0.1/(°)$、$\bar{x}_{ac,wb}=0.314$、$\bar{x}_{c.g}=0.18$ 代入式(23 - 12)，得 $C_{m,0}=0.0128$，$\bar{x}_{ac}=0.471$，以及 $C_m = C_{m,0}+(\bar{x}_{c.g}-\bar{x}_{ac})=0.0128-0.134C_L$，根据该式可绘制全机俯仰力矩系数曲线，如图 23 - 4 所示。

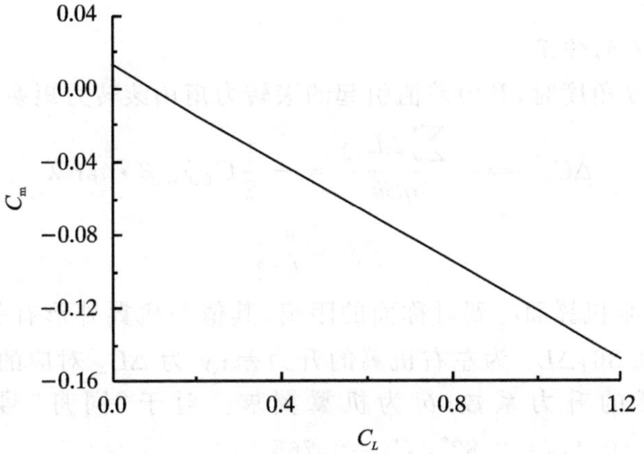

图 23 - 4　全机俯仰力矩系数曲线

根据静稳定性判据：

$$\frac{\partial C_m}{\partial \alpha}<0\ \left(\frac{\partial C_m}{\partial C_L}<0\right),\quad \text{静稳定}$$

$$\frac{\partial C_m}{\partial \alpha}>0\ \left(\frac{\partial C_m}{\partial C_L}>0\right),\quad \text{静不稳定}$$

$$\frac{\partial C_m}{\partial \alpha}=0\ \left(\frac{\partial C_m}{\partial C_L}=0\right),\quad \text{中立静稳定}$$

“同舟”号无人机的 $\frac{\partial C_m}{\partial \alpha}<0\ \left(\frac{\partial C_m}{\partial C_L}<0\right)$，属于静稳定，同时 $\frac{\partial C_m}{\partial \alpha}=-0.134$，意味着静稳定裕度为 13.4%，满足设计要求。但需要指出的是，上述计算的纵向静稳定性是在假定飞行器速度保持不变的前提下得出的，仅为定速静稳定性。在实际飞行过程中，当扰动引起迎角变化时，飞行速度也会发生变化，因此还需研究一种在过载 $n_n=1$ 的条件下的纵向静稳定性，称为定载静稳定性，即研究飞行器作定直水平飞行时，在瞬态扰动后，飞行器有无恢复至原来平衡状态的趋势。由于扰动过程中，飞行器迎角和速度均发生变化，因此作用在飞行器上的纵向力矩应是迎角 α 和 Ma 的函数，即 $M=f(C_L,Ma)$，但限于情况较为复杂，本章不予讨论。

23.3 横向与航向稳定性分析

全机的横向、航向静稳定力矩[18]可以利用各部件力矩之和来表示，其侧力和偏航力矩主要由垂尾和机身产生，而滚转力矩则由机翼和垂尾产生。

1. 机翼部分

(1) 后掠角 χ 的作用

当飞机滚转 β 角度时，升力差值引起的滚转力矩用滚转力矩系数可近似表示为

$$\Delta C_{L,\chi}=-\frac{\sum \Delta L_{\chi} y}{qSb}=-\frac{1}{2}C_L\bar{y}_{s,c}\beta\cdot\tan\chi$$

$$\bar{y}_{s,c}=\frac{y_{s,c}}{b/2} \tag{23-13}$$

式中：$y_{s,c}$ 近似为半机翼面心到对称面的距离，其值与机翼外形有关，初步估算时可取 $\bar{y}_{s,c}=0.4$ 或 0.36；ΔL_{χ} 为左右机翼的升力差；y 为 ΔL_{χ} 对应的力臂长度；C_L 为巡航状态下机翼的升力系数；b 为机翼翼展。对于“同舟”号无人机，$y_{s,c}=779.57\ \text{mm}$，$\bar{y}_{s,c}=0.4$，$\chi=2.82°$，$C_L=0.765$。

滚转力矩侧滑导数：

$$C_{L\beta,\chi}=-\frac{1}{2}C_L\bar{y}_{s,c}\cdot\tan\chi=-0.007\ 54/(°)$$

对于阻力差值引起的偏航力矩，$C_{n\beta,\chi}\propto C_L^2\cdot\tan\chi$，与 $C_{L\beta,\chi}$ 相比绝对值很小，且为正值；侧力的侧滑导数 $C_{c\beta,\chi}$ 一般略去。

(2) 上反角 ψ 的作用

当飞机滚转 β 角度时，上反角 ψ 导致的机翼左右升力差值引起滚转力矩，可用滚转力矩系数近似表示为

$$\Delta C_{L,\psi}=-\frac{2\Delta L_R y_{s,c}}{qSb}=-\frac{1}{2}C_{L\alpha}\bar{y}_{s,c}\beta\psi \tag{23-14}$$

滚转力矩侧滑导数：

$$C_{L\beta,\psi}=-\frac{1}{2}C_{L\alpha}\bar{y}_{s,c}\psi$$

侧力变化引起的侧滑导数：

$$C_{c\beta,\psi}=-2C_{L\alpha}\psi^2$$

“同舟”号无人机的上反角 $\psi=2°$，故 $C_{L\beta,\psi}=-0.000\ 719/(°)$，$C_{c\beta,\psi}=-0.000\ 06/(°)$。

(3) 翼端作用

由风洞吹风结果整理出经验公式：

$$C_{L\beta,\chi=0}=-\frac{0.04C_L}{(\eta+1)^3A} \tag{23-15}$$

式中：η 为机翼根梢比；A 为机翼展弦比。

对于“同舟”号无人机，取 $\eta=1.3$，$A=7.493$，C_L 为巡航状态下的升力系数 0.765，代入式(23-15)得

$$C_{L\beta,\chi=0}=-0.00036/(^\circ)$$

综上考虑，由机翼产生的侧滑导数可归纳为

$$C_{c\beta,\mathrm{w}}=C_{c\beta,\psi}=-2C_{L\alpha}\psi^2 \tag{23-16a}$$

$$C_{L\beta,\mathrm{w}}=C_{L\beta,\psi}+C_{L\beta,\chi=0}+C_{L\beta,\chi}=-\frac{1}{2}C_{L\alpha}\bar{y}_{\mathrm{s,c}}\cdot\psi-\frac{0.04C_L}{(\eta+1)^3A}-\frac{1}{2}C_L\bar{y}_{\mathrm{s,c}}\cdot\tan\chi \tag{23-16b}$$

$$C_{n\beta,\mathrm{w}}=C_{n\beta,\chi}\propto C_{\mathrm{L}}^2\tan\chi \tag{23-16c}$$

式中：$C_{c\beta,\mathrm{w}}=-0.00006/(^\circ)$；$C_{L\beta,\mathrm{w}}=(-0.000719-0.00036-0.00754)/(^\circ)=-0.00862/(^\circ)$；$C_{n\beta,\mathrm{w}}\approx 0/(^\circ)$。

2. 机身部分

查阅参考资料[19]，机身引起的侧力侧滑导数为

$$C_{c\beta,\mathrm{b}}=-\frac{2}{57.3}K_{\mathrm{i}}\left(\frac{A_{\mathrm{F0}}}{S}\right) \tag{23-17}$$

式中：K_{i} 为翼身干扰因子，由图 23-5 给出；A_{F0} 为机身站位于 x_0 处的横截面面积，其中，x_0 为黏性流的起始点站位。

在图 23-5 中，Z_{w} 为机身中心线到外露翼根弦线 1/4 弦点的距离，1/4 弦点在机身中心线以下时为正，其定义见图 23-6。在图 23-5 和图 23-6 中，d_{F} 为翼身连

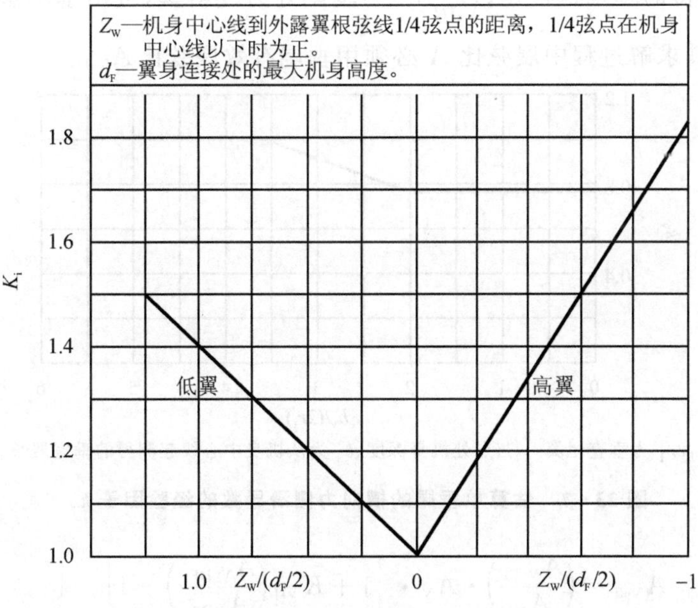

图 23-5　翼身干扰因子 K_{i}

接处的最大机身高度。

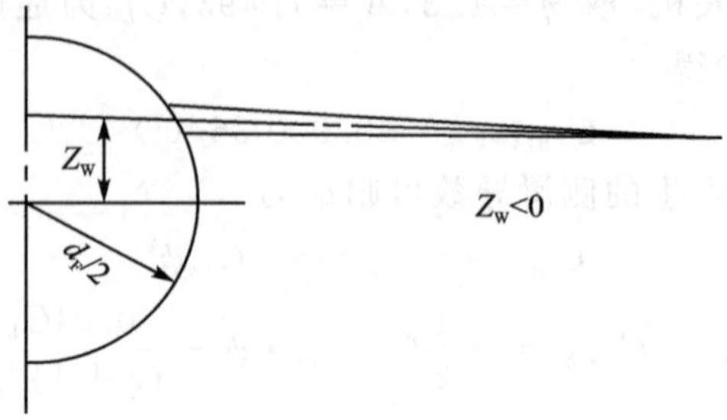

图 23-6　Z_W 的定义

对于"同舟"号无人机，取 $Z_W \approx -0.1$ m，$A_{F0}=0.12\times0.12$ (m^2)，$d_F\approx0.25$ m。由 $Z_W/(d_F/2)=-0.8$ 查图 23-5 可知，"同舟"号无人机的 $K_i=1.68$。

将上述参数代入式(23-17)，可得 $C_{c\beta,b}=-0.000\,516/(°)$。

机身一般对航向力矩、滚转力矩的影响很小，故 $C_{n\beta,b}\approx0/(°)$，$C_{L\beta,b}\approx0/(°)$。

3. 垂尾部分(针对单垂尾情况)[22]

(1) 横向力系数对侧滑角的导数

$$C_{c\beta,vt}=-k_v\left(\frac{\partial c_c}{\partial\beta}\right)_{vt}\left(1+\frac{\partial\sigma}{\partial\beta}\right)\eta_v\cdot\frac{S_v}{S} \tag{23-18}$$

式中：k_v 为经验因子，由图 23-7 给出，对于"同舟"号无人机，取 $k_v\approx0.9$；η_v 为从机身中心线起测得的垂尾梢根比；$\left(\frac{\partial c_c}{\partial\beta}\right)_{vt}$ 为垂尾升力线斜率，可用垂尾参数代替机翼参数求得，在其求解过程中展弦比 A 必须用垂尾有效展弦比 A_{Veff}。

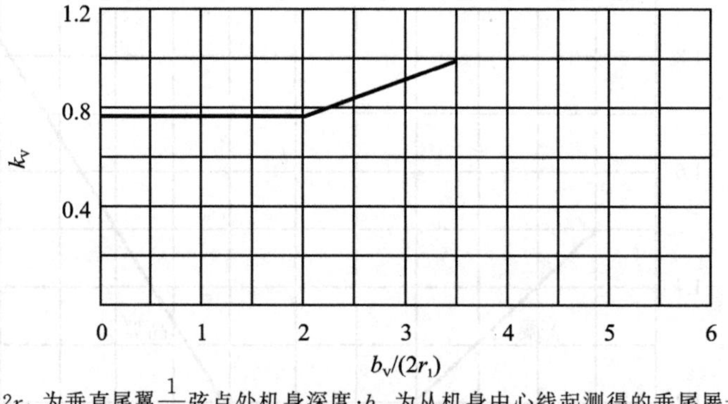

注：$2r_1$ 为垂直尾翼 $\frac{1}{4}$ 弦点处机身深度；b_v 为从机身中心线起测得的垂尾展长。

图 23-7　估算单垂尾的横向力侧滑导数的经验因子 k_v

$$\left.\begin{aligned}A_{Veff}&=\left(\frac{A_{V(F)}}{A_V}\right)\cdot A_V\cdot\left[1+K_{VH}\left(\frac{A_{V(HF)}}{A_{V(F)}}\right)-1\right]\\A_V&=(b_v)^2/S_v\end{aligned}\right\} \tag{23-19}$$

式中：S_v 为从机身中心线起测得的垂尾面积（见图 23-8），对于“同舟”号无人机，$S_v=0.152\ m^2$；$\frac{A_{V(F)}}{A_V}$ 为含机身垂尾展弦比与孤立垂尾展弦比之比，该比值由图 23-9 确定；$\frac{A_{V(HF)}}{A_{V(F)}}$ 为存在机身和平尾时的垂尾展弦比与只存在机身的垂尾展弦比之比，该比值由图 23-10 确定，其中，X/c_v 为垂尾和平尾相对位置的参数；K_{VH} 为考虑平尾与垂尾相对尺寸的修正因子，由图 23-11 确定。

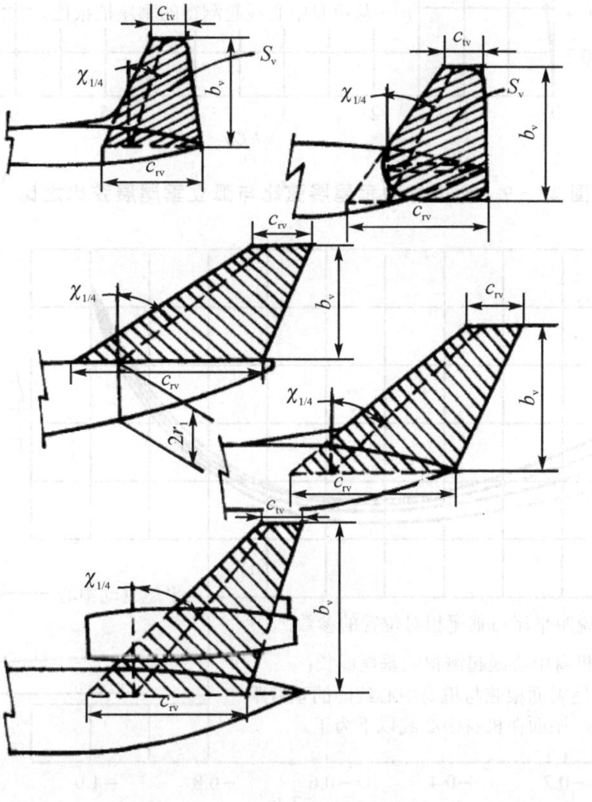

注：c_{tv}、c_{rv} 分别为尾梢和机身中心线处垂尾的弦长，对于“同舟”号无人机，$c_{tv}=0.164\ m$、$c_{rv}=0.503\ m$。

图 23-8　垂尾有效几何参数的例图

对于式（23-18）等号的右边，

$$\left(1+\frac{\partial\sigma}{\partial\beta}\right)\eta_v=0.724+3.06\left[\left(\frac{S_v}{S}\right)\Big/(1+\cos\chi_{1/4})\right]+0.4\frac{Z_w}{Z_F}+0.009A \tag{23-20}$$

式中：$\chi_{1/4}$ 为机翼 1/4 弦线后掠角；Z_F 为机翼根弦处机身的垂直高度。

对于“同舟”号无人机，参照图 23-7～图 23-11 可知，$b_v=0.5\ m$，$c_{rv}=$

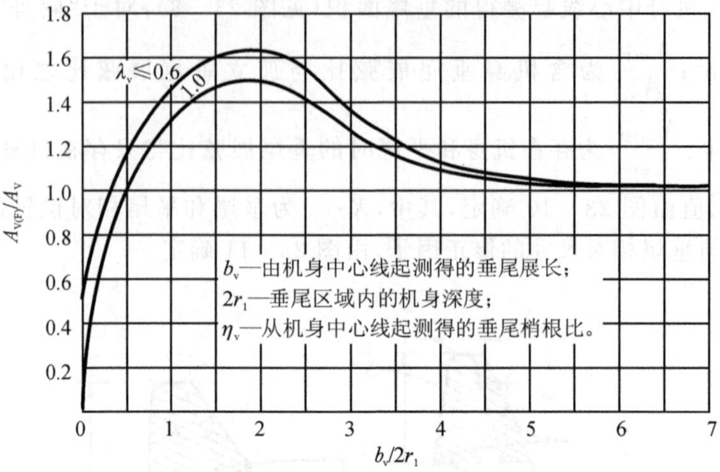

图 23-9 含机身的垂尾展弦比与弧立垂尾展弦比之比$\frac{A_{V(F)}}{A_V}$

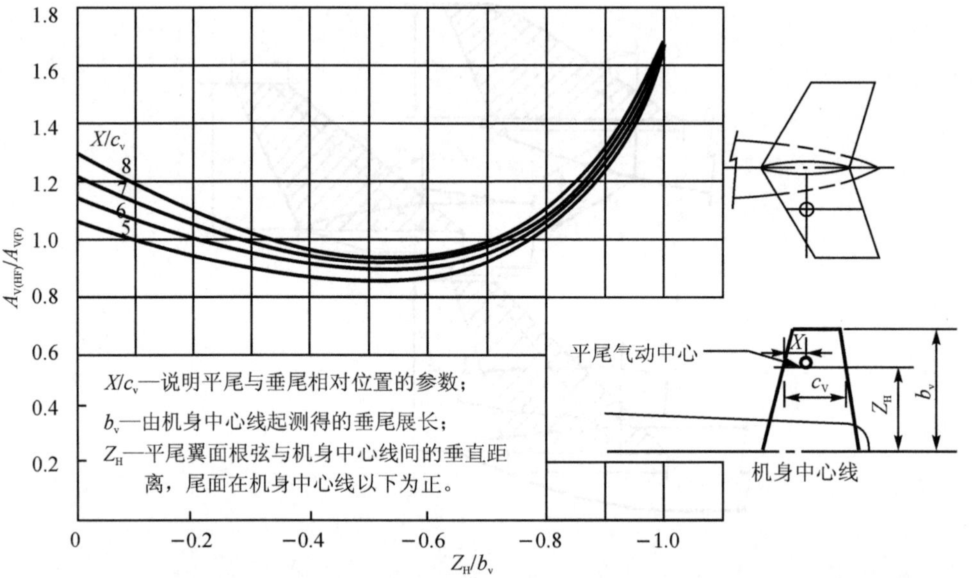

图 23-10 存在机身和平尾时的垂尾展弦比与只存在机身的垂尾展弦比之比$\frac{A_{V(HF)}}{A_{V(F)}}$

0.503 m，c_{tv}=0.164 m，S_v=0.152 m^2，$2r_1$=0.187 5 m，$b_v/2r_1$=2.7，A_V=1.645，$\frac{A_{V(F)}}{A_V}$=1.45，$\frac{A_{V(HF)}}{A_{V(F)}}$=1，$K_{VH}$=1，$Z_H/b_v$=0.06/0.5=0.12，将这些相关参数代入式(23-19)，得 A_{Veff}=2.39。

低速情况下，翼型升力线斜率近似为 $C_{L\alpha}=1.8\pi(1+0.8\bar{t})$，其中，$\bar{t}$ 为翼型的相对厚度。对于“同舟”号无人机，垂尾 $\bar{t}$=0.1，可知 $C_{L\alpha}$=6.104/rad=0.106 5/(°)。

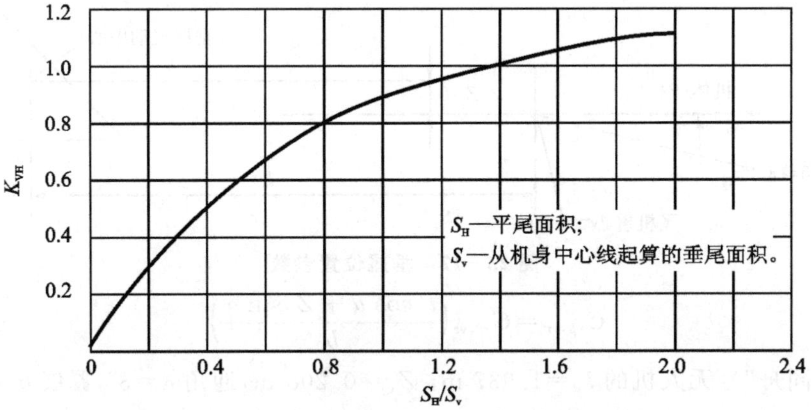

图 23-11　考虑平尾和垂尾相对尺寸的修正因子 K_{VH}

将 $A=A_{\mathrm{Veff}}=2.39$、垂尾 1/2 弦线后掠角 $\chi_{1/2}=18.16°$、$Ma=0.089$（“同舟”号无人机的巡航速度）、$C_{L\alpha}=6.104/\mathrm{rad}$ 代入下式：

$$C_{L\alpha,\mathrm{V}}=\frac{2\pi A}{2+\dfrac{A^2(1-Ma^2)}{(C_{L\alpha}/2\pi)^2}\left(1+\dfrac{\tan^2\chi_{1/2}}{1-Ma^2}\right)}$$

可得到“同舟”号无人机的垂尾升力线斜率：$C_{L\alpha,\mathrm{V}}=2.852/\mathrm{rad}=0.050/(°)$，即 $\left(\dfrac{\partial c_c}{\partial\beta}\right)_{\mathrm{vt}}=0.050/(°)$。

将“同舟”号无人机的垂尾参数 $\cos\chi_{1/4}=\cos 2.82°=0.999$、$\dfrac{Z_w}{Z_F}=0.48$、$A=2.39$、$S_v/S=0.152/1.635=0.093$ 代入式(23-20)，可得 $\left(1+\dfrac{\partial\sigma}{\partial\beta}\right)\eta_v=1.08$。

最后由式(23-18)求得：$C_{c\beta,\mathrm{vt}}=-0.00486/(°)$。

(2) 滚转力矩导数

滚转力矩导数为

$$C_{l\beta,\mathrm{vt}}=C_{c\beta,\mathrm{vt}}\left(\frac{Z_v\cos\alpha-l_v\sin\alpha}{b}\right)\tag{23-21}$$

式中：$C_{c\beta,\mathrm{vt}}$ 为垂尾横向力系数导数；l_v 为飞机重心至垂尾气动中心沿纵向的距离；Z_v 为飞机重心至垂尾气动中心沿飞机航向的距离，其中，l_v 和 Z_v 的定义见图 23-12。

根据图 23-12 的定义，将“同舟”号无人机的 $l_v=1.937$ m，$Z_v=0.208$ m，迎角 $\alpha=3°$，翼展 $b=3.5$ m，$C_{c\beta,\mathrm{vt}}=-0.00486/(°)$ 代入式(23-21)，计算得 $C_{l\beta,\mathrm{vt}}=-1.48\times10^{-4}/(°)$。

(3) 偏航力矩导数

偏航力矩导数为

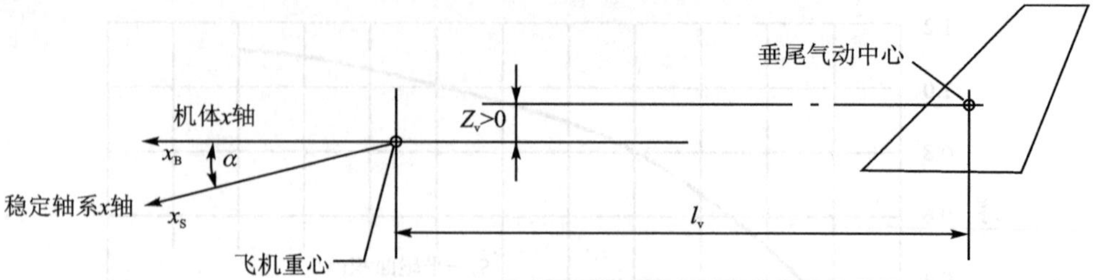

图 23-12 垂尾位置参数

$$C_{n\beta,vt}=C_{c\beta,vt}\left(\frac{l_v\cos\alpha+Z_v\sin\alpha}{b}\right) \tag{23-22}$$

将"同舟"号无人机的 $l_v=1.937$ m，$Z_v=0.208$ m，迎角 $\alpha=3°$，翼展 $b=3.5$ m，$C_{c\beta,vt}=-0.00486/(°)$等参数代入式(23-22)，得 $C_{n\beta,vt}=2.7\times10^{-3}/(°)$。

全机侧滑导数为各部件侧滑导数之和，写成

$$C_{c\beta}=C_{c\beta,b}+C_{c\beta,vt}+C_{c\beta,w} \tag{23-23a}$$

$$C_{l\beta}=\Delta C_{l\beta}+C_{l\beta,vt}+C_{l\beta,w} \tag{23-23b}$$

$$C_{n\beta}=C_{n\beta,b}+C_{n\beta,vt}+C_{n\beta,w} \tag{23-23c}$$

可知：$C_{c\beta}=-0.0059/(°)$，$C_{l\beta}=-0.0078/(°)$，$C_{n\beta}=0.0027/(°)$。

表 23-1 所列为"同舟"号无人机各主要部件的侧滑导数值($\alpha=3°$，$Ma=0.61$)。

表 23-1 "同舟"号无人机各主要部件的侧滑导数值($\alpha=3°$，$Ma=0.61$)

导数/[(°)$^{-1}$]	全　机	机　翼	机　身	垂　尾	其　他
$C_{c\beta}$	−0.005 4	−0.000 06	−0.000 516	−0.004 86	0
$C_{l\beta}$	−0.008 77	−0.008 62	0	−0.000 148	0
$C_{n\beta}$	0.002 7	0	0	0.002 7	0

查阅参考资料[19]可知，全机滚转力矩导数 $C_{l\beta}<0$，说明"同舟"号无人机具有横向静稳定性；全机偏航力矩导数 $C_{n\beta}>0$，说明"同舟"号无人机具有航向静稳定性。

23.4 稳定性的 AVL 数值分析

在对"同舟"号无人机做气动分析时，由气动软件 AVL 可以直接算得，结果如图 23-13 所示。

由图 23-13 可计算得焦点位置：$\frac{x_{np}}{c}=21.589/46.7=0.462$，与经验公式得出的结果之间的误差为 4.7%，静稳定裕度为 11.2%，在设计要求范围内，估算结果较为可靠。

飞机稳定性理论推导计算过程较为复杂，但使用 AVL 软件模拟却能够便捷地得到各种飞机的稳定性参数，如表 23-2 所列。

```
---------------------------------------------------------------

Stability-axis derivatives...

                             alpha                beta
                      ----------------     ----------------
z' force CL  |    CLa =   5.167717    CLb =   0.000104
y  force CY  |    CYa =  -0.000023    CYb =  -0.242650
x' mom.  Cl' |    Cla =   0.000027    Clb =  -0.080494
y  mom.  Cm  |    Cma =  -0.580275    Cmb =  -0.000324
z' mom.  Cn' |    Cna =   0.000020    Cnb =   0.080177

                     roll rate  p'      pitch rate  q'      yaw rate  r'
                   ----------------   ----------------   ----------------
z' force CL  |    CLp =  -0.000077    CLq =   8.098446    CLr =  -0.000031
y  force CY  |    CYp =   0.140019    CYq =  -0.000230    CYr =   0.174877
x' mom.  Cl' |    Clp =  -0.485363    Clq =   0.000271    Clr =   0.181106
y  mom.  Cm  |    Cmp =   0.000236    Cmq = -11.873603    Cmr =   0.000102
z' mom.  Cn' |    Cnp =  -0.058361    Cnq =   0.000104    Cnr =  -0.114183

                  aileron        d1     flap           d2     elevator       d3     rudder         d4
                  ----------------     ----------------     ----------------     ----------------
z' force CL  |   CLd1 =   0.022010   CLd2 =   0.034397   CLd3 =   0.000000   CLd4 =   0.000001
y  force CY  |   CYd1 =   0.000000   CYd2 =   0.000000   CYd3 =   0.000000   CYd4 =  -0.003548
x' mom.  Cl' |   Cld1 =   0.000000   Cld2 =   0.000000   Cld3 =   0.000000   Cld4 =  -0.000210
y  mom.  Cm  |   Cmd1 =  -0.002763   Cmd2 =   0.014342   Cmd3 =   0.000000   Cmd4 =  -0.000004
z' mom.  Cn' |   Cnd1 =   0.000000   Cnd2 =   0.000000   Cnd3 =   0.000000   Cnd4 =   0.001764
Trefftz drag | CDffd1 =  -1.#IND00 CDffd2 =  -1.#IND00 CDffd3 =  -1.#IND00 CDffd4 =  -1.#IND00
span eff.    |    ed1 =   1.#QNAN0    ed2 =   1.#QNAN0    ed3 =   1.#QNAN0    ed4 =   1.#QNAN0


Neutral point  Xnp =  21.588871

Clb Cnr / Clr Cnb  =   0.632970    (  > 1 if spirally stable )
```

图 23-13　AVL 稳定性分析报告

表 23-2　AVL 稳定性分析结果

符　号	结　果	说　明
Clb	0.000 104	横向静稳定导数(−0.4～0.1/rad)
Cnb	0.080 177	航向静稳定导数(0～0.4/rad)
Cma	−0.580 275	俯仰力矩曲线斜率(−3/rad～小正值)
CYb	−0.242 65	偏航阻尼力导数(−2.0～0.4/rad)
Cmq	−11.874	俯仰阻尼力矩导数(−40～0/rad)
Clp	−0.485 4	滚转阻尼力矩导数(−0.8～−0.1/rad)
Cnr	−0.114 2	偏航阻尼力矩导数(−1～0/rad)
Clr	0.181	交叉导数(0～0.6/rad)
Cnp	−0.058 4	交叉导数(−0.5～0.1/rad)

表 23-2 中，“说明”一列中圆括号内的数据范围为参考文献[23]给出的各稳定性导数的典型值，对照后发现，“同舟”号无人机各稳定参数值均在典型飞机的正常范围内。尽管如此，图 23-13 中的最后一行却显示“clb Cnr/Clr Cnb = 0.632970 (> 1 if spirally stable)”说明“同舟”号无人机是螺旋不稳定的。不过，根据参考文献[24]的介绍，螺旋模态属于长周期模态，其不稳定性可以通过操纵进行矫正，因此该问题无需多虑。总的来说，“同舟”号无人机的稳定性基本满足要求。

第 24 章　飞行性能计算与分析

飞机的飞行性能是研究在已知外力(发动机推力、空气动力、重力)的共同作用下飞机的质心运动规律[18],即确定飞机的基本飞行性能、机动性能以及起飞着陆性能等。而飞机的稳定性和操纵性是研究在外界扰动和飞行员操纵的共同作用下飞机的运动性能,即飞机保持和改变飞行状态的能力。

24.1　设计要求和目标

"同舟"号无人机最初的设计要求为:最大平飞速度不得小于 20.8 m/s,最小平飞速度不得大于 13.9 m/s,起飞滑跑距离不得大于 25 m。设计目标为:在满足设计目标的前提下要获得最大的航时。

独立完成整架飞机的设计、制作和试飞的全过程,对于大多数学生来说是相当困难的,他们只学习了基本的理论知识,而没有实际经验。在国内,有关无人机的资料非常有限,因此在整个设计、制作过程中会遇到各种各样的问题。尽管如此,我们还是可以先设定一个最低目标:设计、制作一架飞机,并确保飞机能完成起飞、巡航和降落的全过程。本章将结合"同舟"号无人机的主要性能参数,对其起降、爬升、巡航性能等进行估算和讨论。

24.2　起飞性能估算

"同舟"号无人机的起飞滑跑距离是其起飞性能的重要指标,其设计要求和目标为:水泥跑道上飞机的最大起飞距离不得大于 25 m。这个指标直接影响到推进系统的选择。在第 15 章中,经过初步计算和实验,"同舟"号无人机选择了 DLE55 型汽油发动机。

当飞机在跑道上的滑跑速度达到一定值(离地速度)时,飞机开始离开地面,作加速上升飞行。飞机从起飞线滑跑开始到加速上升到起飞安全高度 H(15 m)的整个运动过程叫作起飞,如图 24－1 所示。

从图 24－1 中可以看出,起飞过程大体可分为两个阶段:起飞滑跑阶段(地面段)和上升加速阶段(空中段)。故飞机的起飞距离可表示为

$$D_{t0}=D_{t01}+D_{t02} \tag{24-1}$$

式中:D_{t01} 为起飞地面滑跑距离;D_{t02} 为上升前进距离。

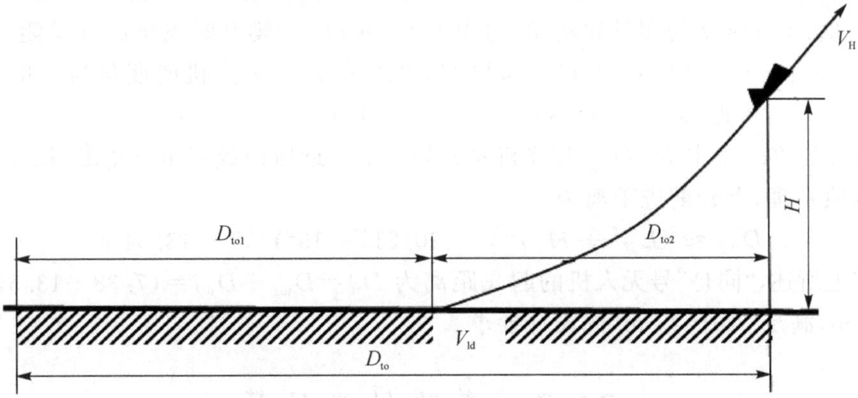

图 24-1　飞机起飞

1. 起飞地面滑跑距离 D_{t01}

以下为起飞地面滑跑距离的经验公式：

$$D_{t01}=\frac{1}{2gb}\ln\left(\frac{a+bv_{ld}^2}{a}\right) \tag{24-2}$$

式中：

$$a=F/W-f \tag{24-3}$$

$$b=\frac{\rho}{2W/S}-(fC_{ld}-C_D) \tag{24-4}$$

其中，F 为动力装置推力，取 70％离地速度的值，这里近似取图 15-7(b)中 DLE55 发动机实测最大拉力的 0.6 倍，即 $F=(14.2\times 9.8\times 0.6)$ N$=83.5$ N；W 为飞机总重量，$W=(23\times 9.8)$N$=225$ N；ρ 为空气密度，取 1.225 kg/m^3；S 为机翼面积，对于"同舟"号无人机，$S=1.635$ m^2；f 为摩擦因数，对于干水泥地，f 为 0.03～0.05，这里取 $f=0.03$；C_{ld}、C_D 为起飞时的升力系数和阻力系数，这里分别取表 22-4 中"同舟"号无人机 2°迎角时的升力系数和阻力系数，为 0.605 9、0.033 1；v_{ld} 为飞机的离地速度，可近似地由下式得到：

$$v_{ld}=\sqrt{\frac{2W}{\rho SC_{ld}}}=\sqrt{\frac{2\times 225}{1.225\times 1.635\times 0.605\,9}}\ \text{m/s}=19.27\ \text{m/s} \tag{24-5}$$

将上述参数值代入式(24-4)，可得到"同舟"号无人机的起飞地面滑跑距离 $D_{t01}=7.38$ m。

2. 上升前进距离 D_{t02}

飞机离地后爬升至安全高度，假设该过程为匀加速运动，且迎角变化不大，则它飞过的路径长度近似为

$$L_H=\frac{W(v_H^2-v_{ld}^2)}{2g(F-D-W\sin\theta)} \tag{24-6}$$

式中：v_H 为上升至 15 m 安全高度时飞机的瞬时速度，这里取“同舟”号无人机的最大速度 20.8 m/s；θ 为爬升轨迹角，这里取 $\theta=9°$；D 为爬升时飞机的气动阻力，$D=0.5\rho\times[(v_{ld}+v_H)/2]^2\times S\times C_D$，这里 C_D 取“同舟”号无人机的迎角为 2°时的阻力系数 0.033 1，可得 $D=13.38$ N，故 $L_H=20.21$ m。

假设图 24-1 中 H、D_{t02} 与飞机爬升轨迹 L_H 近似构成直角三角形，根据直角三角形勾股定理，上升前进距离为

$$D_{t02}\approx(L_H{}^2-H^2)^{0.5}=(20.21^2-15^2)^{0.5}\ \text{m}=13.54\ \text{m}$$

综上所述，“同舟”号无人机的起飞距离为 $D_{t0}=D_{t01}+D_{t02}=(7.38+13.54)$ m$=20.92$ m，满足“小于 25 m”的设计要求。

24.3 着陆性能估算

我国国家军用标准 GJB 34-85 规定，飞机着陆过程为从安全高度 $H=15$ m 开始下滑、接地、滑跑减速至完全停止的整个过程，如图 24-2 所示。

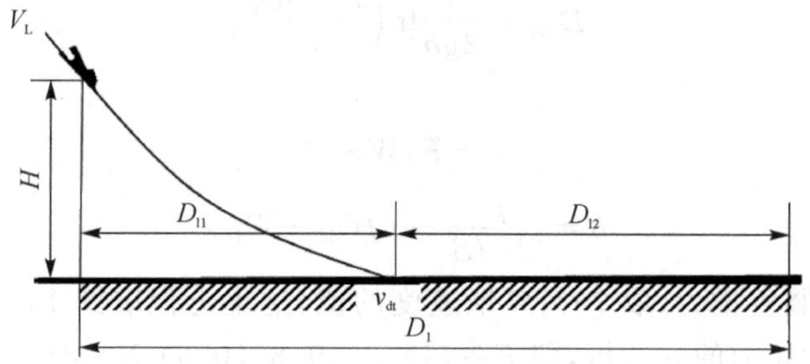

图 24-2 飞机降落

当飞机从 15 m 高度下滑时，发动机处于慢车状态。飞机的着陆性能主要指着陆距离。与起飞距离一样，着陆距离 D_l 也由两段组成：从着陆安全高度开始接地到接地瞬间结束的空中段 D_{l1} 和由接地开始至飞机完全停止瞬间的着陆滑跑段 D_{l2}，即

$$D_l=D_{l1}+D_{l2} \tag{24-7}$$

在估算着陆距离前，先要讨论“同舟”号无人机的接地速度 v_{dt} 与进场速度 v_L。

1. 接地速度 v_{dt} 与进场速度 v_L

接地速度是指着陆过程中飞机主轮接地瞬间的速度，该速度要比升力平衡重量所需速度略小一些，可用下式表示：

$$v_{dt}=K_1\sqrt{\frac{2W}{\rho SC_{dt}}} \tag{24-8}$$

式中：K_1 为速度修正系数，取 0.9～0.95；C_{dt} 为接地时的升力系数。

为了缩短着陆距离，v_{dt}应尽可能小，为此 C_{dt}应尽可能大。但在实际中，若着陆

时迎角过大，则强度很弱的尾轮容易先着地，可能造成破坏。故这里取表 22－4 中迎角为 6°时的升力系数作为接地时的升力系数 C_{dt}，即 $C_{dt}=0.9649$。由式(24－8)计算可知：$v_{dt}=14.12$ m/s。

进场速度是指飞机着陆前下滑至安全高度处的瞬时速度，一般比接地速度大 20％～30％，因此，$v_L=17.65$ m/s。

2. 下滑减速段距离 D_{l1}

下滑减速段距离为

$$D_{l1}=K_{av}\left(\frac{v_L^2-v_{av}^2}{2g}+15\right) \tag{24-9}$$

式中：$v_{av}=0.5(v_L+v_{dt})$；$K_{av}=0.5(K_L+K_{dt})$，其中，K_L、K_{dt} 分别为 $H=15$ m 处和接地时的升阻比，这里分别取表 22－4 中迎角为 10°和 6°时的相应值，即 $K_L=1.315/0.08=16.4$，$K_{dt}=0.965/0.052=18.4$。将上述相应数值代入式(24－9)，得 $D_{l1}=361$ m。

3. 着陆滑跑距离 D_{l2}

着陆滑跑距离为

$$D_{l2}=\frac{v_{dt}^2}{g\left(f+\dfrac{1}{K_{dt}}\right)} \tag{24-10}$$

式中：f 为摩擦因数，取值范围为 0.03～0.05，这里取 $f=0.03$。

将上述相应数值代入式(24－10)，得 $D_{l2}=244$ m。

综上所述，着陆距离为 $D_l=D_{l1}+D_{l2}=(361+244)$ m$=605$ m。

24.4　最大上升角和最大上升率

上升角就是飞机上升时的轨迹角，而最大上升角 θ_{max} 与最大剩余推力相对应。对于“同舟”号无人机，因为其飞行高度较低，所以只要求得最大剩余推力 ΔP_{max} 再用公式

$$\theta_{max}=\arcsin\left(\frac{\Delta P_{max}}{W}\right) \tag{24-11}$$

就可求出最大上升角 θ_{max}。

若要估算最大上升角 θ_{max}，通常先要设法绘制出飞机的平飞可用-需用推力曲线，即可用推力-飞行速度曲线和需用推力-飞行速度曲线，然后根据两条曲线获取飞机的最大剩余推力 ΔP_{max}，最后利用式(24－11)求出 θ_{max}。但获得发动机推力曲线需要较深的专业知识和实验条件，故这里不深入讨论，仅作以下初略估算：

假设“同舟”号无人机的最大剩余推力为最大静拉力的 90％，即 $\Delta P_{max}=(142\times0.9)$ N$=127.8$ N，利用式(24－11)，便可得到飞行时的最大上升角 $\theta_{max}=33.8°$。

上升率 V_y 是飞机在特定的飞行重量和给定推力工作状态下进行等速直线上升时在单位时间内的上升高度。对于“同舟”号这类低空域飞行的飞机，这里只求解其在低空巡航的上升率，其计算公式为 $V_y = \Delta P_{max} \cdot v_{cru}/W$，其中，$v_{cru}$ 为巡航速度，取19.44 m/s。将飞机总重量 $W=225$ N、$\Delta P_{max}=127.8$ N 代入上述公式，可得“同舟”号无人机的最大爬升率约为 $V_y=(127.8\times19.44/225)$ m/s=10.8 m/s。

24.5 航时的确定

续航能力是飞机的重要性能之一，巡航平飞时飞机的需用功率为

$$N = W \times C_D/C_L \times v_{cru} \tag{24-12}$$

式中：C_D/C_L 为巡航状态下的阻升比，对于“同舟”号无人机，巡航迎角为3°，此时 $C_D/C_L=0.037\,1/0.696\,3=0.053\,28$。将该 C_D/C_L 值、$W=225$ N 和 $v_{cru}=19.44$ m/s 代入式(24-12)，得 $N=(225\times0.053\,28\times19.44)$ W=233 W。

由第15章可知，螺旋桨效率 $\eta_{螺旋桨}=0.7$，转轴效率 $\eta_{转轴}=0.7$。假设DLE55汽油发动机的效率 $\eta_{发动机}=0.9$，则“同舟”号无人机的动力系统的总效率 $\eta=\eta_{发动机}\cdot\eta_{螺旋桨}\cdot\eta_{转轴}=0.441$。

已知飞机巡航的需用功率 N、动力系统的总效率 η，便可求出发动机的输出功率：$W_e=N/\eta=(233/0.441)$ W=528 W。

本次“同舟”号无人机的油箱体积为 $V_{油箱}=1\,500$ mL，结合汽油的密度 $\rho_{汽油}=0.825$ g/mL，汽油的燃烧值为 $R_{油}=44\,000$ kJ/kg，根据该 $V_{油箱}$、$\rho_{汽油}$、$R_{油}$、W_e 值，可估算出“同舟”号无人机的航时为

$$\begin{aligned} t &= V_{油箱} \times \rho_{汽油} \times R_{油} / W_e \\ &= (1\,500 \times 0.825 \times 44\,000/528)\ \text{s} \\ &= 103\,125\ \text{s} = 29\ \text{h} \end{aligned}$$

完全满足要求。

第 25 章　主要部件的强度校核

结构强度分析是飞机安全性和可靠性的保证，是飞机设计中非常重要的一个环节。结构强度计算的目的是分析飞行器在飞行状态以及特定载荷下对结构强度的要求，并由分析的结果对主要受力部件进行设计和优化。

本章结合相关的力学知识，利用 MSC 公司的有限元分析软件 PATRAN 和 Nastran，对主要部件（如机翼、机身、尾翼等）进行建模分析，模拟出无人机主要部件在承受飞行载荷时的应力和变形，检查部件设计的合理性，在强度不够的地方进行局部加强，在强度过盈的地方进行优化设计。

25.1　中央翼的强度校核

1. PATRAN 建模

由于“同舟”号无人机采用三段式机翼设计，中央翼是左右对称的，所以可以制作一半模型来校核。由于机翼的前缘部分曲率半径小，严重影响划分网格的精度，而其承受载荷的作用又不大，所以将其去掉以简化划分网格工作。中央翼不仅承受自身受到的空气动力，而且还承受外翼传给其的弯矩和剪力。空气动力是分布力，简化其为向上的集中力，外翼给的弯矩可以等效为一个施加在翼梁截面上的分布力，从而避免集中力带来的应力集中现象，剪力较小可以忽略。图 25－1 所示为中央翼的有限元模型，图 25－2 所示为除去蒙板后的中央翼有限元模型。

图 25－1　中央翼的有限元模型

图 25-2　除去蒙板后的中央翼有限元模型

2. 建立单元类型

根据结构中各零件的特点建立单元类型(element type)，如表 25-1 所列。

表 25-1　机翼零部件的单元类型

单元类型编号	单元类型	零部件
1	壳单元(shell)	前缘、翼肋、翼梁腹板、蒙板、后墙
2	体单元(solid)	翼梁

翼肋、翼梁腹板和后墙为平面结构，蒙板为曲面结构，它们的有限元网络划分采用壳单元。前缘采用的碳管为圆柱状空心管，也采用壳单元。翼梁在结构中承受拉、压、扭、弯等载荷，采用体单元。

3. 材料参数及材料选择

材料参数如表 25-2 所列。

表 25-2　材料参数

编　号	名　称	弹性模量/GPa	泊松比	密度/($kg \cdot m^{-3}$)	抗拉强度/MPa	抗压强度/MPa
1	桐木	4.3	0.3	283	33.6	19.3
2	碳纤维片	230	0.3	1 750	1 050	550
3	层板	7.5	0.3	570	85	30
4	建筑泡沫	0.28	0.3	30	—	—
5	玻璃布	8.8	0.3	—	—	—

机翼结构材料的选择如表 25-3 所列。

表 25-3　机翼结构的材料

名　称	材　料	单元类型	厚度/mm
翼肋	桐木	壳单元	2
蒙板	桐木+玻璃布	壳单元	2
前缘	桐木	壳单元	1
后墙	层板	壳单元	4
加强肋	层板	壳单元	4
翼梁	建筑泡沫	体单元	25×50×750
翼梁前后腹板	玻璃布	壳单元	3
翼梁上腹板	层板+玻璃布	壳单元	3
翼梁下腹板	碳纤维片+玻璃布	壳单元	2

4. 加载和计算

进行结构分析计算时采用的载荷是无人机巡航时承受的载荷。在进行强度分析时，采用 5 g 过载对机翼模型进行加载。利用 AVL 软件得到半机翼上升力系数与机翼面积的关系，如表 25-4 所列。

表 25-4　中央翼表面气动载荷分布

编　号	展向长度/cm	机翼面积/cm^2	升力系数	升力/N	5 g 载荷/N
1	−174.72	43.127 8	0.079 5	0.090 857	0.454 284
2	−172.485	129.771 5	0.231 3	0.795 404	3.977 02
3	−168.038	217.536	0.363 7	2.096 56	10.482 8
4	−162.114	247.710 3	0.464 5	3.040 036	15.245 18
5	−155.082	320.152 5	0.543 2	4.608 392	23.041 96
6	−146.438	393.437 6	0.604 9	6.306 555	31.532 78
7	−136.276	467.324 6	0.651 6	8.069 237	40.346 19
8	−124.708	541.350 4	0.685 4	9.832 305	49.161 52
9	−111.86	614.821 3	0.708 8	11.547 96	57.739 81
10	−97.850 6	689.082 2	0.723 9	13.218 51	66.092 53
11	−82.83	758.777 7	0.732 5	16.827 65	84.138 27
12	−65.396 9	970.056 5	0.751 5	19.317 85	96.589 25
13	−45.632 7	1 016.37	0.783 7	21.107 39	105.536 9
14	−25.305 3	889.75	0.819 7	19.326 61	96.633 05
15	−7.510 3	750	0.846 7	16.827 65	84.138 27

5. 计算结果与分析

在模型完成约束和加载后，利用 Nastran 软件对机翼模型进行计算分析。首先进行结构的刚度分析，图 25－3 所示为中央翼的位移云图。为方便观察，已去掉蒙板。由图 25－3 可知，中央翼的最大位移发生在翼梢处，最大位移为 5.08 mm，满足要求。图 25－4 所示为中央翼的应力云图，由图可知，中央翼的最大应力处发生在翼梁根部的上表面，其值为 4.35 MPa，小于层板的抗压强度。

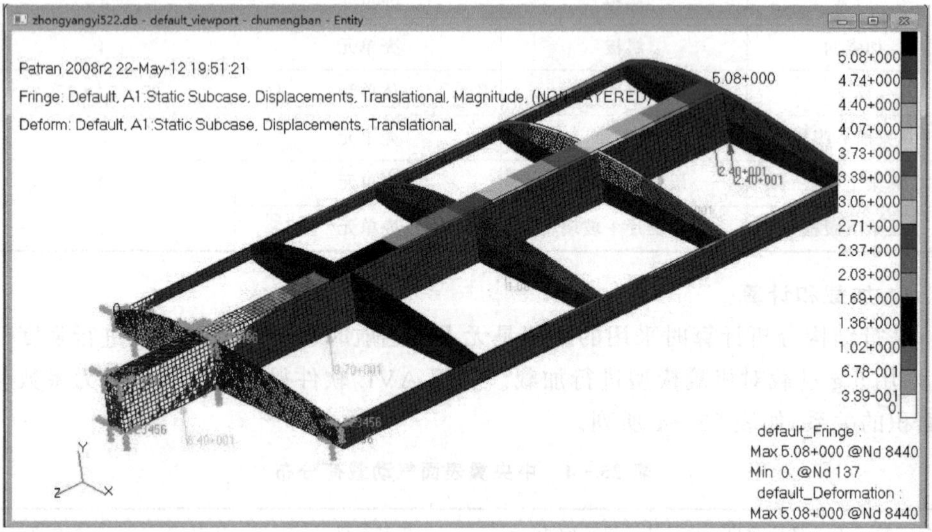

图 25－3　中央翼的位移云图

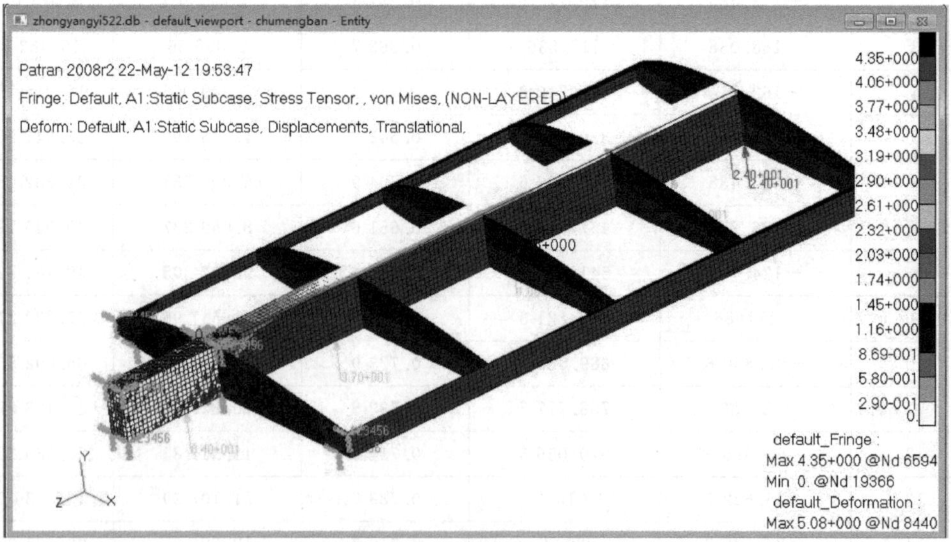

图 25－4　中央翼的应力云图

图 25－5 所示为中央翼翼肋的位移图，由图可知，翼肋的最大位移为 5.08 mm，对气动影响较小，满足要求。

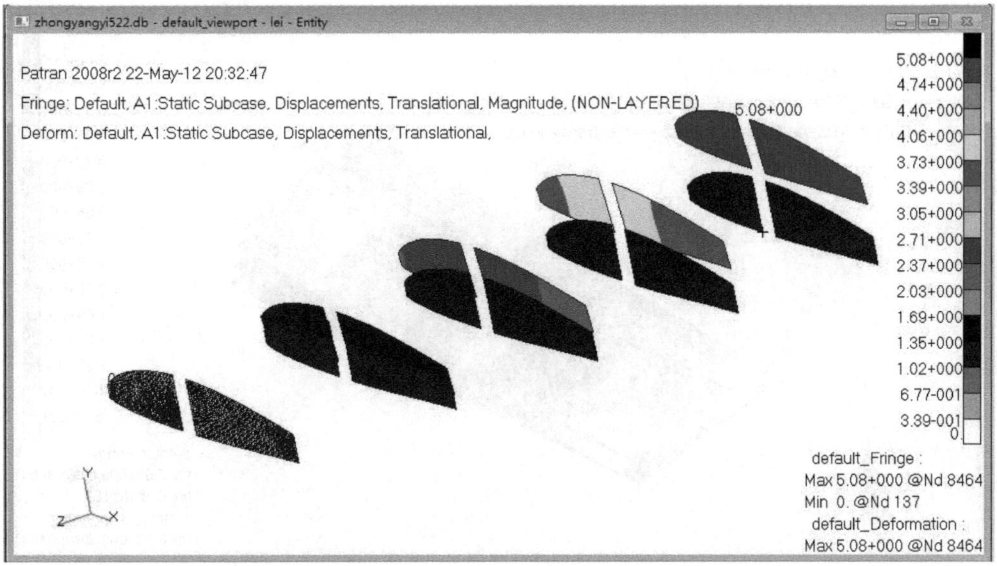

图 25－5　中央翼翼肋的位移

图 25－6 所示为中央翼翼肋的应力云图，由图可知，翼肋的最大应力为 1.5 MPa，远小于桐木的许用抗压应力 19 MPa。

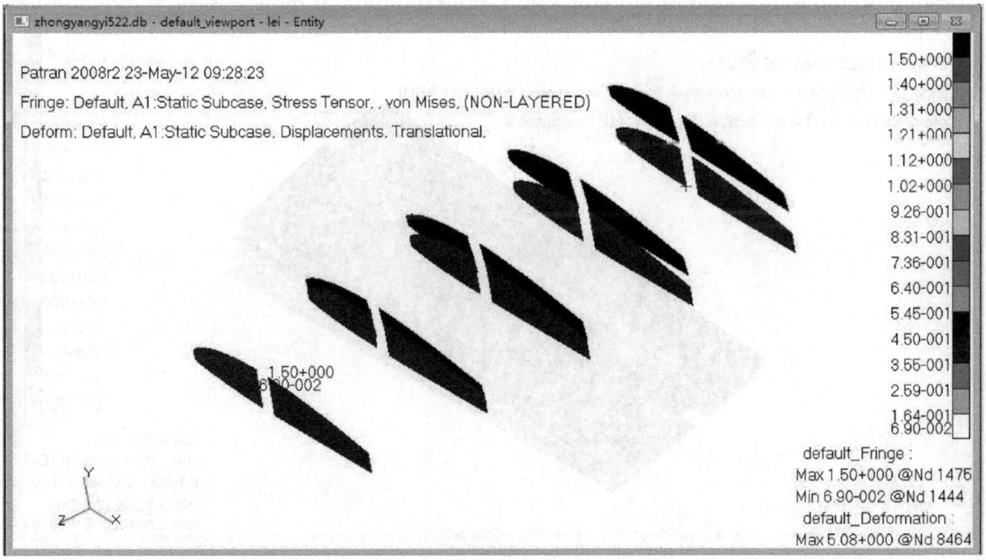

图 25－6　中央翼翼肋的应力云图

图 25 - 7 所示为中央翼蒙板的位移云图，由图可知，蒙板的最大位移为 5 mm，变形较小，满足要求。

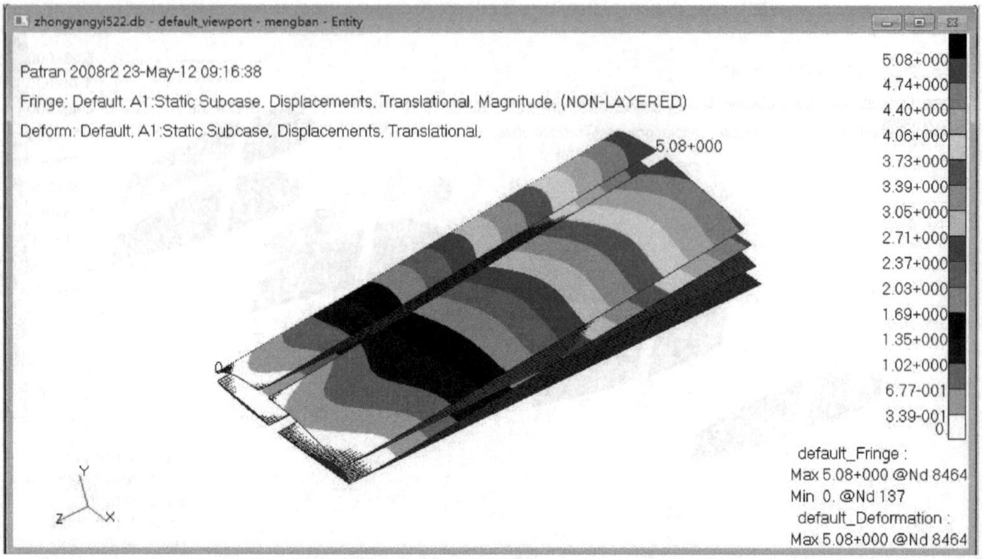

图 25 - 7　中央翼蒙板的位移

图 25 - 8 所示为中央翼蒙板的应力云图，由图可知，蒙板的最大压应力为 2.91 MPa，满足强度要求。

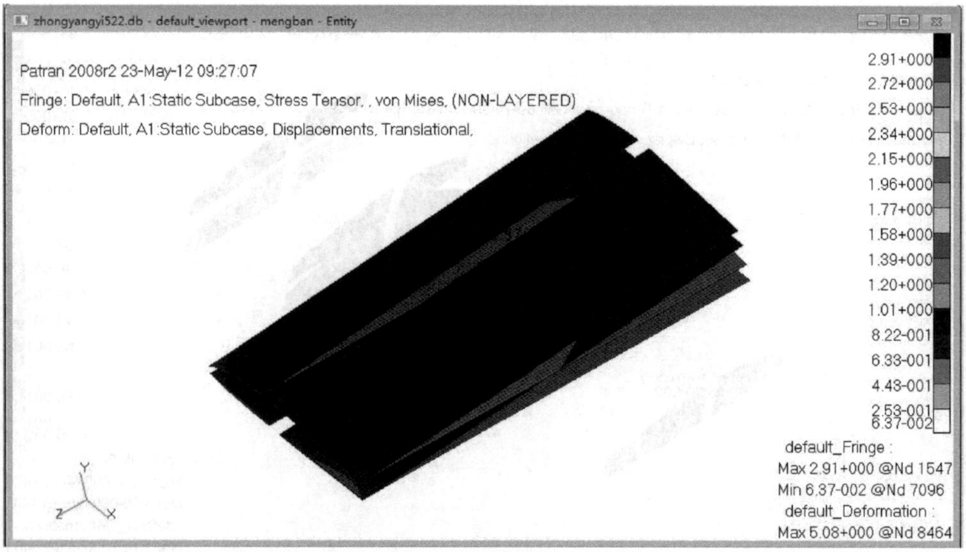

图 25 - 8　中央翼蒙板的应力云图

图 25 - 9 所示为中央翼翼梁的位移云图，由图可知，中央翼翼梁的最大位移为

5.08 mm，位移量较小，满足设计要求。

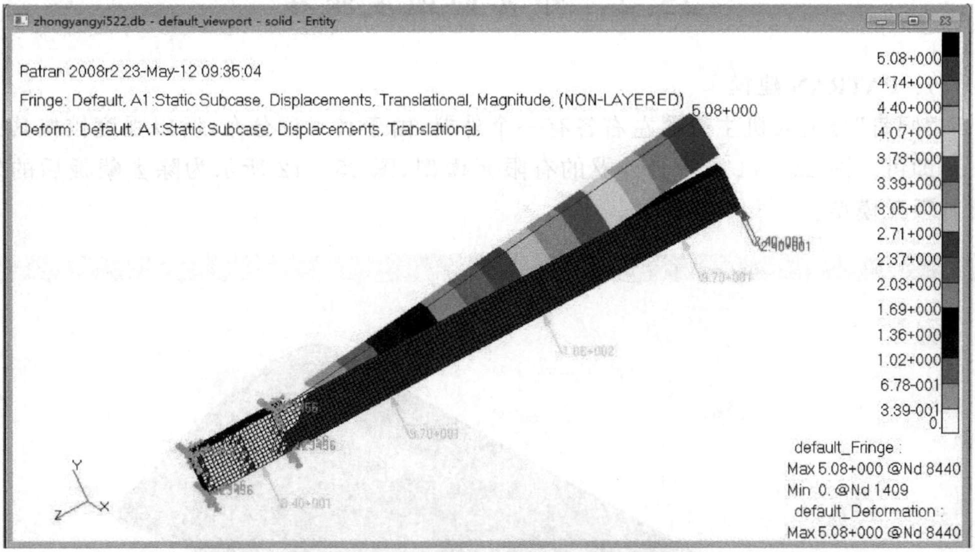

图 25－9　中央翼翼梁的位移云图

图 25－10 所示为中央翼翼梁的应力云图，由图可知，翼梁的最大应力为 4.35 MPa，处于根部的层板上，小于层板的许用压应力，满足强度设计要求。

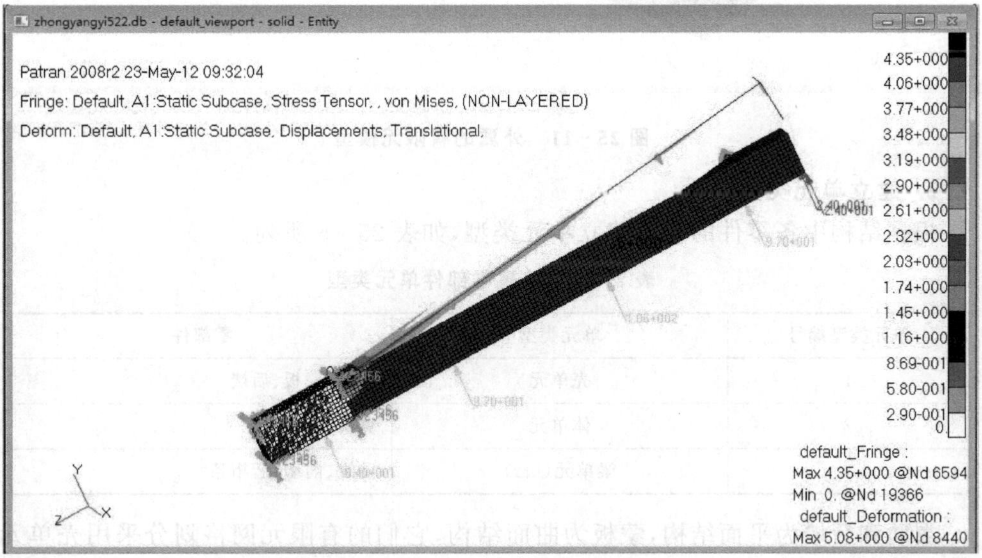

图 25－10　中央翼翼梁的应力云图

25.2 外翼的强度校核

1. PATRAN 建模

“同舟”号无人机主机翼左右各有一个外翼，由于其对称分布，所以强度校核其中一个即可。图 25－11 所示为外翼的有限元模型，图 25－12 所示为除去蒙板后的外翼有限元模型。

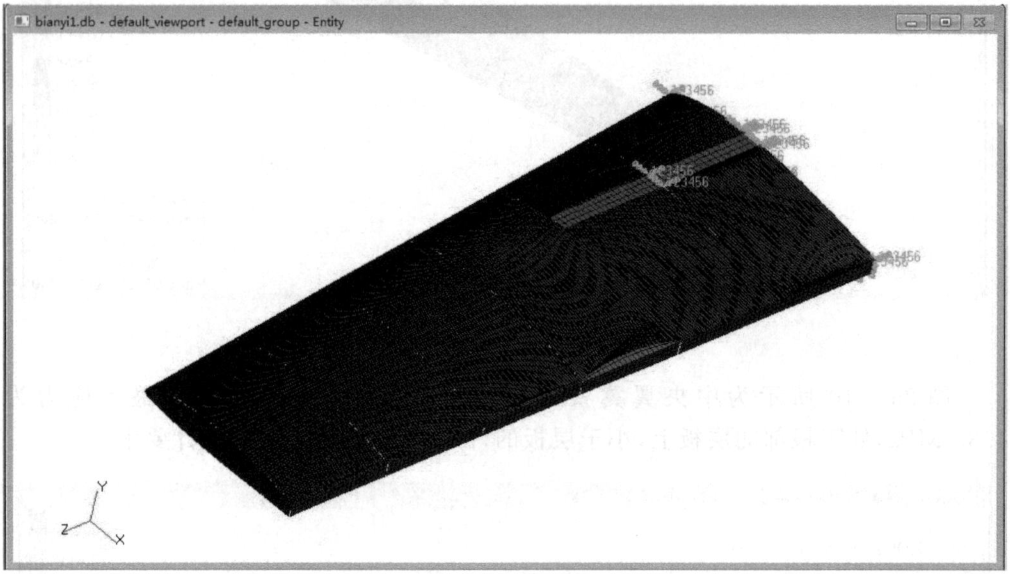

图 25－11 外翼的有限元模型

2. 建立单元类型

根据结构中各零件的特点建立单元类型，如表 25－5 所列。

表 25－5 外翼零部件单元类型

单元类型编号	单元类型	零部件
1	壳单元	翼肋、蒙板、后墙
2	体单元	翼梁
3	梁单元(bar)	前缘、前墙、后桁条

翼肋和后墙为平面结构，蒙板为曲面结构，它们的有限元网格划分采用壳单元。前缘采用的是 5 mm×5 mm 的桐木条，前墙为盒状结构，后桁条为 4 mm×10 mm 的层板条，都采用梁单元。翼梁在结构中承受拉、压、扭、弯等载荷，采用体单元。

3. 材料参数及材料选择

材料参数如表 25－6 所列。

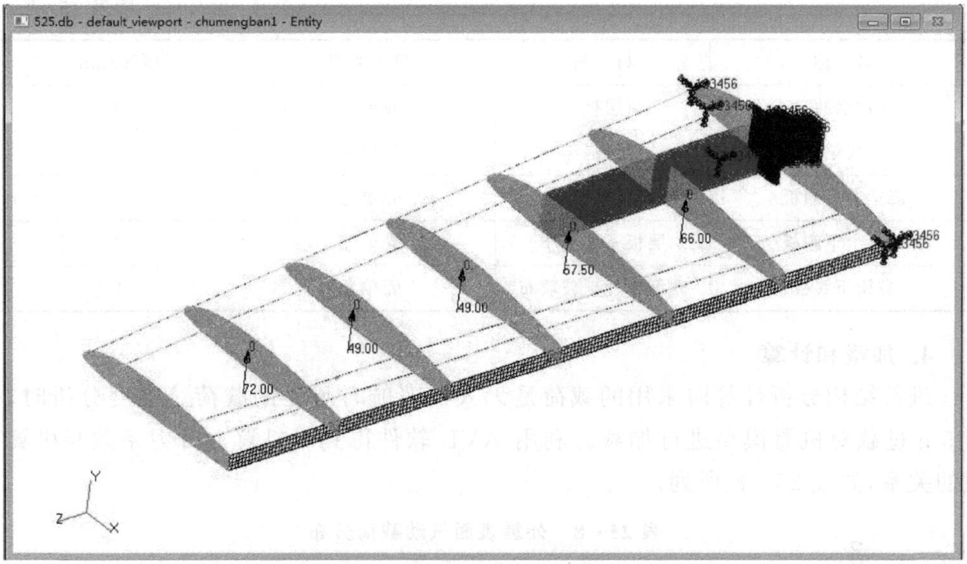

图 25－12　除去蒙板后的外翼有限元模型

表 25－6　材料参数

编　号	名　称	弹性模量/GPa	泊松比	密度/($kg \cdot m^{-3}$)	抗拉强度/MPa	抗压强度/MPa
1	桐木	4.3	0.3	283	33.6	19.3
2	层板	7.5	0.3	570	85	30
4	建筑泡沫	0.28	0.3	—	—	—
5	玻璃布	8.8	0.3	—	—	—

机翼结构材料的选择如表 25－7 所列。

表 25－7　机翼结构的材料

名　称	材　料	单元类型	厚度/mm
翼肋	桐木	壳单元	2
蒙板	桐木＋玻璃布	壳单元	2
前缘	桐木	梁单元	5×5
后桁条	层板	梁单元	4×10
后墙	层板	壳单元	4

续表 25－7

名　称	材　料	单元类型	厚度/mm
加强肋	层板	壳单元	4
翼梁	建筑泡沫	体单元	25×50×750
翼梁前后腹板	玻璃布	壳单元	1
翼梁上下腹板	层板＋玻璃布	壳单元	5
翼梁下腹板	碳纤维片＋玻璃布	壳单元	2

4. 加载和计算

进行结构分析计算时采用的载荷是无人机巡航时承受的载荷。强度分析时，采用 5 g 过载对机翼模型进行加载。利用 AVL 软件得到半机翼上升力系数与机翼面积的关系，如表 25－8 所列。

表 25－8　外翼表面气动载荷分布

编　号	展向长度/cm	机翼面积/cm^2	升力系数	升力/N	5 g 载荷/N
1	174.72	43.127 8	0.079 5	0.090 857	0.454 284
2	172.485	129.771 5	0.231 3	0.795 404	3.977 02
3	168.038	217.536	0.363 7	2.096 56	10.482 8
4	162.114	247.710 3	0.464 5	3.049 036	15.245 18
5	155.082	320.152 5	0.543 2	4.608 392	23.041 96
6	146.438	393.437 6	0.604 9	6.306 555	31.532 78
7	136.276	467.324 6	0.651 6	8.069 237	40.346 19
8	124.708	541.350 4	0.685 4	9.832 305	49.161 52
9	111.86	614.821 3	0.708 8	11.547 96	57.739 81
10	97.850 6	689.082 2	0.723 9	13.218 51	66.092 53
11	82.83	758.777 7	0.732 5	16.827 65	84.138 27

由于外翼的翼梁只占展长的 1/3，所以将气动载荷等效作用在翼肋上，如图 25－13 所示。

5. 计算结果与分析

在模型完成约束和加载后，利用 Nastran 软件对机翼模型进行计算分析，首先进行的是结构的刚度分析。

6. 外翼的位移云图

图 25－14 所示为外翼的位移云图，由图可知，外翼的最大位移为 25.5 mm，位移较小，可以满足要求。

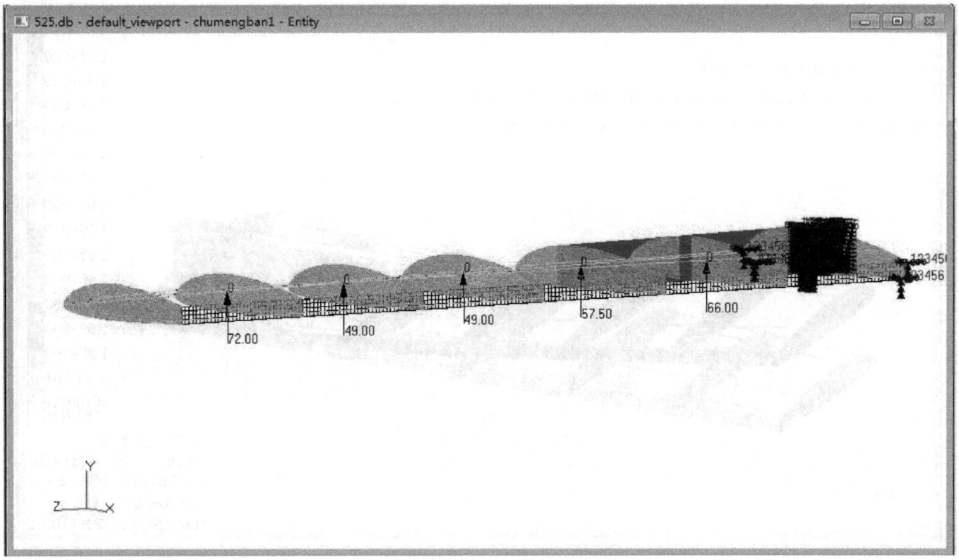

图 25－13　外翼载荷分布图

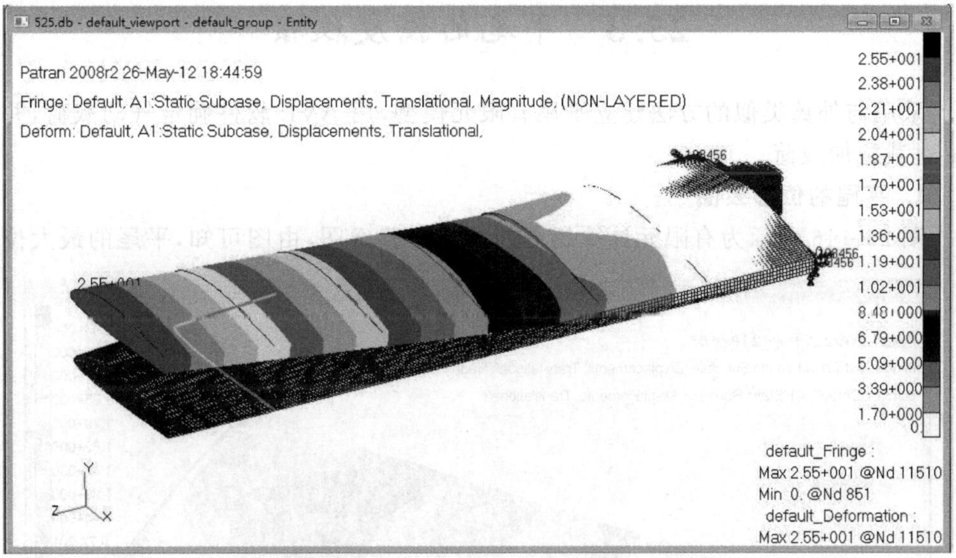

图 25－14　外翼的位移云图

7. 外翼的应力云图

图 25－15 所示为外翼的最大应力云图，由图可知，外翼的最大应力发生在翼梁下表面，为 1.91 MPa，小于碳纤维片的抗拉应力，满足要求。

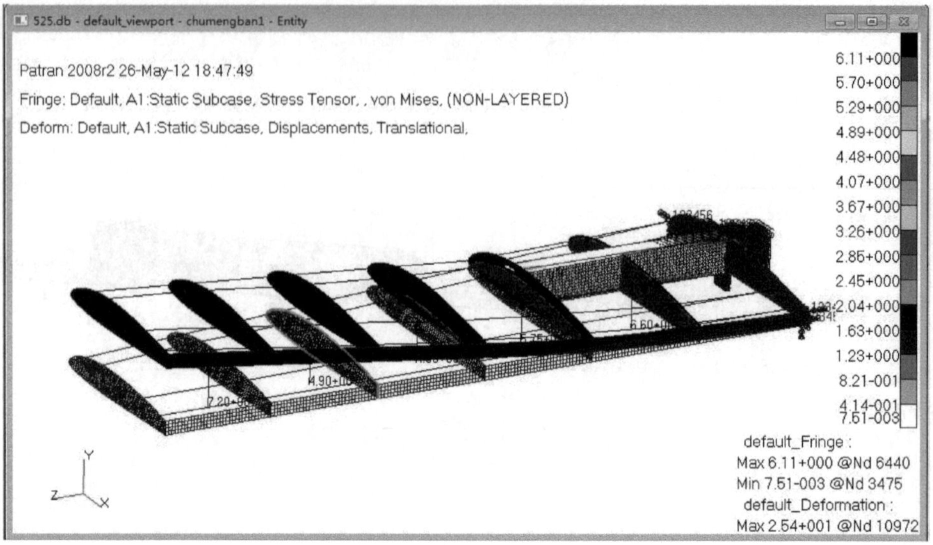

图 25-15　外翼的最大应力云图

25.3　平尾的强度校核

采用与外翼类似的方法建立平尾有限元模型，用 AVL 软件确定气动载荷，并以 5 g 过载施加载荷。

1. 平尾的位移云图

图 25-16 所示为有限元计算所得的平尾位移云图，由图可知，平尾的最大位移

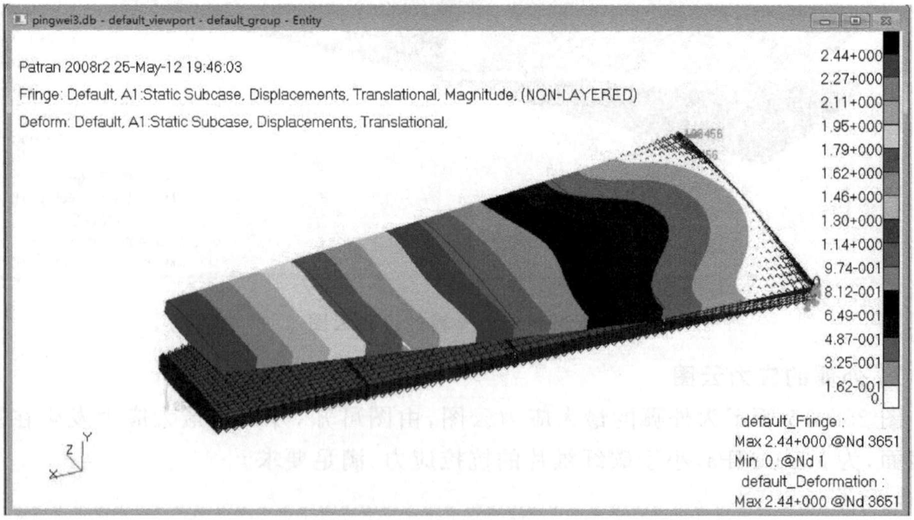

图 25-16　平尾的位移云图

为 2.44 mm，位移较小，满足要求。

2. 平尾的应力云图

图 25－17 所示为平尾的应力云图，为了清晰，仅显示了骨架。由图 25－17 可知，平尾的最大应力发生在根部前墙与肋的连接处，为 8.47 MPa，小于桐木的最大抗压应力 18 MPa，满足要求。

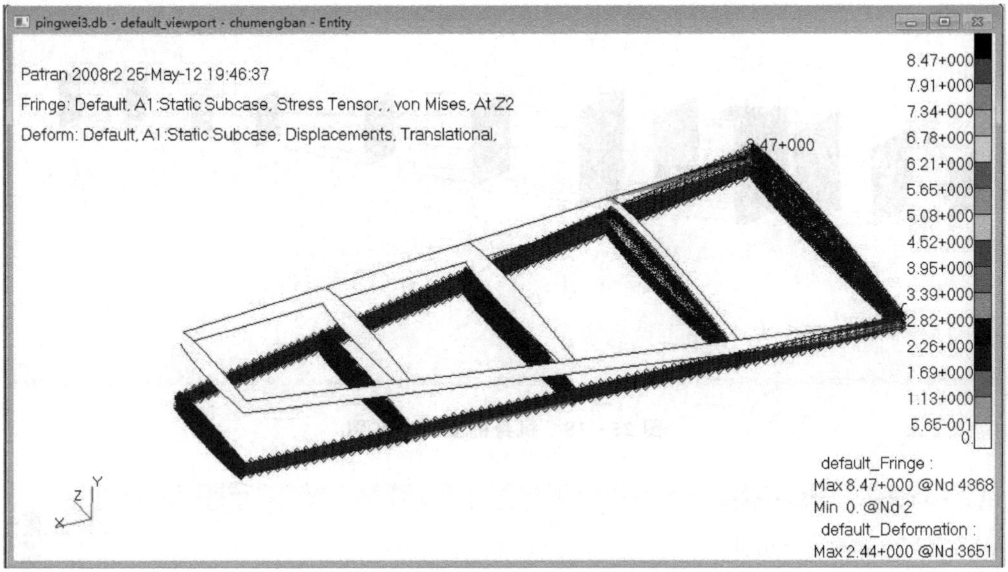

图 25－17　去蒙板后平尾的应力云图

25.4　机身的强度校核

无人机在巡航时机身主要受到机翼的拉力、发动机的拉力以及平尾的气动力作用，其中，发动机是通过 1 号隔框传力给机身的，合力由巡航方向的拉力与发动机的扭力构成。机身建模和载荷施加情况如图 25－18 所示。

1. 机身的位移云图

图 25－19 所示为机身的位移云图，由图可知，机身的最大位移是由扭矩产生的，最大偏移量为 7.22 cm，考虑到机身长度较长，占其比例较小，故可以满足要求。

2. 机身的应力云图

图 25－20 所示为机身的应力云图，由图可知，机身的最大应力为 68.8 MPa，小于隔框层板的最大抗拉应力，满足要求。

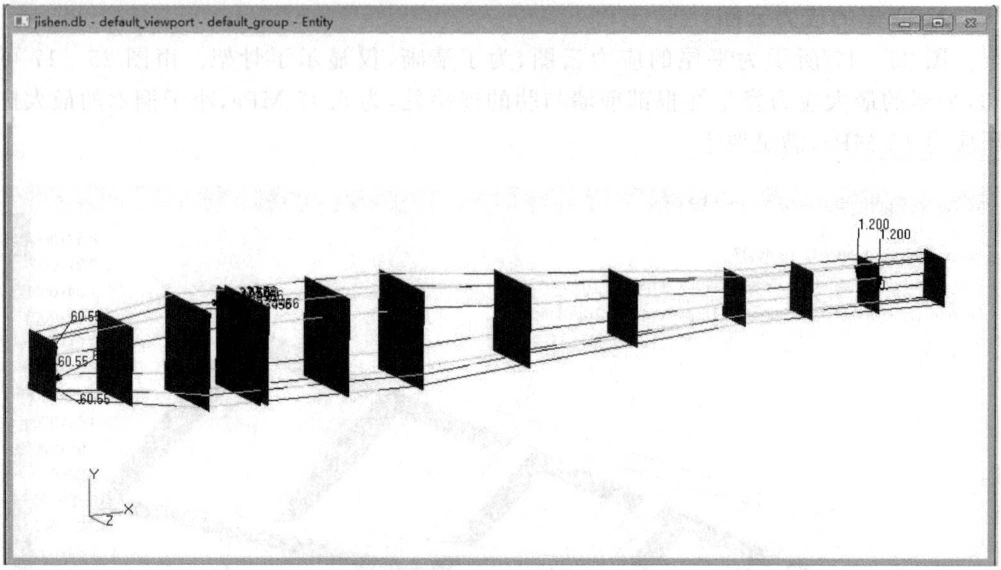

图 25－18　机身的受力分布图

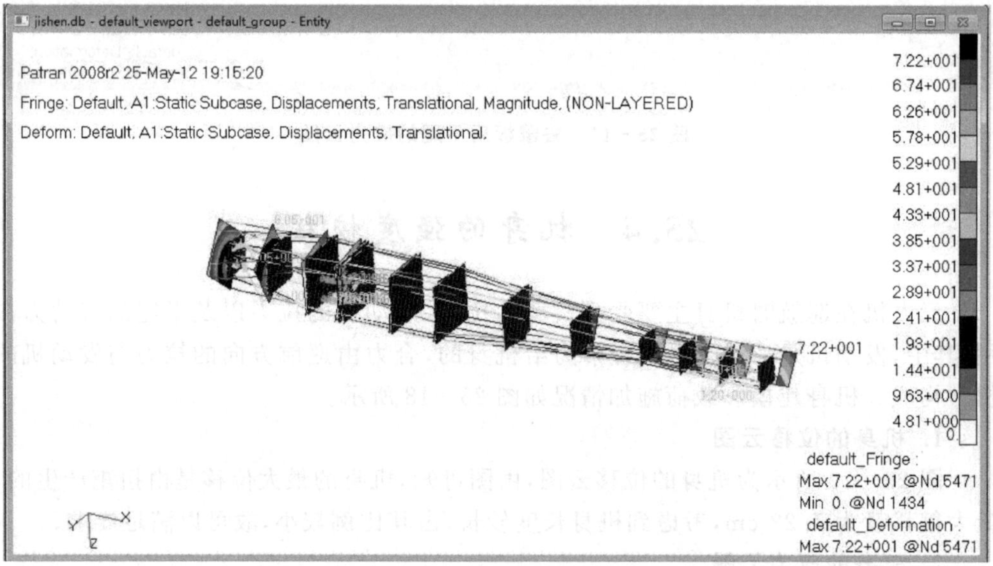

图 25－19　机身的位移云图

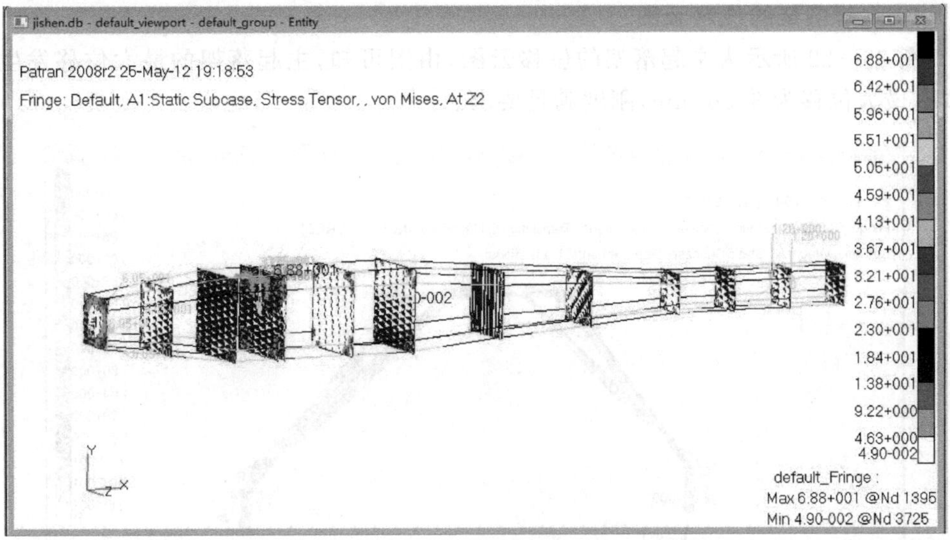

图 25 - 20　机身的应力云图

25.5　主起落架的强度校核

无人机在降落时的速度大约为 15 m/s，由 AVL 软件测得无人机 0°时的升力系数为 0.765，由升力公式 $F=\frac{1}{2}\rho v^2 C_L S$ 可得降落时的升力为 110 N，其中空气密度 $\rho=1.225\ \mathrm{kg/m^3}$，机翼面积 $S=1.635\ \mathrm{m^2}$，飞机的总重量减去该升力就是起落架的着路冲击载荷 F，即 $F=(23\times 9.8-110)\ \mathrm{N}\approx 115\mathrm{N}$。将冲击载荷 F 均分，作用在主起落架两侧。主起落架的有限元模型和载荷分布情况如图 25 - 21 所示。

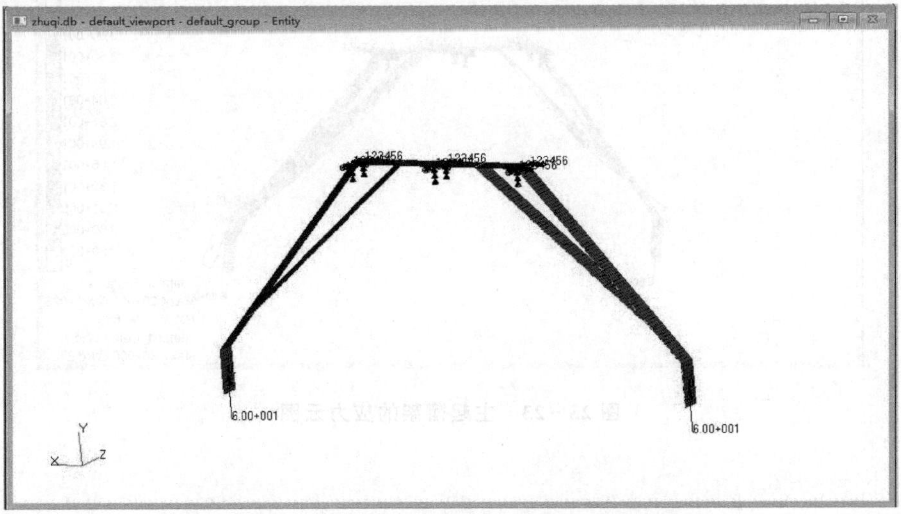

图 25 - 21　主起落架的有限元模型和载荷分布情况

1. 主起落架的位移云图

图 25－22 所示为主起落架的位移云图，由图可知，主起落架的最大位移发生在两端，最大位移为 3.86 mm，刚度满足要求。

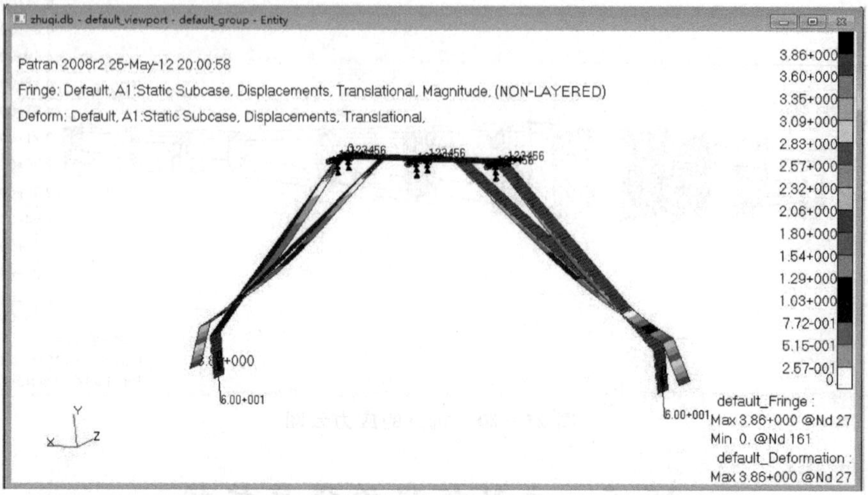

图 25－22　主起落架的位移云图

2. 主起落架的应力云图

图 25－23 所示为主起落架的应力云图，由图可知，主起落架的最大应力为 49.5 MPa，小于铝的最大抗拉应力，所以强度满足要求。

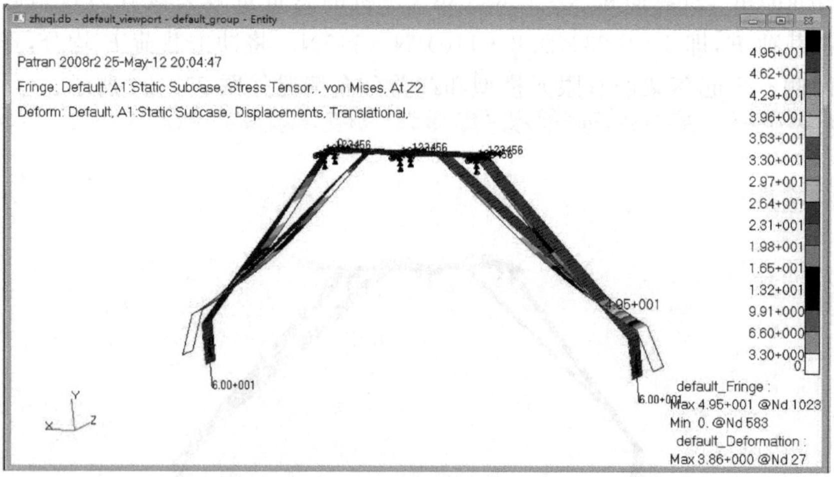

图 25－23　主起落架的应力云图

25.6　机翼与机身连接件的强度校核

“同舟”号无人机的中央翼与机身是通过 4 个翼梁侧下垂耳片和 4 个翼肋下垂耳片与机身以螺栓贯穿连接的。如图 25－24 所示，一共有 12 层航空层板承担机身重力。

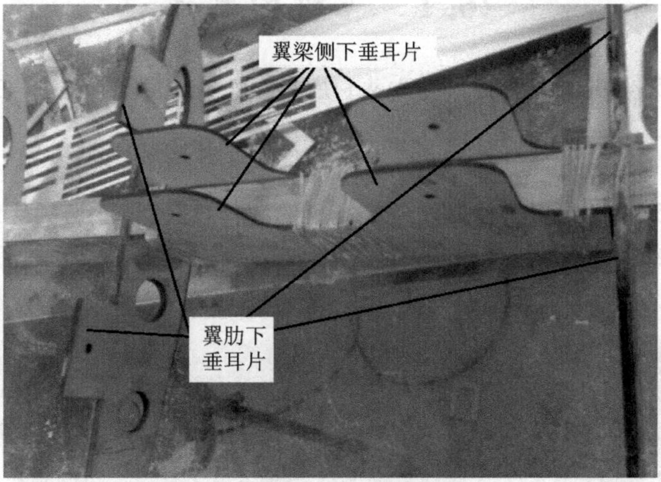

图 25－24　中央翼的下垂耳片

由于每个孔径都为 3 mm，层板厚度为 2 mm，所以 8 个孔的受压面积 $S_{压}$ 可由下面的公式得到：

$$S=(3\times 2\times 12)\ \text{mm}^2=72\ \text{mm}^2$$

每个孔壁受到的挤压应力为 $\sigma=F/S_{压}$，由于机身总质量为 14 kg，取 5 g 过载，所以 $F=(14\times 5\times 9.8)\text{N}=686\ \text{N}$，故可得 $\sigma=9.5\ \text{MPa}$。

由于层板的许用抗压应力为 30 MPa，这就意味着即使飞机处于侧身巡航状态，一半数量的耳片也可以满足强度要求。

第 26 章 “同舟”号无人机的制作和试飞

26.1 飞机的制作

“同舟”号无人机的主要材料是木头，使用激光雕刻机等设备加工。前起落架由铝条制作而成。

1. 翼　梁

“同舟”号无人机制作的首要任务是翼梁的制作，即按尺寸切割建筑泡沫，在建筑泡沫上贴碳纤维片和航空层板，然后裹上玻璃布刷上环氧胶，最后室温固化，如图 26－1 所示。

图 26－1　贴上碳纤维片和航空层板后等待固化的翼梁

2. 翼　面

“同舟”号无人机的翼面主要采用单梁式布局。机翼中的零件主要有翼肋、前后缘条、腹板、后墙等。在做翼面时有一样是必不可少的，就是型架，使用型架才能保证翼型的形状。骨架做完后就可以铺设蒙板，裹上玻璃布，然后涂环氧胶。

图 26－2 所示为制作外翼使用的型架。图 26－3～图 26－6 所示分别为制作完成的中央翼、外翼、平尾和垂尾。在这些翼面制作的过程中均使用了不同的型架，其外表面均裹了一层玻璃布，刷了环氧胶，且已经室温固化。

图 26-2 外翼型架

图 26-3 完成后的中央翼

图 26-4 完成后的外翼

图 26-5 完成后的平尾

3. 机　身

“同舟”号无人机的机身骨架使用了大量的隔框和桁条。图 26-7 所示为制作完成的飞机机身。机身外表面裹了一层玻璃布，刷了环氧胶，且已经室温固化。

图 26-6　完成后的垂尾

图 26-7　制作完成的飞机机身

4. 飞机的装配调试

该部分的主要工作是预装配，即将飞机的几个大部件组装起来。由于制作过程中较难掌握精度，所以预装配可以保证飞机的装配性，保证飞机是可以组装完成的，那样才能进行试飞。图 26-8 所示为预装配中的情况，图 26-9 所示为预装配完成的情况。

图 26-8　预装配中

图 26-9　预装配完成

26.2　“同舟”号无人机的试飞

1. 试飞过程简介

2012 年 5 月 24 日，前往上海赛车场进行试飞。经过试飞前的安装和调试，飞机已经达到待飞状态。之后就是发动机点火，在操纵手的操纵下，飞机开始滑跑。在滑跑了十几米后,"同舟"号无人机腾空而起。但此时前起落架上的左轮掉了下来,这让刚刚放下的心又悬了起来,担心"同舟"号无人机的降落。当"同舟"号无人机在空中飞了几圈后,操纵手决定进行降落。在又盘旋了一圈后,操纵手关闭了发动机,同时操纵副翼和襟翼让飞机一边的轮子着地进行降落,最后有惊无险地完成了试飞。

图 26－10 所示为飞机现场装配的情况,图 26－11 所示为飞机的空中姿态。

图 26－10　飞机现场装配

图 26－11　飞机的空中姿态

2. 试飞情况分析

总的来说,这是一次成功的试飞,只是中间有一些小波折,就是后起落架的刚度稍微有些弱,不能很好地控制飞机地面滑跑的方向。同时,在安装轮子时没有考虑轮子的转动会使螺栓松动,进而导致轮子脱落。

其他方面都是比较理想的,不管是结构还是气动设计都没有出现问题,整个飞机的起飞、飞行和降落都非常顺利。

参考文献

[1] 余雄庆. 飞机设计教学在美国:观察与启示[C]//跨世纪教学改革与发展论坛. 北京:海洋出版社,1999:188-192.

[2] Straznicky P V, Kind R J. Trends in aerospace engineering education - meeting the industry needs using a team project[J]. Canadian Aeronautics and Space Journal, 2000 (2):116-120.

[3] 佚名. 南京航空航天大学自行设计、开发的 AD-100、AD-200 轻型飞机[EB/OL]. [2018-03-12]. http://www.xici.net/d671533.htm.

[4] 李小聪,吴秀青. 西工大人的大飞机情缘[N]. 中国青年报,2009-08-24.

[5] 于晓泉,张磊峰. 国产长空一号高速无人机[EB/OL]. (2001-12-07)[2018-03-12]. http://www.people.com.cn/GB/junshi/192/4440/8203/9618/20011207/621437.html.

[6] 佚名. AD100 飞机介绍[EB/OL]. [2018-03-12]. http://www.sirenji.com/plane/list_298_1.html.

[7] 佚名. 日知录:"北京 1 号"飞机[EB/OL]. (2004-06-15) [2018-03-26]. http://news.sina.com.cn/o/2004-06-15/09252809119s.shtml.

[8] 余雄庆. 面向综合、创新和实践的团队毕业设计模式[J]. 南京航空航天大学学报(社科版),2008.

[9] 姜泓冰. 同济大学试飞 3D 打印微型飞机[N]. 人民日报,2013-10-22.

[10] 曹继军. 昆虫飞机翻飞同济校园[N]. 光明日报,2013-08-21.

[11] 佚名. 飞机打印不是梦[EB/OL]. (2013-09-05)[2018-03-26]. http://www.iqiyi.com/w_19rsnahvyl.html.

[12] 张炯强. 同济师生唤醒玛雅飞行器[N]. 新民晚报,2015-04-09.

[13] 许婧. 同济大学 3D 打印微型飞机成功试飞(图) [EB/OL] . (2013-10-20)[2018-03-29]. http://news.qq.com/a/20131020/005635.htm.

[14] 朱涛. 磁悬浮飞车螺旋桨推进装置驱动特性的研究[D]. 武汉:武汉理工大学,2013.

[15] 李德顺. 雷诺数对风力机专用翼型气动性能影响的研究[J]. 流体机械,2009(12):35-39.

[16] 何英超. 级电容新突破打破国外产品垄断[N]. 中国能源报,2016-08-11.

[17] 许婧. 12 生肖飞机、3.5 米巨型"飞人"同济大学成功试飞[EB/OL]. (2014-07-31)[2018-03-29]. http://news.ifeng.com/a/20140731/41391771_0.shtml.

[18] 余雄庆,徐惠民,昂海松. 飞机总体设计[M]. 北京:航空工业出版社,2000.

[19] 陈栋梁,李军府. 遥控电动飞机"幸运鸟"的设计/制作/试飞[D]. 南京:南京航空航天大学,2004.

[20] 顾诵芬. 飞机总体设计[M]. 北京:北京航空航天大学出版社,2006.

[21] 飞机设计手册总编委会. 飞机设计手册[M]. 北京:航空工业出版社,2005.

[22] 肖治恒,马立东. 模型飞机空气动力学[M]. 北京:航空工业出版社,2007.

[23] 张仲桢. 飞机结构初步设计的快速方法研究[D]. 南京:南京航空航天大学,2008.

[24] 刘艳华,孙颖,孙智孝. 活塞发动机与无人机性能匹配分析[J]. 飞机设计,2007,27(4):47-51.